樂施會 OXFAM Hong Kong | 無窮世界 World Without Poverty

感谢乐施会提供研究及出版支持

村史留痕

陕西佳县泥河沟村口述史

孙庆忠 主编

作者
中国农业大学农业文化遗产研究团队：
宋艳祎、李妍颖、江沛、韩泽东、郭天禹、李禾尧、
辛育航、王嘉雪、孙兆琦、高凡、李世宽、陈俞全、
冯星晨、曹玉泽、关瑶、宗世法

同济大学出版社
TONGJI UNIVERSITY PRESS

目录

中篇　回望

下篇 相望

总序　农业文化遗产保护的有益探索

闵庆文

3月初，接到庆忠教授电话，嘱为其主编的新作作序。虽几经推辞，但还是答应了。“推辞”是因为感到无论是我的资历还是业务水平，都不足以为这套丛书作序，更何况庆忠教授一直是我深为敬佩的学者，其治学之严谨、成果之丰硕，均远在我之上；“答应”则是因为庆忠教授给出的理由让我难以拒绝，当然也存有一点私心，那就是想借助这套丛书广泛宣传一下十分重要但依然没有受到足够重视的农业文化遗产。

学界虽然对农业文化遗产的一些具体概念尚有争议，但有一点已经达成共识：对“活态性”的传统农业生产系统进行发掘与保护、利用与传承、研究与实践，源自联合国粮农组织（FAO）于2002年提出的全球重要农业文化遗产（Globally Important Agricultural Heritage Systems，简称GIAHS）概念，始于全球环境基金（GEF）和有关国家政府支持下于2009～2014年执行的全球重要农业文化遗产动态保护与适应性管理项目（Conservation and Adaptive Management of Globally Important Agricultural Heritage Systems）。该项目旨在建立全球重要农业文化遗产及有关的景观、生物多样性、知识和文化保护体系，推动世界各地认同这一机制，使其成为全球重要农业文化遗产可持续管理的基础。经过10多年的努力，GIAHS的概念已经被国际社会广泛接受。截至2016年底，已有16个国家和地区的37个传统农业系统被列入GIAHS名录。GIAHS保护、实践、探索工作也取得了显著成效，对于遗产地的生态保育、文化传承、经济发展都发挥了重要作用。

在国内外热衷于“现代农业”的时候，引导人们关注农业文化遗产，似乎让人匪夷所思。农业社会正渐行渐远，但蓦然回首，人们会发现，那一处处散布于各地并存在于农业文化遗产系统中的物种资源、农业景观、传统知识、农耕技术——这些人类社会数千年来在这个广袤星球上留下的智慧足迹，在保障食物安全、消除贫困、保护生物多样性、适应气候变化、传承民族文化等方面具有重要的现实意义，已成为多方问道求知的珍贵载体和实现乡村振兴与农业可持续发展的智慧源泉。

遵循“在发掘中保护，在利用中传承”的基本原则，中国农业文化遗产保护工作所取得的成就举世瞩目。

在国际合作层面，早在 2004 年的项目准备期，中国就率先响应并积极参与。农业部国际合作司、中国科学院地理科学与资源研究所通力合作，将“浙江青田稻鱼共生系统”成功推荐为首批 GIAHS 保护试点，并促使其于 2005 年 6 月成为第一个正式授牌的项目。目前，中国以 11 个项目成为世界上拥有 GIAHS 项目最多的国家。另外，中国还利用亚洲太平洋经济合作组织（APEC）、20 国集团（G20）、南南合作（SSC）等多边和双边合作平台，积极推动 GIAHS 的保护理念，并举办了面向全球的 GIAHS 高级别培训班；发起成立东亚地区农业文化遗产研究会（ERAHS），打造 GIAHS 保护的区域性交流机制；派出专家和工作人员参与 FAO GIAHS 秘书处工作，为 GIAHS 健康发展做出负责任大国所应有的贡献。

在国内工作层面，农业部于 2014 年成立全球/中国重要农业文化遗产专家委员会，聘请以中国工程院院士李文华为首的一批专家指导重要农业文化遗产保护工作。2015 年，农业部颁布了《重要农业文化遗产管理办法》。农业部农产品加工局在中国科学院地理科学与资源研究所技术支持下，于2012年开始中国重要农业文化遗产（China-NIAHS）发掘工作，截至2016年底已分3批认定了62个项目。农业部国际合作司和国际交流与服务中心建立了中国GIAHS年度工作交流机制。2012年起，中国科学院地理科学与资源研究所自然与文化遗产研究中心编印双月刊《农业文化遗产简报》。2014年，中国农学会批准成立“农业文化遗产分会”。此外，《农民日报》曾开辟《农业文化遗产专栏》，中央电视台农业频道《科技苑》栏目摄制系列专题片《农业遗产的启示》，农业教育声像出版社摄制《中国重要农业文化遗产》，中国农业出版社组织出版《中国重要农业文化遗产系列读本》……

总体而言，中国的农业文化遗产保护工作已经成为“农业国际合作的一项特色工作”，农业文化遗产保护研究与实践处于国际领先地位。农业文化遗产发掘与保护成为农业部的一项重要工作和促进农村生态文明建设、美丽乡村建设、农业发展方式转变、多功能农业发展和农业可持续发展的重要抓手。目前，农业文化遗产保护与发展的经济、生态与社会效益日益凸显，农民文化自觉性与保护积极性显著增强；科学研究不断深入，有效支撑了农业文化遗产保护工作，推动了学科发展与人才培养，初步形成了一支多学科、综合性的研究队伍；全社会对农业文化遗产价值和保护重要性的认识不断提高，多方参与机制初步形成。

泥河沟本是一个位于黄土高原、晋陕河谷腹地的不起眼的小山村，却因千年古枣园于2014年被FAO认定为GIAHS项目而闻名于世。

2011年10月，在老师兼朋友、《科技日报》记者李大庆先生的推荐下，我受邀参加了科技部扶贫团协助组织的“佳县红枣产业研讨会”。会上，我介绍了GIAHS项目并提出了“佳县古枣园”申报GIAHS的建议，得到佳县领导的响应和科技部的支持（佳县是科技部对口扶贫点），并受托承担申报文本的编写工作。正是通过这次机会，我第一次近距离接触泥河沟村的那片古枣园，感受了泥河沟的魅力。后经多方努力，“佳县古枣园”于2013年被农业部认定为第一批中国重要农业文化遗产，于2014年被联合国粮农组织认定为全球重要农业文化遗产。在2016年6月举办的“‘十二五’科技创新成就展”上，科技部精心挑选并推出了一批科技扶贫典型案例，讲述了科技创新助推脱贫攻坚的精彩故事，展现了科技扶贫30年来特别是“十二五”期间取得的显著成效。其中，“红枣树成为致富林”是8个典型案例之一：泥河沟村千年古枣园是“全球重要农业文化遗产”，为佳县红枣贴上了世界文化商标。《科技日报》《农民日报》等媒体以《另一种扶贫：保护农业文化遗产》《农业文化遗产保护：挖掘传统农耕技术内涵》《踏访全球重要农业文化遗产佳县泥河沟千年古枣园》为题进行了报道。后来，我曾陪同时任农业部国际合作司副司长、现任联合国世界粮食计划署驻华代表的屈四喜先生一行考察泥河沟。

我再次对泥河沟千年古枣园产生兴趣，是因为庆忠教授带领一批年轻学人深入泥河沟，发掘古枣园的潜在价值，重新唤醒深藏于村民心中的文化自觉和自豪感，为农业文化遗产保护进行有益的探索。

基于研究与实践，我曾撰文提出农业文化遗产保护需要建立三个核心机制，即以生态与文化保护补偿为核心的“政策激励机制”，以有机生产、功能拓展、“三产”融合为核心的“产业促进机制”，由政府、科技、企业、农民、社会构成的“五位一体”的“多方参与机制”。民间力量是农业文化遗产保护的重要力量。相对于其他国家，中国在这方面上还有较大差距，但也不乏亮点。对我而言，印象最为深刻的莫过于在佳县泥河沟村的工作过程中，来自学术界的庆忠教授团队与来自民间的香港乐施会之间的密切合作。庆忠教授是我在推动农业文化遗产工作中结识的一位朋友。虽然专业差别很大，但农业文化遗产让我们得以相识。其知识之渊博、见解之独到、思维之缜密、口才之出众、为人之诚恳、态度之谦逊，尤其是其过目不忘的本领、深入乡村的精神、关爱民众的情怀，让我非常敬佩。

以《村史留痕——陕西佳县泥河沟村口述史》《枣缘社会——陕西佳县泥河沟村文化志》《乡村记忆——陕西佳县泥河沟村影像集》为名呈现在我们面前的这套丛书，饱含庆忠教授团队的心血。他们在两年多的时间里，先后驻村 60 余日进行参与式调研。他们从搜集老照片、老物件入手，采访了百余位村民和县镇村干部，为古枣园、传统村落存留了 2000 余幅珍贵的影像图片和 100 多万字的口述资料。经当地民众和外部研究者的共同努力，一个没有文字记载的村落正从历史深处慢慢苏醒；拥有数百棵千年枣树的泥河沟村，这个多年依赖返销粮的黄河岸边的贫困村正逐渐鲜活起来；黄土高坡上守护滩地枣林、筑坝抗击洪涝、徒步 40 里山路只为背回一袋口粮的村民形象也渐渐血肉丰满。这种参与式调研回归了农业文化遗产保护的核心要义——谁的遗产？谁来保护？

这套丛书基于在泥河沟的具体实践回应上述问题，凸显了以下三个鲜明特色。

第一，以乡村文化为切入点，复活村民的历史记忆与社区认同。与诸多以农业文化遗产地经济发展为优先的实践不同，庆忠教授团队对泥河沟村的农业文化遗产保护实践将功夫扎向土地深处——首先与村民一起回望来路，既理清了一个贫困村转变成为“全球重要农业文化遗产地”的全过程，又盘点了村庄拥有的家底和资源。在这一过程中，久居“庐山深处”的村民重新发现了这朝夕相处的黄土地、祖辈相邻的黄河水的厚重与美好。

第二，将基线调研与社区发展动员相结合，为社区整体营造打下坚实基础。作为一家以乡村减贫与社区发展为主要工作内容的民间机构，香港乐施会一路陪伴庆忠教授及其团队，希望探索农业文化遗产地保护与精准扶贫的有机结合之路，在泥河沟参与式调查的设计阶段就提出以社区营造为导向的在地文化记录。有异于绝大多数源于书案返回学院的田野工作，泥河沟的调研更加注重普通民众的参与行动。他们推动村庄成立了“泥河沟老年协会”，与那些在村里生活了一辈子的老人们讨论泥河沟发展的各种可能性；成立了“枣乡青年促进会”，吸引那些外出打工的年轻人关心自己的家乡，并尝试参与乡村旅游发展和特色枣产品开发；搭建“古枣园文化节”“泥河沟大讲堂”等平台，不仅让外界多方有帮助的力量走进古枣园，也让当地文化和村民走上了展示自我的“舞台”。

第三，探索并诠释了多方参与、优势互补的农业文化遗产地保护机制。以庆忠教授为代表的学术研究者、以香港乐施会为主的民间机构与当地政府及村民们密切合作，共同勾画出农业文化遗产保护的“泥河沟方案”，为中国农业文化遗产保护的“多方参与机制”创新做出了贡献。研究者对乡土社会深厚的关怀和扎实的专业积累，民间机构执着的实践导向和在地培育理念，以及当地政府和众多村民孜孜以求奔好日子的渴望和干劲，在泥河沟这个小村庄中相遇、碰撞，彼此激荡助力。与此同时，合作各方还不断整合建筑师、摄影师、热心乡土文化的志愿者等更广泛的民间专业力量来到泥河沟，与当地政府和村民一起筹划传统村落的现代发展道路。

泥河沟的实践是超越于一村一寨的个体“试点”，是在社区层面推动乡村建设行动的经验探索与理论先导。这套丛书的精华内容也将翻译为英文版与国际社会分享，期待泥河沟经验进一步拓展中国农业文化遗产保护思路、创新乡村社区减贫发展范式，促使世界农业文化遗产保护路径不断完善。

如何平衡农业文化遗产保护与当地经济发展？如何激发当地人的保护主体意识？如何整合政府、市场和民间力量共同推动农业文化遗产地的良性保护？这些关键问题通过庆忠教授及团队、香港乐施会等多方合作得以在小小的泥河沟村有所回应，与此同时我们也应看到，这些问题也一直是全球农业文化遗产保护工作中共同面临的挑战。中国农业文化遗产保护事业与消除贫困、促进乡村社会发展之间存在着高度紧密的关联。令人振奋的是，中国对农业文化遗产保护路径的探索也不断结合农村社区的减贫路径推动工作，致力于提高当地社会与民众对农业文化遗产的“活态”运用效率，改变过往“抱着金娃娃过穷日子”的窘境。无论是贵州从江稻鱼鸭系统结合产业扶贫发展、云南红河哈尼稻作梯田大力发展梯田旅游，还是湖南新化紫鹊界梯田以“梯田全球认租”模式将遗产保护与精准扶贫相结合等等，都是农业文化遗产地政府与村民从不同角度进行的有益探索。

几乎全程参与 GIAHS 项目是我的最大幸运，“做一点事、走一些地方、结交一帮朋友”是我的最大收获。这些朋友自然包括庆忠教授、香港乐施会的刘源女士！

中国古诗云：甘瓜抱苦蒂，美枣生荆棘。佳县古枣园是先民为我们留下的弥足珍贵的农业文化遗产，“全球重要农业文化遗产”的认定为黄河岸边久处贫困的泥河沟村带来了生机。衷心期待读者朋友从这套丛书中体会到当地枣园景观之美好、文化之深厚，体悟到当地民众生活之艰辛、生命之蓬勃。当然，更期待越来越多志同道合者阅毕掩卷之余，加入农业文化遗产保护的行动中来。

FAO GIAHS 科学咨询小组（SAG）共同主席

ERAHS 执行主席

农业部全球 / 中国重要农业文化遗产专家委员会副主任委员兼秘书长

2017 年 5 月 14 日

导言　留住根脉

孙庆忠

2014 年 4 月，陕西佳县古枣园被联合国粮农组织（FAO）列为全球重要农业文化遗产（Globally Important Agricultural Heritage Systems，简称 GIAHS）。同年 11 月，古枣园近旁的泥河沟村被纳入中国传统村落保护名录。对于泥河沟这个偏僻的陕北山村而言，这些接踵而至的名号，不仅使其成为外界关注的焦点，也使改变家乡面貌的观念走入村民的生活。在与泥河沟相伴同行的日子里，我目睹了村民精神世界的变化。他们重新认识了自己文化的价值，拥有了相对自觉的保护意识，并用行动改写着村庄的历史。

你来采访时他已赶赴黄泉

2014 年 6 月，因为千年枣树的吸引以及对枣园近旁村落的想象，我来到泥河沟村。在这个古朴宁静的村落，窑洞与枝繁叶茂的枣树相映成趣，川道与纵横的沟壑相得益彰。我在惊叹自然景观的同时，深感遗憾的是，传承久远的村落却没有文字的记载，盘根错节、枝杈旁飞的枣树也无神奇的传说。但这绝不意味着村庄没有历史，只是乡村的历史没有写在纸上、印在书里，农民对家庭的情感、对村庄重大事件的记忆，都展现在日常的行为中，深藏在泥土里。因此，挖掘村庄历史文化，口述采访成为唯一的途径。入村之后，我曾寻找熟知村庄掌故的长者。但令我感伤的是，我到泥河沟那天，正是村里公认的最有学问的武国雄老人的周年祭日。无缘与这位 20 世纪六七十年代的大队书记、小学校长谋面，使我愈发理解了一个事实，那就是“没有哪位老人等你采访之后再赶赴黄泉”。这件事情催促着我加快工作进程，通过唤醒村民记忆的方式，为泥河沟留下一部可以定格历史并呈现当下村落形态的文化志。2014 年 7 月至 2016 年 7 月，我带领中国农业大学农业文化遗产研究团队先后驻扎在村里 56 天，采访了近百位村民。在搜集口述资料的过程中，村民讲述的往事以及浸透其中的丰沛情感，给我们留下了深刻印象。我们为泥河沟采录一部口述历史的愿望也便由此萌生。

为什么要抢救农民记忆中的历史？因为乡村在逐渐落寞，因为乡土渐行渐远。在传统社会，老年人讲故事具有重要的社会意义和文化传递功能。但随着录音机、录像机等电子设备的普及，人们对口承知识的依赖越来越小，老年人在乡村生活中受到一定程度的冷落。然而，就泥河沟而言，如果缺失了老年人的生活记忆和生命体验，村落的历史将是苍白的。也许有人会问，存留农民的生活琐事有那么重要吗？我们试想，一个人如果突然失去记忆，对曾经的生活全然忘却，那要如何面对明天；一个家庭如果没有共同的生活记忆，情感如何维系。同样，一个国家、一个民族如果对过往的历史缺乏最基本的了解，国家就会无法发展，民族也会失去生存的根基。我们极力倡导抢救民间记忆，把它视为我们这个时代最急切的工作，就是因为那些足以留住根脉、凝聚人心的记忆，可能会在转身之间消失，与世代累积的乡村生活永久地告别。

2017 年 1 月 13 日，当我们再次赶赴泥河沟时，老妇女主任郭宁过（1936 年生）驾鹤西去。在前往村子的途中，我的脑海中不时浮现老人家的音容笑貌。她曾幽默风趣地对我们说："当年来的时候，没有聘礼，也没有嫁妆，做了一套新衣新裤，骑着毛驴就糊里糊涂地嫁了过来。" 更令我难忘的是，老人家带领铁姑娘队、红色娘子军队，为保护枣园修建堤坝，用肩挑、用背扛、用拉拉车从山上运石头到黄河边的往事。我很幸运，能够亲耳听到她的诉说，与她一起重温那段充满激情的岁月。她的名字难以写进大历史，却应该与泥河沟同在！

生活碎片拼接的村落历史

在驻村调查的过程中，我们与村民共同完成了村史、村志的编撰工作。正是通过这种特殊的文化干预，我们把村庄的历史与当下链接在了一起，让这个没有历史记载的村落，从此有了厚厚的文化积累。我们搜集的老照片、老物件、老文书，承载了一个又一个家庭故事和村庄故事；我们抢救的口述资料，裹挟着传统和历史的集体记忆。这部口述文集由三类人群的讲述构成：第一类是长期居住在村中的农民；第二类是不同时期流动出村的人士；第三类是为佳县枣产业和村庄发展立下汗马功劳的地方官员和文化工作者。在看似平淡的讲述中，他们的人生体验带给我们一次又一次心灵冲击。无论是武爱雄（1925 年生）“为枣卷卷顶神神”的顽童故事，还是“后村孩子王”武国柱（1933 年生）妙趣横生的娃娃琐忆；无论是“借个毛驴儿娶媳妇”的武子周（1947 年生），还是讲“红枣就是我命根子”的武买保（1955 年生），那些人、那些事、那些物、那些记忆，不仅展现了陕北的地域风情，也张扬了叶与根的情义。

泥河沟村地处黄河中段晋陕峡谷西岸，属于沿黄土石山区，生态脆弱，旱涝灾害频繁。因此，在村民零散的生活片段中，对自然的敬畏、对灾害的记忆是最为核心的主题。一辈又一辈人拦河筑坝，一代又一代人守护滩地枣林。在这些应对灾害的生存智慧里，是与枣树同步成长的青葱岁月，是被黄河推走的青春时光。在这块贫瘠的土地上，那些村民不堪回首的往事总会不召自来，走 40 里山路去通镇背粮的艰辛历历在目，移民山西、内蒙古的窘迫犹在心头。1976 年发生黄河船难，21 条生命的离去更是村民最痛楚的记忆。当然，恩威并济的大自然带给他们的，也有言说不尽的欢乐与幸福。诸多能工巧匠的文化创造，使窑洞、河坝、漫水桥等工程成为村落的标志性建筑，使湾塌坡峁梁成为可以驻足欣赏的人文景观。在这些村庄事件的叙述中，石匠武子勤（1933 年生）、艄公武占都（1940 年生）、铁匠武耀增（1953 年生）、主持修缮村庙的武岳林（1944 年生）、两度当选村书记的武世峰（1946 年生），他们的人生起伏是不同时代村落生活的投射。在这组老人群像中，王春英（1943 年生）是唯一的女性。她 18 岁嫁到泥河沟，像养孩子一样栽种、呵护着枣树。这份特殊的情感使她与这块土地、与黄河、与拦河堤坝紧密地联系在一起。她从母亲的视角讲述了集体化时期白天出工修田背石、晚上回家织布缝衣的生活状态，贯穿其中的是人与枣树、人与土地、人与大河的复杂情感。

除了这些生活在村里的老人，20 世纪 50 年代至 70 年代，因读书、招工、当兵而走出村庄的人离乡虽久，却思乡心切。改革开放后，游走于城乡之间的“60 后”“70 后”和“80 后”，有读大学出村的武三卫、武琳，有在外创业打拼的武子军、武永存、武飞、武雄，也有回村创业的武小斌。在他们的讲述中，言说不尽的是乡村带给他们的幸福和失落，是走出乡村之后遭遇的种种无奈。无论是为了生活舍不得吃穿的打工仔武龙、“一喝酒就想家，就想爸妈”的武振雄，还是 14 岁离家当保姆、“看到枣就会想起家乡”的武艳霞，他们的人生际遇都代表着一代乡村青年对生活的梦想。他们的回忆里有孩童时期在村中玩耍的真情，有生活困难时期的苦中作乐。追忆时，这些都已转换成他们对村庄的拳拳深情。这些生动的故事告诉我们，不论路途有多远，不论时间有多久，他们的生命都与家乡这片土地紧紧地联系在一起。在这一群体中，武开章之女武越（1945 年生）是一位特殊的村民。作为老一辈革命家的后代，她出生在当时位于神木县贺家川的贺龙一二〇师卫生部。虽仅年幼时随母亲在泥河沟住过一夜，她却始终心系故土。2000 年第一次回村省亲之后，她便开始奔走筹款，为村庄修路、通自来水、修建水渠、建设开章小学，为乡亲们生活的改善尽心尽力。

在泥河沟村的历史里，还有一类人不能忘记。他们虽然不是村民，却为村里的古枣园，为佳县的枣业做出了特殊的贡献。为佳县寻找脱贫出路的老县委书记许浚，为有机红枣产业立下汗马功劳的人大主任强国生、工商联主任高剑利，把每位村民都放在心上的驻村干部苗小军，他们的讲述让我们看到一种力量，看到父母官为一方百姓付出的努力。尤令我们感动的是高峰，他 1978 年从西北农学院毕业后就开始研究佳县枣树，并一直守护着泥河沟的古枣园。在他的人生经历中，凝结着为枣乡人民所付出的心血与情感。科技部挂职干部刘耀和科技日报记者李大庆，则是佳县古枣园申报全球重要农业文化遗产的幕后英雄。他们回忆的点点滴滴，揭秘了千年枣林走出深闺的多种机缘。我们用口述史的形式将他们的经历定格于此，就是希望后辈子孙记得这些不应成为云烟的往事。

重温家乡情感的集体记忆

为泥河沟村做一部口述历史，至少可以体现两方面的价值：一是重建人们活过的日子，将小地方与大社会联系在一起；二是以生活记忆的方式呈现陕北地域文化，使之成为凝聚乡村、实现社会再生产的情感力量。

这项采录口述资料的工作，让我们获得了昔日重来的惊喜。在村内老人的讲述中，破旧的十一孔窑与乡村学校的兴衰连在一起，河神庙和龙王庙与他们的灾害记忆一并而至。他们曾饱受黄河之苦，也曾享用水运之便。如今，码头已不见踪影，艄公已走下船头，但与大河相关的苦乐往事却总是呼之即来。那些贯穿村庄的水利工程、那座护佑枣林的拦河大坝、那条背扛返销粮的陡峭山路，都与汗水和泪水共同刻录在集体记忆中。正是通过这样的采访，有关“文革”时期青年突击队、铁姑娘队、老愚公战斗队、红色娘子军队的记忆被唤醒，村中那段激情岁月也因此得以重现。而对那些漂泊在外却心系家乡之年轻人的访谈，则让我们感受到他们“跃出农门”的强烈愿望和栖居城市的生存困境。他们创业打工的经历，是 30 多年来农民群像的缩影。因此，他们的人生起伏不再是一个村落的故事，而是中国农民共同的生命历程。翻阅这些口述记录，小规模的社群生活、重大的社会结构和社会事件之间的内在关联，就会鲜活再现。生于1942年的武光勤，是地主家的儿子，从土改就背负了污名，几十年戴着地主成分的帽子艰难生活。在他悲凉与凄楚的人生经历中，我们看到了个体生命的脆弱与无力。不得不说，我们都是时代的产物，我们的生命永远都和这个时代相互映照着，没有人逃离其中。

在这个古老的村落里，我们可以与千年枣树朝夕相伴，却难以揣度它们所经历的世事沧桑。而今，在它们默无声息的凝注下，我们问询泥河沟的历史，记录村落的当下形态，其深层的意义在于不让我们的子孙丧失与祖先对话的能力。尽管社会变化太快，好像只能徒留"转身的忧叹"，但是透过33位村民的生活叙事，我们可以直接触摸陕北的村落民俗文化。在这部多人讲述的村史中，每个人的命运都与黄河、与黄土地联系在一起。从拜师学艺当石匠到拉船运输做艄公，从修田筑坝到"奶菜""浮河"，从龙王庙、河神庙的重修到枣神菩萨的供奉，都展现了沿黄民众的生计方式和生活形态。尤其是正月初三至初五的打醮仪式、三月十二的佛堂寺庙会，这些传统仪式每年的如期"复活"，创造了历史与现实、心灵与身体相互融合的文化氛围。这种不断被激活的集体记忆，表面上看是村民在重温过往生活，但其实质是村民以文化记忆应对现实处境的生存智慧。在无神论的语境之下，鬼魅的世界似乎已被祛除，但在民众的心里，神明不仅可以安慰心灵，更可以存留文化记忆，它在传递生活知识、培育文化人格方面是具有特殊价值的。诚如作家孔见所言："充满魅惑的世界令人恐惧，但过度祛魅之后，世界就变得无比荒凉，变成了一望无际的塔克拉玛干，生命的灵性也失去了滋养，成为一种枯萎的存在。而狭隘的进步观念，怂恿我们以背叛过去的方式来建构未来，以毁坏自然的方式来兴盛人文，从而走上一条越来越偏狭的道路。"对泥河沟村的研究让我们深切地体会到，一种文化能够持续，能够撼动心灵，必须有信仰的支撑，它无关乎进步与落后，它只是民众心目中美好愿望的表达，对神灵的虔诚寄予的恰恰是他们的心灵之事。正因为有祖祖辈辈心田的滋养，文化的种子才得以存生相续，并在因应时代的变奏中幻化形式，重现生活。打醮转九曲、唱戏敬神神等传统仪式的复归，不是让我们重返过去，也不是让我们在传统文化中获得心灵的慰藉，而是通过重塑村庄的集体记忆，在历史与现实碰撞中找到自身存在的真实感。这也是乡村文化传承不息的内在动力。

在这个村庄凋敝、生活记忆不断被删除的时代，老年人无力言及农耕经验，尽管其中蕴含着当地人强烈的生命意识和环境意识，年轻人迫于生计无暇顾及乡村，甚至为了生存而有些失魂落魄。那么，如何促发乡村的改变？如何让农民重新发现乡村之美，进而激发他们对家乡的归属与认同？最为根本的前提就是乡村文化的复育。我们以民众参与的方式，与村民共同找寻历史，让没有自信的老人感受到自我存在的意义和价值，让他们有了守望的热情。与此同时，我们这份力量的注入，也让那些背井离乡去打工的年轻人有了回望的心念。无论是老人的守望，还是年轻人的回望，正是这份怀旧和乡愁，不断地激活他们热爱故乡的情愫，支撑着他们营造一个诗意栖居的精神故乡。就此而言，这部熔铸着生命体验的村落历史，不仅承载了柴米油盐中难以割舍的情感记忆，也让我们看到古老村落里潜存的生机，看到乡土社会的希望。

上篇　守望

【武爱雄】

访谈时间：

2015年7月21日、2016年1月11日

受访者住址：

佳县朱家坬镇泥河沟村戏楼湾24号

人物小传：

武爱雄，小名"玉书"，男，1925年生，沙塄上武佩环家族。武开章长子。16岁时曾去绥德干部子弟学校学习，1971年曾移民本县北区上高寨，终身务农。

民国十四年（1925年），我在泥河沟村出生。当时我的大伯和二伯都抽大烟，我父亲武开章在榆林中学念书又很费钱，所以家里经济状况比较紧张。原来他们弟兄三个在一起住着，后来分开了。我母亲37岁就去世了，她生了4个儿子，分别是玉书、凤书、琴书、生书。我的后母生了4个儿子（小牛、大毛、二毛、三毛）和4个女儿（武越、晓安、晓亭、晓村）。孩子们的名字都是我父亲武开章起的。

我经常去打扫父亲的纪念亭，一般是一个月扫一回，因为常有娃娃在旁边玩耍，扔石头。我的姊妹们回来说："哎呀，大哥管理得好着了，没有土，也没有石头。给大哥奖上二百块钱。"我说不用嘛，咱这么个老人，就这么段路，挨上我管理，省得姊妹们劳动了。今年我还没上去，因为天气寒冷。佛堂寺那边也有一个纪念亭，2013年修的，大理石做的，有个铜像，离这有六七里地。有时坐车去，有时就走着去，一次要两三个小时，我一年去三四次。以前有个照庙的老汉，经常帮忙打扫，那人可好了。

一 移民本县上高寨

10岁那年秋天，因为我父亲在榆林中学做地下党被发现了，当时闹革命可危险了，山西曹家沟是我母亲的娘家，就去那躲着。那段时间我几乎每天上山砍柴、捡柴火，供家里人生火做饭。山西那地方的狼比咱这边多，当时家里有几棵杏树，我爬上去看管杏树，没注意就被几只狼围住了。它们在下面转圈圈，我不能下去，又不敢喊，怕把狼引上来，那杏树只有八尺高。后来村民们帮我把狼群赶走，我才从杏树上爬下来。11 岁的时候想回来，但是国民党把渡口封了。我母亲带着我们兄弟几个都在那边，可受饿了。

那时候我们家里的早饭基本都是米汤或者高粱饭，中午和晚上煮玉米就是一顿饭，吃不上窝窝头。这里是靠天吃饭，天气不好的时候，锅里就几粒米，稀稀拉拉的，没有稠饭。过年吃烩肉，土豆、粉条和肉烩成菜。那会儿的生活苦了嘛，没有羊肉，尝不到大肉，也吃不上好饭。我爱吃的东西可多了，什么都爱吃。

那阵儿粮食不够吃，1971 年我移民去了上高寨公社的土寨村。当时张世举是县长，他是个稀活干部，觉得这里土地少，不够种，那边土地多，可以种粮食。我和他们娘娘、小姑姑三个一起去的，治洲和他二哥、三姐几个人在村里念书就没去。泥河沟没有粮食，二儿子就从土寨往回背。土寨离泥河沟有七十几里路，天还黑着、鸡还不叫的时候就出发，我就提着半袋子土豆，把二儿子送到半路再返回来，因为那时候有狼嘛，送他回来我再上地劳动。当时移民走了十几家，后来大多数都回来了，只有武占斌家一直在那边住着了。在那儿一共住了十几个月，那边苦重，我们吃不下苦，就回来了。但回来这里落不下户，人家不要了，我就去找农业局局长，他一把就把我推出去了，说:“你们这些泥河沟的人，好吃懒做，一辈子的麻烦人！”我们这的土地不甚好，一晌土地打个二斗粮食，可受困难了，吃了多少年的供应粮。

二 绥德干校背小米

12 岁那年春天，我经过大会坪回到泥河沟，同年到私塾上学。一开始我说话还带着山西口音，后来慢慢改回来了。私塾在现在武国柱家的位置，就在戏楼圪洞附近。我们的老师叫高进耀，他教我们写字。当时条件差，我们就用土盘盛满沙子，在上面练习写字。我基本上是上午念书，下午去田里劳动。当时我们家里种菠菜吃，还种了很多大麻子（蓖麻）用来榨油点灯。小时候我就开始推磨，有时候干活忙，两三天都不能去上课。我总共在私塾念了三四年书，但上学的时间加起来还不到一年。那会儿我父亲在外面，母亲管不了家事，家里大小事需要男性来负责。所以回到泥河沟村之后，我母亲带着我们兄弟四个和我二伯伯一家一起住在湾崖地，1965 年才搬到现在住的这个房子里面。

我们家里孩子每个都比下一个大三岁。我 16 岁的时候，我二弟 13 岁，我们两个一块儿去了绥德干部子弟学校。放寒假，我们回家里过年。第二年四月，我母亲有了病，我就再也没去学校，一直在村里，17 岁就结婚了。我从学校回来时，穿的衣服上面都是补丁。村里人说："哎呀，你就穿的这个衣裳啊！"我说："这还是好的了。"那阵儿正困难嘞，我们在学校吃的是高粱饭，实在咽不下去。校长说："给娃娃们加点小米吃吧。"七里铺离绥德 7 里路，是共产党的粮食仓库，有个干部管着，因为学生都是干部子弟，所以他给提了一下，就给我们 30 石小米。娃娃们三天背一回或者五天背一回，有人挑得多，有人挑得少，最多的能背一斗，收回来都放在仓库里，就有粮食了。出去背粮时，到了县城，有个小铺铺卖蒸馍，可漂亮了。学校给娃娃们买蒸馍，娃娃们就排成一队在街上站好。这都是 74 年前的事情了。

三 为枣卷卷顶神神

原来戏楼圪洞附近的枣树都是我们家的，那时村里许多人家都没有枣树，我们天天看着，以防被别人偷走。过去的时候山上也没有枣树，现在村里面树干粗的枣树都是以前留下来的，细的都是后来人栽的。村里的果树只有枣树和杏树，没有李子和玉皇。

过年的时候家家都有枣串串，肩上一边一个铜钱，一个枣，一个干草结，一个黑豆，一个蒜瓣，从一个肩上用线穿起来系到另一个肩上，揪几下就吃完了。这是老人遗留下来的，一辈传一辈。还有有钱人外面摆个炭火盆，因为九头鸟给凤凰把门去了，除夕的时候在全世界飞个圈圈。九头鸟有九个头，有一个头是烂的，头上会滴血，滴到谁家院子谁家这一年就有灾祸，不吉利，点个火它就不往家里飞了。

村里的戏台常年失修，晋剧团很多年没有来过了。以前，每年山西的晋剧团在戏楼圪洞唱一到两次戏，戏楼上蹲着三个娃娃，头上顶着村里三大庙神灵的牌位。他们面对着戏台，因为唱戏是唱给神听的。当时的讲究是娃娃们比较纯洁，神的位置要比人高。每个顶神神牌位的娃娃都能得到一个枣卷卷吃，不去就没有枣卷卷。那时候可苦了，吃不到面，娃娃们都抢着顶牌牌，谁跑到前面就让谁顶，跑到后面就没有了。我没有顶过，胆子小嘛，我们家的娃娃都胆小。戏台旁边经常有摆小地摊的小贩，八岁的时候我在戏楼圪洞看戏，旁边有人卖麻花，一个铜板能买一大个麻花。我喊着要吃麻花，但家里人就是不给我买。

这辈子过五关斩六将，经过的事情可多了，说来说去就是个可怜人！

（宋艳祎　采录整理）

【武子勤】

访谈时间：

2015年7月12日

受访者住址：

佳县朱家坬镇泥河沟村寨则上49号

人物小传：

武子勤，男，1933年生，磑里武亨通家族。17岁开始学习石匠手艺，从业50余年。1960—1966年担任大队主任，任职期间带领全村修建六孔窑小学和水坝。

一　老婆窑洞不能丢

我是农历二月十二生人。小时候家里只有我一个孩子，家境特别困难。母亲在我5岁的时候去世了，5年后父亲也离我而去，是伯伯把我一点点拉扯大的。我特别感谢大伯对我的养育之恩，对于父母的印象已经不太深了。现在生活条件好，重孙子都十几岁了。我的愿望就是多活几年，看到家里五世同堂的样子。由于父母去世得早，没人管我，在村里没有靠山，和小伙伴玩不到一起，人家打我，我就只好躲着走。我特别喜欢看书、写字，但因为父母走得早，一天书也没念。从12岁就开始放羊，15岁开始下地干农活，17岁当了石匠，当了50多年。

我小时候经常上小李旺村的姑姑家去玩儿，我丈母娘和我姑姑家是邻居。我丈母娘是个有钱人，她看我这个小孩儿有出息，就想把姑娘托付给我。我贪图她们家有钱，想找个靠山，就亲自找丈母娘去提亲了。结婚那年，我22岁，屋里的17岁。我们是正月初五结的婚，老婆刘兰英是我雇人用四人大轿接过来的。起初我只雇了一班鼓手，人家还另送我一班。我把媳妇娶来放到炕上，添新衣裳，缝铺盖，请了两班吹手，把亲戚朋友都请过来吃饭，加一起花了72块3毛钱。陪嫁给了10块钱和一个箱子。那是娘家陪的，所以要祖祖辈辈都留下来。

娘家人对我特别好，他们跟我说，不怕，做生意赚了，你就过你的生活，实在不行还有我们呢。他们的心意我领了，但是我这一辈子没靠他们吃饭，全是靠我自己奋斗来的。我们村地少，没什么好做的。所以我就靠贩驴倒马做点小本生意来维持生活。年轻人不能躺着靠别人来养，应该好好地往前走嘛。

那会儿娶媳妇借的 72 块 3 毛钱相当于现在的 10 万块钱。这些钱单靠打工还不上，非得做生意不行。我在村子周围的这些地方，买上些牛、驴，拉到通镇一卖，没到一年这些钱全部还清了。这时候，我心眼儿活泛了，胆子也大了，买了 14 头牛到 600 多里外的包头给卖了。当时村里的武琴书在包头市公安局工作，拿着他盖过章的通行证去哪儿都行。

这世界上，老婆和窑是给多少钱都不能卖的，就算没吃没喝也不能丢。我为了给老婆治病，花光了家里所有的积蓄，总共将近 20 万，但是我一定要把她治好。我们见第一面就入了洞房，虽然刚开始在一块儿没有感情，但是六七十年的共同生活，慢慢有了很深厚的感情，没吵过一次架，她从来没有骂过我。媳妇为我生儿育女，现在我都抱上重孙子了。我非常感激她，我一定要对她好一辈子。她为我们家开枝散叶，这都是她的功劳。

二 石匠手艺五十年

石匠的手艺必须跟别人学才行，自学的技术是不过关的。17 岁的时候，我和叔伯哥哥武子良一起找到米脂县的马成林拜师学手艺。马成林每年都从米脂县到我们村帮忙做工，十里八村的人对他的技术都相当认可。我们觉得跟着师傅学到手艺，以后就不用挨饿了。

当时我们有一个简单的拜师傅仪式，之后正式开始学习石匠手艺，他去哪儿我们就跟到哪儿。原先是他在一边帮别人做活儿，我们在一边打石头，后来就跟他一起修坝、券窑。师傅手艺好，找他做活儿的人就很多。我们在一个村子修好窑打好坝，就要赶紧收拾东西赶往下一个村。中间我们如果有急事需要回家，还要特别跟师傅请假，征得他同意才可以。他当上我们的师傅之后，只要没有生活费、交通费，就找我们要，显得特别理所应当。当徒弟的就要给师傅钱，我们不可能从他那里拿到钱。所以我们学手艺的时候，生活是很艰辛的。

学艺前后总共两年时间。出师的时候，我只有 19 岁，可以自己出去揽活儿，也可以在外面招徒弟了。我的徒弟都是从山西来的，他们听闻我的名气大，手艺好，就到村里当我的学徒。我带着徒弟们在附近村子里帮人打石头，慢慢地我就可以自己券窑了。当时我们每天要给农业社交一块八毛钱，剩下的钱都是自己的，基本上每天我都能挣 3 块多。村里做窑手艺好的都去沙湾、薛家墕那里揽活儿。因为手艺比较好，附近就有很多人请我做工，比其他人挣得也多一点。我年轻的时候干一天的活儿也不感觉累，有时候还能自己做点石匠工具。家里留下的方尺就是我二十几岁的时候花了一个晚上打的。买的不如自己做的，有感情，用起来得心应手。做石匠一定要有方尺，不然不能工作。

村里人看我这么年轻就带徒弟在外帮工，对我的技术不是很放心，有点不信任我。为了在全村人面前展示自己的手艺，我在 30 岁的时候就给自己修了现在住的这个窑洞，慢慢在村里村外传出了名声。大家都说我的手艺在十里八乡里面算最好的。

修这个窑洞前后用了一个月时间，我亲自设计，修的时候雇了三个石匠来帮忙。当时修窑洞的这四个人到现在只有我一个人活着了。窑洞合龙口的时候，我现场编了一段快板，用吉庆话庆祝这件事情。村里好多人都围在我们家门口看，我和媳妇站在窑洞下面，两只手把红绸布拉开，接住从上面撒下来的馍馍、红枣，所有人都很高兴。自此以后，我的石匠手艺就得到了全村人的认可。

村里打坝的那一年，书记武占和、主任武海瑞亲自来家里聘请我为石工队的队长。我觉得自己这一辈子的工作已经做得够多了，不想把这件事领导起来。主任给我做了好几次思想工作，我才答应，领导全村人把前岔上的水坝打起来。水坝是用铁丝编的网子，大家把石头放进去，然后铁丝网一层一层叠起来。全村男女老少都上阵，场面非常热闹。我一边带着石工队的小伙子们在河边的山上打石头，一边要看修水坝那边的情况，两边来回跑。打坝的时候，我还写过一段快板："初八十八二十八，公社社长刘光华，通知社员来打坝，捎带还要治石圪。"全村人跟着快板的节奏，干得热火朝天。水坝修好后，全村人都很满意。我当石工队队长一直到 40 多岁，用石匠的手艺偶尔帮别人券窑、拱窑，赚一点小钱。

三 毅然退粮三千斤

1960–1966 年，我担任村里的大队主任，搭班的村书记是武世忠。在这段时间里，我主要负责去通镇买粮，再通知全村人把粮食背回来，同时给村里修建六孔窑小学。

1960 年正是三年经济困难的时候，太阳晒得红，地里面都不长粮食，粮食都是从外地拉到粮站给咱们供应的，有红薯、麸子、玉米皮。起初我们要去通镇的粮站办手续，一般都是两个人一起去，可以互相核查以防数字出错。我当时是一个人去的，村里人说你一个人没问题。没想到最后从粮站多拉回来 3000 斤粮食。村民们说，大家把这多出来的粮食分了吧。我说不能分，毅然决然把 3000 斤粮食退给人家了。之后，每个月我去粮站办手续的时候，人家没让我排过一次队，说你是泥河沟的，有 20 公里路，你远你先拉，拉了你先走。后来每次办手续都是我一个人去，买好之后全村人去背回来。

我们一个月背几回粮食，走 20 公里路去通镇。天不亮就去了，走三四个小时到通镇。全村 14 个队，娃娃也去，妇女也去。当时钱也不多，只能一家一家去。去背粮食的时候，拿三个窝窝头，在路上吃，哪像现在可以拿着白面馍馍。枣当时的价格很贵，去的时候舍不得带枣吃。每次合计下来，粮食的误差还不到一两。这些粮食按照比例分给 14 个队，分好之后再在小队里面分，不能是你想要什么就给什么。每一样都要拿袋子分好，搭配得好好的。大家靠着这些辛苦背回来的粮食熬过了最艰难的日子。

六孔窑小学在现在开章小学的位置，那是我 1965 年当大队主任时修建的。修窑洞的石头都是从周边打的。我们这里除了石头，什么都没有。当时连拉拉车也没有，只能靠大家在背上扛。石工队把石头打出来之后，公社让每个社员每天背 50 块石到建筑工地。石头往那里一放，干部过来一数是 50 块石，今天的任务就算完成了。大家经常一早上一晚上那样干活，那时候人们的生活困难，吃的也不好，村里村外的事情都需要我来忙活。村里有事情就叫你"村里的主任"，需要干活的时候就叫你"大师傅"。六孔窑洞前后总共盖了一个月。修好后，我们看着孩子们在里面上课心情都很好。

四 栽树务树如养娃

“文化大革命”开始的时候，村里造反太厉害，我被红卫兵批斗，从主任的位置上下来了。退下来之后，我就去村外靠自己石匠手艺搞副业，再没有在村里待了。回村之后，因为村里人多地少，每个生产队都有一艘船在黄河上跑运输，我就做了艄公。因为没有学过专业的艄公技术，我干了几年之后就去种枣树。

改革开放初期，村里有个赤脚医生叫武世许，他给我说“人要富，栽枣树”。我听他的话，去种枣树维持生计。家里人多，总共 14 口人，所以我们在王家峁承包了 14 口子的地，川里有，山上也有，加起来有 8 亩，面积是很大的。这些地，我都让儿子们去管理，自己没有去。

到现在，全村就我们家枣树最多。刚开始村里枣树少，品种也不好，长出来的枣子又长又细；隔壁村枣树品种好，又大又圆。我们就出去嫁接引进品种。“栽树容易，务树难。”“务树”就是说夏天的时候锄草，冬天的时候把长满小刺的酸枣树放在枣园外面围起来，防止山里的兔子和羊把枣树皮和结出来的枣子吃了。这个和养孩子是一个道理，都要下点功夫教育培养，你要不好好管，活也活不了。

现在我有三个小子、三个女子。老大儿子，老二、老三女儿，老四、老五是儿子，老六是女儿。泥河沟有句民谣：“武家的女子，天上的冷子（冰雹），掉在谁家头上，谁家顶着。”我喜欢男娃娃。老大叫武新耀，是村干部，在村里务农，前两天还在队里呢，今年 61 岁了。老二叫武加耀，在定边，断断续续地出去打零工，挺受苦的。三儿子在太原，也打零工，叫武引耀。大女儿在神木，叫武明耀，开门市，嫁到万镇农村去了，感觉农村太苦，就出去打工十几年了。二女儿，叫武明巧，在榆林开门市。三女儿叫武巧玲，在鄂尔多斯的东胜县开食堂，原来一直在神木开了六年，生意还可以。女子都好着呢。

我们村的打醮是传统的习俗活动，每年从正月初三开始到初六结束，为的是把村里的瘟神送走，向神灵祈福许愿，希望来年有个好运头。今年又轮到我当打醮的纠首，和挨着的几家一起组织这件大事。我想编一个“天下红枣第一村”的快板，在过年打醮唱秧歌的时候表演。全村人热热闹闹转九曲，扭秧歌、唱大戏、打社火，对我们未来的生活充满希望。

（李禾尧　采录整理）

【武占都】

访谈时间：

2016 年 1 月 11 日、2016 年 1 月 12 日

受访者住址：

佳县朱家坬镇泥河沟村寨则上 57 号

人物小传：

武占都，男，1940 年生，沙塄武有星家族。1958 年在铜川煤矿工人食堂工作。1962 年回泥河沟务农、拉船。1970 年在佳县机械厂工作，后转到土产公司搞船运。1991 年任佛堂寺总会长。

一 煤矿食堂学徒工

我是农历六月十一生的，9 岁上学，一开始在武治洲家的院子里。那时只有一个老师，叫武世臣。1951 年，村里成立了小学，在现在的武忠谋家。院子里有个石磨，老师就在那上面教书。学生们用自己从家里带的书桌，下面还带个抽屉。我的书桌是父亲从通镇买的，一块银元一个，可贵了。1952 年，学校搬到了武占正家，人开始多了，就分成了三个班次。那时有个外来的老师叫刘仲朝，水平可高了，后来他去了通镇完小当校长。上了半年之后，学校又搬去了武冬旺家。上课教语文和数学，还教算盘，我现在还会打。一直到二、三年级，我们把煤磨了，用毛笔写字，后来就变成了用蘸笔，再后来就是油笔、钢笔。我们上学的时候可早了，迷迷糊糊天没亮就到了学校。看不见的时候就点灯灯，那阵儿就是把蓖麻子的外壳掰开，再把里面白色的果果串起来，把它点上念书。到早饭的时候就放学，老师想放就放，没有规定时间。现在我也是冬天 7 点多起床，8 点多就把饭吃完，夏天 4 点多起床，到地里干活，中午不睡午觉。

1955 年小学毕业，我没考上初中。那时候年纪小，淘气嘛，开始学习很好，后来就不愿意学习了。那时村子里人还很多，放学不写作业跟着其他孩子一起出

去玩，老人们也不会检查作业。想着受苦不好，就又补了一年，自己不动脑子，结果也没考上，然后就到农业社劳动了一年。

1958 年我考上了学徒工，头一次通知书来了，可是被掉包了，人家的亲戚顶上了我的名。后来通知书又来了，我就去了铜川煤矿工人食堂给人家做饭。那是大灶，一天挣一块多钱，我在那儿待了整四年。1962 年我自己请假回来，就再也没回去，在咱们农业社干活，一直干到 1970 年。当时一共 7 个小队，我是六队的。后来人太多了，一个队三四十个劳力，就又分成 14 个队。在农业社是挣工分，一天不超过 10 分，一早 2 分、上午 4 分、下午 4 分。那时候吃不饱，还不如小时候在个人家里。因为那时山上基本没有枣树，只在川里、滩里、后河上有一些，就在山上种粮食。以前雨水多，收成还可以，但是 1946 年之后就不行了。那年雨水大，把地都推了，后来雨水少了，旱得不行。1948 年，胡宗南从陕北出发经过榆林，抽了三回兵，弟兄有两个的必须出一个，要了三回粮。那年庄稼冻坏了，没有粮食，但没粮也非给不行。那时候一天也吃不上一顿饭，几天吃不上小米，就吃野菜，人都是皮包骨头。我们家比别人家还强些，因为我父亲武忠福一直勤劳务农，也跟别人合伙养一些牛牛、羊羊。那时候村子里牛多，家家户户都养，合作化以后就入队了。现在没有牛了，拉东西有摩托三轮，有耕地的机器，牛用不上了。当时我们家一共有 20 来亩地，有枣林地，有山地，主要是种谷子、高粱和黑豆，一亩地能收个 100 来斤。到集体化时期就不行了，大家只想着挣工分，一亩地也就产个 50 来斤。等到包干又好了，一天干上半天工也比之前收得多。

二 养船运输当水手

因为生活受不了了，1970 年，我去佳县机械厂当临时工做饭。在那里挣得不多，一个月 32 块钱。1962 年在铜川的时候货物值钱，到了 1970 年就不值钱了，钱值钱了。我在机件厂干了一年半，到年限就转成了正式员工，后来又调到了土产公司。成了正式员工后，每个月能挣 36 块四毛二，36 块钱是正工资，四毛二是粮产补助。工作不累，一天做两顿饭，可比农业社空闲。

在土产公司，我就开始搞船了。这个公司是我们佳县的，它养船搞运输，主要是拉煤供应给佳县城。我在船上当领导来着，4个干部领16条船，一人管4条船。船拉起货，我们领导跟上船走，不能离开船。十几条船基本上是同时跟着走的。海上有舵手，我们叫水手，掌舵的人是掌舵的人，艄公是艄公，就像开车，司机是司机，副驾驶是副驾驶，不一样。艄公在船的中间，我是老艄，在船的最后，主要工作就是负责看着河水，水浅了就让船往水深的地方走，避开水里的石头。开船可比开车难度大，有人当一辈子小艄公也学不会溜船的要领。溜船没人教，主要靠自己学，得自己动脑子想。每个村子都有那么三两个会溜的，村里头会拉的人有，会溜的人不多。

我学会以后，从府谷到佳县溜一回能挣70来块钱，在土产公司一个月才挣36块，没有那个多。在土产公司干了一年多之后，公司精简干部，我就回到村里溜船。开始是拉船再溜，后来是他们拉我进货，我去溜，再后来我就给外边溜。在农业社溜船特别好，我给农业社溜记工分，给外头溜挣的钱都是我的。一个月能挣二三百块钱，吃的、穿的、戴的都比别人的好。那时候肉贱，吃肉比现在还多，去拉一趟第八堡，我们回来就能吃一顿肉。在第八堡花六七块钱买一只羊，吃上一半、卖一半，一斤肉能卖四五毛，皮子一块，白吃了一半羊肉还能挣点。别人都不会卖，我们就会。

1962年回来的时候，我也在农业社拉过船，装水泥，运煤炭。有船就拉船，没船就种地，种地是主业。我们溜得远就多挣一点，溜得近点就少挣一点，比如佳县到府谷溜一次挣75块钱。府谷有水泥厂，佳县的水泥都是从府谷进的。那时当艄公的人很多，一般溜船的就我和武忠实两个人，我们俩都有执照，我是1974年回村之后有的。这个执照是佳县河运管理站发的，就在香炉寺下来的河滩地那里。后来没船了，管理站也就没了。

出船也经常遇到危险，那时黄河水大，经常发洪水。我父亲就是在一九七六年七月初七那次船难的时候过世的，我也被那场洪水推了一回。那时我和马耀、天保在黄河边捞柴，洪水来了，队里的拖拉机和两根六寸的管子被冲走了。一根管子二三百块钱呢，那阵儿可值钱了。我们想队里的东西不能丢，就去捞管子。最后水管也没捞住，太沉了，我们就把水管放下逃命去了。原本往回走的时候没差多远，水来了把我们推出去10里远。我被推得最远，离泥河沟有十七八里路，但我胆大，一点也不害怕，遇事不能慌。1946年、1956年、1966年、1976年，我记得逢六的年份水就特别大。不下雨时求龙王，发洪水就谁也不求了，人只有躲避。

1985年以后，公家雇我们走了趟内蒙古。1988年后，我就再也没拉过船，自己种地，务枣树。

三 任佛堂寺总会长

我当佛堂寺会长二十几年了，从1991年开始的。会长是要有人推举的，开始我们这里的总会长是沙湾村的武忠兴，他年纪大了，就推举了我，大家都同意。我当会长之前，沙塄家族的两个会长是武占鲁和武占林，现在他们都没了。占林后面是武国树，也去世了。我们少了一个人，就让秋生补上了。武世峰是佛堂寺文物管理所所长，算上他，磘里家族一共三个会长。现在佛堂寺这些会长年纪都大了，我今年76岁，年纪最大，最小的也60多岁了。有个照庙的老人已经85岁了，现在找人也不好找，国家给低保，大家生活好了，就不愿意照庙了。

我们这个佛堂寺是在唐朝末年、宋朝初期建的，有一千几百年了。现在锁着的石窟的墙壁上还写着哪年建的、哪年重修的。还有地契，哪年买下的地，谁买的，谁卖的，谁写的。我当会长之前没人发现，后来泥土被泡开，就发现了字。我们就慢慢把泥土抠开，才发现上面写了啥。我们佛堂寺有几十垧地，打了多少官司，崖畔还没还。

“文革”时候废古庙，佛堂寺归通镇区管。公家来人让在佛堂寺有会的好几个村扛着铁钳头，把泥神像刮坏，把佛像打烂了扔到沟里去，不打不行，还把从佛堂寺拆掉的门窗和砖头用在队里的窑洞上十多年。后来修建的时候，又把佛像的头给捡回来重新安上。

前年我们给佛堂寺盖了八间房子。佛堂寺是省级文物保护单位，国家拨了20万，还有捐款10来万。之前一年我们请了回客，有人捐3000、5000、3万、5万不等，共30来万，两年加起来一共50来万，但我们花了70多万。今年国家又给拨了10万，现在还亏损六七万。国家也不经常给钱，有要修补的地方写材料申请，批准了才行。文物保护管理所有8个文保员名额，每人每年给1000，这是固定的。

我岁数大了，听家里人的。要是家里婆姨、孩儿们同意，我就去，不同意就不能去了。要是当上会长，佛堂寺有了事，把家里事搁下不干也要去干佛堂寺的事。按迷信讲，在佛堂寺还有点好处。2003年我得了食管癌，在西安做了手术。当时我一点儿也不害怕自己活不了，做手术的时候我还跟麻醉师拉话。手术缝了30多针，做完之后20多天，我就跟人玩麻将，也没有化疗干啥的，好着呢。现在一年比一年好，担柴、吃喝，什么问题都没有。人啊，平时不能做坏事，与人打交道不要害人，不要做不正当的事，有好处。有来我家讨饭吃的人，多少要给一点吃的或给点钱，不能让人家白跑一趟。

我是1959年结的婚，那年我20岁，老伴儿是通镇的，也是媒人介绍，包办婚姻，父母说行就行。1962年我回来，她就跟我一起回来了，一直住在现在住的地方。家里现在一共有五个孩子：1961年生的大女子，没了；1963年又生个二女子；1964年生的大儿子；1966年生个二儿子；1968年生的三儿子；1970年生的四儿子。他们生活好着呢。女儿在佳县，女婿也是佳县本地人；大儿子在府谷打工；二儿子在榆林卖家电；三儿子在神木打工，出路不好；四儿子在西安的省政府开车，这个好，楼房也买下了。孩儿们都乖，回来看都给我买东西，大儿子买的豆面、油、肉和橘子还在家里放着呢。

我现在76岁，有共产党生活可好了，有高龄补助、养老保险，还吃了低保。现在吃喝都可以，一天吃两个馒头，倒两盅酒，不抽烟。我爱吃肉，每天早晨吃顿肉。我一点儿也不怕死，受苦也还行。今天早晨我还把一担柴打回来了。我可爱受苦了，受点苦才好吃饭。

（宋艳祎　采录整理）

【武光勤】

访谈时间：

2016 年 1 月 11 日

受访者住址：

佳县朱家坬镇泥河沟村后河上 64 号

人物小传：

武光勤，男，1942 年生，磘里武汉卿家族。1958 年考入通镇中学，毕业后返乡参加生产队劳动。1970 年举家移民上高寨乡李治村，1975 年迁回后加入石工队修建黄河水坝。

一　通镇中学半工半读

我是农历十月十六出生的，生在一个富裕家庭。传说我的老祖爷爷武大直家庭贫困，他在黄河里被水淹死了，尸骨始终未找到。于是家里人做了一座空坟，把他安葬。按照习惯，去世的人安葬三天后，要再去坟里烧纸。老祖奶奶比较迷信，说："你要是真的有灵魂，就在坟头上压个手印。"烧纸那天，坟头上果真有个手印。那时老祖奶奶已经怀有身孕，看到手印后决心守寡，生下老爷爷武学堂后就更加有信心了。她有创家立业的精神，带领婆姨们推豆腐、育母猪，养家糊口。老爷爷长大以后十分争气，因此我们祖上是比较富有的。那个时候的思想和现在不一样，当时有句话是"购田买地是挣子，卖田卖地是浪子"。大家只要有钱，就不顾一切去买地。土地是摇钱树，在农村离开了土地就不能生活。

我爷爷武有严曾经在佛堂寺当过总会长。他做了一系列重修庙宇、恢复寺院的事情，投资出力，费尽了艰辛。爷爷育有四男三女，家里人丁兴旺：大子武玉玺是我父亲，生两男四女；二父武玉珍参加了革命军，生一男一女，复员后工作至离休；三父武玉瑞生五男一女，一辈子靠务农为业；四父武玉琦生四男一女，移民到上高寨土寨村务农。爷爷临终前将自己的家业均分给四兄弟，让他们各自创业，各办各的家务。

1946年，共产党开始了土地改革，那个时候我爷爷已经去世。每家每户的成分划分是按照土地多少定，土地多的够地主定地主。够富农定富农。实际上我父亲弟兄四个已经分成四家了，原本分家以后不够定地主成分，但当时村中将遗留下来的四份祖业合在一起进行土地合算，结果我们家的成分就被定为地主。我们只好把全部土地家产献于本村和邻村的贫农，从此过上了清贫的日子。

我们家总共有兄弟姊妹六个，我有一个哥哥、一个姐姐、三个妹妹。整体来说，粮食是不够吃的，要从自由市场买粮食吃。自由市场就是卖米卖豆的商人推着车到村里贩卖,大家可以自由挑选。小贩一般都是自由活动,没有固定的日子来。我们村里都是缺粮户，大家都买粮吃。后来国家实行统购统销，在通镇开了粮站，大家就只能去那里背粮食回来吃。

我没有上过幼儿园，11岁起直接在村里上的小学。最开始的时候，学校设在武占正家的位置；到了我十三四岁的时候，搬到湾崖地，孩子们在冬旺家那里读书；再到我十五六岁的时候，搬到了高治国家那里。村里学校每次移动都是房屋租赁到期和学生变多的缘故，需要找一个更大的地方才行。我小学总共上了六年，武世忠先生苦口婆心教导我们，让我初步懂得了道理。后又经过崔士才、魏宜杰、高志录几位老师的教育，我进一步理解了形势。

那时候，佳县只有乌镇的一所中学；到1955年，佳县下面的申家湾有了第二所中学；到1957年，通镇才有了佳县的第三所中学。总体来说，当时我们这片的情况都一样，学校少、学生多，所以上中学必须采取考试的形式择优录取。1958年秋，我和全村10来个小学毕业生一同参加通镇中学的招生考试，结果我成为录取的三个人里的一个。我和同村的武占亲、武根生一起去通镇念书。

当时学校有三个年级六个班。那一年招收甲、乙、丙三个班，我被安排在乙班念书。初进校门时，我很好奇，这里和农村小学相比排场多了，自己心里感到很畅快。学校共有学生500多名，教师20多名，在校的活动和玩具也不少。但当时学校还在扩建当中，修建新教室和新宿舍。学校副校长崔成全和教导主任何俊德领导全校师生响应国家“半工半读”的号召，我们每天在上课学习之外劳动四个小时，进行义务修建校园。我们除了学习数理化，还有语文、生理、地理、历史，课程比较全。但是论学校的硬件条件，是和现在不能比的。

我在校学习总共三年，当时的班主任是陈嘉寿、高瑞生、刘荣武。他们和代课老师都非常认真负责，为提高我们的成绩想尽办法，对我们特别关爱。到了1961年春夏季毕业期，师生留恋，同学相爱难离。当年国家号召知识青年到农业第一线去，我也就回到了家乡——泥河沟村。

二 借毛驴驮媳妇儿

回村之后，第一件大事是我和媳妇的婚事。我的老伴是贺家坬人，是我的姑舅叔叔给我们牵线介绍的。1962年夏天，我从通镇中学毕业回到村里。我们相约在佛堂寺庙会见面,我和这个姑娘看对方都挺满意的。腊月十六,我们举行了婚礼，这个姑娘就成了我老伴。

结婚的时候，我送了她铺盖和衣裳，给了二斗糜子和二斗面，因为家境不好，只能靠借。我还给了他们家420块钱的彩礼钱，是投亲靠友一起筹凑的。集体时期10分工能分到两三毛钱，单干后受一天苦才能挣到几毛、一块钱。婚后，我们每年筹凑百十块钱，凑一点儿赶紧给人还上，用了三四年才还清。当时经济比较困难，国家也提倡从简办婚，所以我们结婚的时候场面不是很大。当时村里讲究用驴把媳妇请回家，但我们村里没有驴，就只好去桑墕村借一头驴回来接媳妇。我们村原先从桑墕借过驴，有一次驴被拴在山崖下的圈里，谁能想到山上掉下一块大石头把驴给砸死了。从这件事之后，桑墕就再也不愿意给我们村的人借驴了。我结婚的时候，通过人情关系，好不容易从桑墕借了一头最小的驴，人家说这头驴怎么能载得动一个人呢。贺家坬到泥河沟村这段路不仅长，而且都是弯弯曲曲的山路，很不好走。这头小驴就一步一颠地驮着我老伴走了30里路。

把媳妇接回来之后，我们在戏楼圪洞的老地方闹洞房。后来我们家里生了女儿，老地方只有一孔窑洞，就住不下了。我到村里找合适的住处，最开始很困难，哪里都找不到地方。后来我先去大队申请地皮，审批之后就把那片地方置办下来，找匠人去山上打石头修窑洞。当时我们这里比较穷，大家都是互相帮工，这种方式既省钱又经济。我们不出辛苦钱，而是在脑子里把别人帮忙做的工记下来，比如做了多少天，等到别人需要帮忙的时候就去把这个时候的工还回来。我求亲靠友，找人帮忙在后河上把两孔窑洞建起来。1978 年、1979 年的时候，在当时计划生育政策比较严格的情况下，我们向大队申请，又摘环生了一个女儿，叫武海飞。后来政策放宽，在 1982 年我们又生了一对男孩双胞胎，叫武金龙和武金虎。双胞胎 6 岁的时候，我在两孔窑洞的外边又各修了一孔窑洞，到现在总共就是四孔。这两个孩子在榆林上学，后来就留在那边生活。他们在榆林开了商店，但是生意不好做，生活也比较困难。

三　工程农业两边忙

回村之后，我被编入三队参加劳动。我当时不太熟悉技术性的活儿，但是年轻人有力气，所以主要负责出力的工作。农活技术经过老农武保云、武正福一年的精心培训后，耕地入种、破苗、锄草、收割、打场，我都能入行，用一年时间就适应了在生产队的生活。

春天要入种，园子里要浇水，山上要破苗。去山上担水、担肥的路不好走，咬着牙也要上。1965 年的时候，发生了百年一遇的大旱。我们在山上打旱井，大垦田，点种粮；在崖洼的山上挖小坑，点种保苗，种的有高粱、谷子和豆子。在生产小队，早上出工是 10 分，中午下午出工是 8 分，光下午出工是 4 分。我每天跟集体上工，早上和下午都去上工，一天挣 10 分。1966 年、1967 年的时候，每年都要发大水，前河滩那块地不管种什么都会被推掉。村里在那边种了很多粮食，高粱、小米都有，收成受到很大影响。

1970 年春天，我参加了石工队。当时和我一起在石工队的人有 20 多个。武世珠是村里的书记，由他牵头的村委会组织成立了石工队。武忠先是当时石工队的大师傅，武子勤和武子金都是队里技术比较熟练的人。他们教我们这些年轻人石工手艺。最开始的时候，我们在前川地上学习掏石窝，打石头，两三个月就可以开凿一般的大石头，这就算学成出师了。每年二月到九十月份，我去生产队干农活，其他时间在石工队搞工程建设。当时我们用锤子、老锤、钎、锹进行劳动，老锤用来开大石头，锤子负责把大石头破成小块，锹还分为大锹、小锹、手锹。

后来，国家水电局支援我们很多石工的工具，村里有爱好的年轻人都可以参加石工的劳动。

我进入石工队之后做的第一个大工程是在前岔上修丁字坝。当时从山上开下来的石头都特别大。村里人把大石头破成小块，妇女们用拉拉车把石块拉到工地，河边有村民用铁丝把石头网住，垒成两层高的墙，还有人负责编铁丝网。石工队主要负责把石料从山上开出来，再破成碎块。水坝修了很长时间，工程结束之前我们都是工程、农业两边忙。修水坝的时候，要经常挖石头，所以我的手上磨出了很多茧子，有些地方还磨掉了肉，这些地方现在都长好了。

修水坝的时候，我老婆早上八九点给我做饭。中午的时候，她提前十几分钟下工回来做饭，等我 12 点多回来之后一起吃。基本上没有休息时间，简单休息一下就要再去工地劳动。当时我们的伙食很差，吃的基本上都是高粱、玉米，只有在夏天的时候才能吃到蔬菜。我们平时吃洋芋（土豆）比较多，这些基本上都是从山西的第八堡买回来的。

炒面也是我们经常吃的一种食物。当时红枣的价格很不错，好的枣基本上都卖了。我们把卖不出去的烂枣，加上炼油剩下的浮油壳，放在太阳下晒干。因为粗粮不好吃，我们就把高粱或者黑豆放在锅里炒熟，放在一起碾成粉吃。有饭的话，把炒面放在饭里吃，或者直接放在水里冲着吃，但如果在水里搅成糊状就不好吃了。还记得“文化大革命”的时候，红卫兵到各处串联。我们村有一帮从内蒙古来的红卫兵，村里派他们到各家去吃饭，我们家也接待了几个。我们拿出炒面给他们吃，他们不会吃，直接倒在开水碗里冲着喝。我说你这种吃法不对，如果弄成糊糊的样子就不好吃了。我教他们把炒面放在水里冲成汤吃，后来他们都吃得很高兴。水坝修好之后，黄河水每年流过这里就把前川地磨起来，我们就在那里种粮食。当时高粱长得还不错，小米长得还可以。这些粮食能够缓解村里缺粮的情况。

四 1976 年幸免船难

1969 年，黄河发了一场大水。洪水把沟里的土地全部推走了。当时县里号召移民，我想家里没有土地，也没有办法维持生活。1970 年冬天，我带着正怀孕的老婆和我的大儿子移民到佳县上高寨的李治村，在那边借别人的房子暂时居住下来。李治村把节约下的公用粮发给我们当救济粮，吃的还是高粱和玉米，还有少量的黑豆。但考虑到我养着两个儿子，家里有四个人要吃饭，而发下来的救济粮每个月只有十几斤到二十几斤，所以吃饭问题还是很大的。当时总共有六户人家从周围各个地方移民到李治村。大家虽然分到了土地，但是因为粮食产量不高，种的粮食都不够吃。而县里的救济粮每个月配发的数额也不定，有些月份甚至没有救济粮吃。每天的劳动强度比在泥河沟的还要大，除了要两出工，还得起早贪黑干农活。虽说是移民到外村，但我们吃不饱、生活很艰苦的情况没有改变。我看生活状况不行，在 1975 年春天就又回到了泥河沟村。

回村之后，当时大儿子武亚飞已经有 7 岁了。在李治村他没有上学，每天就和我们住在一起，也不能参加劳动。亚飞回村之后在六孔窑上小学，之后要上初中的时候，因为报考通镇中学需要两块钱的报名费，而我拿不出来这个钱，他就没有参加考试，没上成初中，到现在只有小学文化。

一九七六年的闰八月初五，村里有一艘船满载着人和货物从府谷准备回村，却不料走到第八堡的时候遇到大浪，船底撞在虎石圪塔的礁石上，瞬间被打破，船体倾倒，河水快速涌进船里，船上的人乱作一团。当时我也在船上，本来计划去山西买粮食，没想到遇到这么危险的事情。船难发生的时候，我眼疾手快跳到船边的一个大石头上，在船体向河里沉之前逃了出来，最终幸免于难。当时跳到大石头上的总共有 16 个人，没有从船上跳下来的人就淹死了。我们村的 11 个人和外村的 10 个人都在那次船难里遇难。当我回家之后，老婆拉着我的手不停感叹着："没事就好，没事就好。"虽然我在船难中损失了 200 多斤从山西买来的高粱，但是活着回来了，我感觉自己还是非常幸运的。据老伴讲，船难后，村里很多人站在村口，惊慌地互相询问着彼此家里人的情况，是在了还是不在了。那段时间，一直有人哭哭啼啼，村里的情绪比较悲伤。这是我们泥河沟村历史上发生的最大的事情，也是有史以来最惨的事情。

当时村里没有集中给遇难的人办仪式，是每个家族内部自己办丧事。但是因为每家每户的生活条件不太好，最后就简单办了。发生船难的时候，船上有 5 个人和我都是磘里家族武学堂分支的。作为同一个家族的人，我们都安全回到了家里，也算是一件非常幸运的事。

五　戴着地主的帽子生活

1981年到1982年间，村里开始实行个人承包枣树，大队的政策是“孰栽孰有，可以继承”。这就导致我们村里分成有枣树的一派和没有枣树的一派。为了分枣树的事，我们还去榆林市政府上访过，我也参加过。最后的结果是枣树多的人匀出来一些给没有枣树的人，按照承包人口分配。我分到了两口子枣树地，每口子地能产120斤枣子。分配之后，全村每个人都有自己的枣树了。分单干之前，大家集体栽枣树，积极性不高；分配到个人之后，大家的积极性都很高。当时大的枣树能产100多斤，小枣树能产十几斤枣就不错了。我们家的枣树在垴坪梁、寨峁上和孔家峁。只要是有土地，种得开，我就在上面栽枣树。这些地离我们家最近的有六七里地，最远的有20里地。平时上地，我都是走过去的，如果坐三轮会快一点，但是走路的话就得好一会儿。

自从我们在地上种了枣树，家里的粮食基本就不能吃自己种的了，需要从外面买回来吃。枣树刚栽下去的时候，结的枣也比较小，但那个时候枣子的价格比较好；而如今，枣树长大了，结的枣子也大一些了，但是红枣的价格比以前跌了。天气也不好，每年秋天都有雨。我现在年纪大了，这么多枣树也顾不上那么多，很多枣树长得没有以前好了。枣子长好了也没工夫去收回来，都烂在地里。所以整体来说，我们种枣树没有赶上好的情况，收成一直都不怎么样，这几年下来基本都没有收成。

现在我上70岁了，主要就依靠养老保险和高龄补助。养老保险每个月我能领到120元，高龄补助是一个月50元。这些钱平时买米买面吃是差不多够的，但要是遇到生病或者亲戚家有喜事去行礼，这些钱就不够用了。行礼是很霸道的，你没有办法回避，只能把钱用红包包起来送给人家，其实自己的生活也是紧紧抠抠的。

回想这一辈子，我出生在剥削阶级的家庭，土改后我们被赶到最不好的地方，换下原来的衣服。家里只剩下少量的地，枣树全部被分给贫下中农，吃枣还要偷着吃人家的。最困难的时候，我还跟着母亲在山西周围讨过饭。“文革”时期，我是阶级斗争的对象，但没有被批斗。从最开始，我不能像其他同学一样享受正常的助学金和补助款，不能接受正常的工作分配而被迫回乡务农，不能在水灾、旱灾的时候领到救灾款，过年时也领不到米面肉，始终戴着地主成分的帽子艰难生活。有一段时期的升学考试不是以成绩录取，而是思想政治好的才能升学，地主身份直到大儿子亚飞上学的时候还有影响。到后来邓小平上台之后，不论阶级成分了，从此地主没地了，富农不富了，大家一律平等了。这其中的变化带给我很大冲击。我觉得人最基本的要讲良心，要根据社会形势，如果死板地不根据社会形势，路是走不通的。我心里虽然不开心，但是也接受了这种情况，因为这是历史的大趋势。从最艰难的日子里生活过来，还可以翻身，这就是我感悟到的生活的道理。

（李禾尧　采录整理）

【王春英】

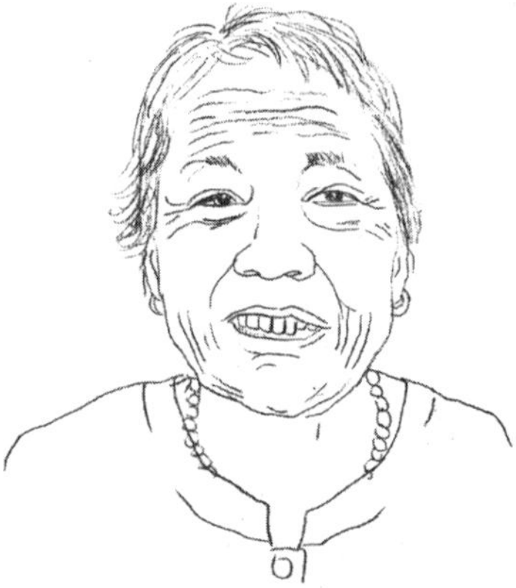

访谈时间：

2015年7月21日、2016年1月10日

受访者住址：

佳县朱家坬镇泥河沟村湾崖地7号

人物小传：

王春英，女，1943年生。18岁嫁给武占格，定居泥河沟村。红色娘子军队队员，参与了村里梯田、顺水坝等工程的修建。

一 修田筑坝娘子军

我农历正月十四出生于神木县界牌村，离泥河沟有10里路。我们娘家就我一个女子，上头有三个哥，我是家里最小的。初中毕业要上高中的时候，我爸有了病劳动不成，所以就把我放下来看家。我当时特别难受，因为还想继续往下读。1961年，18岁的我嫁给了泥河沟的武占格。我的老姑是他的奶奶，我爸爸和他爸爸是姑舅兄弟，但我们小时候都没有见过面。媒人带我们见面的时候我很害羞，都不敢看他。老人说行就行了，所以我们只见过这一次就成了，两家也是亲套亲了。我嫁到这里是准备上学的，让他们家供我。结果结婚以后，占格初中毕业没上高中，我也就没去上。以后有了娃娃，就更没办法上高中了。

一九六一年正月初六，我从我家骑着借的毛驴，爸爸和大哥两个人送我到了泥河沟。我正月十四过生日，娘家人来找我，我就跟着回去过生日了。清明的时候，家里要烧纸，就又去娘家，一直没回来。到六月份他中学毕业，我回来了。才20来天我又回娘家，一直到这里开始打枣我才再回来。我们二月份在朱家坬乡政府领的证，正式结了婚。我爸给拿了一套新缝的衣服，裤子、衣服宽大得很，穿着不合适。我很伤心，就嚎了一顿，哭完之后只好穿上去登记。回来的时候，我也没和占格一起，我去乡里亲戚家吃饭，他自己回家。结婚之后，他参加村里劳动，我就在家纺线织布。

1964年左右，乡上来人说要修梯田、打坑田，队里组织人去干活，我就跟着参加了。当时男人要到地里干更重的活，所以修梯田的大部分是女人，还组成了妇女基建队。“白天大干，晚上夜战”是我们当时的口号。早上8点出勤，下午1点回家吃饭，下午两三点又出去干活，晚上干到天黑了才能回家。晚上吃完饭，碗都没洗完又要起身去干活。我们秋天主要在山上修梯田，修梯田的地方很多，包括杨条、圪堵场等地。第二年春天，我们要在炭窑峁等地打坑田，就是打个坑坑浇水种庄稼。等到秋天有叶子的时候，我们还要把树叶全翻到地里。当时我们天天受罪，一天都不让休息。当年修的梯田现在都坏了，栽的枣树都被砍了。

一九六七年腊月二十八，政府给吃供应粮。因为武占格前去看望他在天水生病的妈妈，我不得不去背粮。早上6点，我吃了饭就开始往通镇走，领了60斤玉米。我背着60斤玉米，累的时候就歇一歇，一共走了40里，太阳快落山了才回到家。当时天气很冷，冻得我脸疼。过年时用领的玉米磨成面给娃娃吃，就是吃好。

1971年左右，泥河沟很穷，大家过得都很困难，因此村里提倡让我们移民去外地。我当时有四个娃娃，都吃不饱饭，实在饿得没办法，再加上听说外面的村子生活得更好，我也就报名了，计划去延安地区的黄龙。我收拾了两天行李，每天晚上都睡不着，辗转反侧想着移民去黄龙的事情。临走前，我妈来家里看我，她哭着不愿意让我们走。她就我这么一个女儿，舍不得我走，害怕这一走，就再也见不到我了。她一哭，我也哭得厉害。我一寻思：“泥河沟有这么多人，饿的也不止我一家。人家没走都饿不死，我不走就能把我饿死吗？”这么一想，我就决定再穷再难也不走了。当时出去的人到了移民地之后发现更苦，受不了就回来了。比如当时占格老二一家就去了上高寨乡李治村，去了之后发现那里的生活条件还不如泥河沟，于是1975年左右又回来了。

1967年到1969年、1972年到1975年，我参与修坝，还成了红色娘子军的一员。修水坝是生活最贫困、劳动最紧张的时候。提起那段经历，我真是伤心。2015年12月30日那天，村里拆丁字坝，我心疼得哭了。有人就说：“现在做的比你们那时候做的好多了，可以用机器。你们那时候是自己做，现在都是机械化。”但那是我当年亲身受过的罪，他们把这弄坏了，我可心疼了。当时我基本上天天都要拉石头，不能休息，30天要去拉28天石头，只有快过年的时候才让休息。大队规定我们每天8点上班，我因为要做早饭迟到，工分满分10分会被扣2分。有时候我去上班前娃娃在哭，我放不下他，只好给他喂了奶再走。这样我就会被再扣2分，一天的工分只有6分。我就被这样扣过几次，没办法嘛。当时吃饭都是自己做，中午的时候我抽时间赶紧弄一点儿饭吃，一上工就马上去干活。到晚上，我还要给娃娃缝衣裳、做鞋子。我们家里六个娃娃，生活困难。每天娃娃睡下了，我就在灯光下缝，一针一针自己做。哪怕一晚上不睡觉，也要娃娃有衣服和鞋穿。我早上很早起来，再缝一会儿衣服。那时候穿不上，有时间都纺线了。有时候国家能供应一些棉花，但质量也不好。买上点儿黑的、蓝的布，或自己织的布，手工给娃娃缝衣服。

我们在湾崖地装石头，三个妇女装一个车，没有娃娃的人拉车子。我如果去拉石头来回走，就没办法看着娃娃，所以我负责往车里装大石头，娃娃站在旁边。装石头可危险了，一不小心就会被大石头砸到脚。装上之后车子拉走了，我就可以照顾娃娃。每人每天背50个石头，背完第二天又分50个，天天背。当时装石头很费劲，因为石头太大了，一块都有一百大几、二百斤重，一车车只能拉一块。就是现在坝上那些数不清的大石头，你们现在出去也能看见。就是到现在，我一拿重东西、干重活，比如提上一桶水，胸口就会疼。我们女人拉一块石头确实不容易，这手上都是茧，当年背石头时被石头碾过留下的伤疤到现在还有。打坝的时候，我们没吃没穿，布都是自己织，衣服都是自己缝。当时衣服质量很差，拉石头的时候很容易烂。我冬天就穿件棉袄，干活的时候身上出了汗，棉袄都被汗水打湿了，回家以后都是馊的。第二天起床，我还得穿上这件棉袄，因为冬天我就这一件衣服，再也没别的穿的了。

1968年生完二卫，我只休息了40天，就又开始拉石头，再也没休息过一天。除了生娃娃有一个月的假，再也没别的了。头几年，老人在家，还有人帮我看娃娃，我只用回来的时候给他们喂奶就可以了。1971年，占格妈妈去甘肃了，大的娃娃也都上学了，所以老三、老四出生的时候，没人给我看孩子。娃娃醒来后哭，我只有背上他才好干活，不然啥都没法做，所以我和面、推磨的时候都背着娃娃。

打坝的时候，我背上三卫去拉车。三卫睡着了，我就把他放在旁边的地上去干活。他醒来的时候，我再继续背上。人家说我："手把车子推，身把娃娃背。"当时天天都是这样的。我生四卫的时候，大队还让我去前滩那里栽柳树。栽树的时候，就一回回疼起来，晚上回来之后，腿也抬不起来，回来晚饭没吃就睡了，一早上起来就生下来了。他就是因为我每天去劳动，好生。到了早上，又有人叫："三卫娘起来去上工。"人家后来说生四卫去不了了。娃娃那时候太多了，农业社根本不让休，一到干活的时候就叫吼上了。家里五六个孩子又要吃又要穿，真是忙不过来。生了四卫之后，就不再生了。和他同岁的树还在，现在很粗了。看到那棵树，就记起来它和四卫同岁，就在那天下午栽的，第二天一早上就生了四卫。四卫他也知道。到地里干活，我就说："四卫，你看那棵树和你同岁呢。"

四卫小时候我就不管他了，把他用带带一拴，用枕头和被子固定在炕上。他撩不动被子，就摔不下来，但我每次回来，四卫都在哭。有一次我打完坝回来的时候，他头上是红的，还有土。他嚎得可怜，我用水给他洗了洗。还有一次我拉石头拉得特别累，一回到家，娃娃因为没饭吃，就跑过来围着我们哭嚎。当时家里又没菜做，我和武占格为了让他们不哭，只好打娃娃。打上了，他们就不哭了。娃娃很可怜，一天到晚没人管，就跟牲口一样。我好不容易回来了，他们才可以吃点儿奶。娃娃长大了点，又没吃没喝，我就只能给他们打米面糊糊，在灶火上烧洋芋，再抓点小米做米汤。这已经是当时最好的了，一般只能吃高粱糁糁、玉米糁糁。如今，我们是在过最幸福的生活。现在娃娃不知道啥叫吃糠咽菜，过去的娃娃都不知道啥叫不好吃，做上啥都抢着吃。有一次我在烧火煮稀饭，卫琴和二卫两个回来一抢，互相推着就把锅上的锅盖撞开了。毕竟男娃娃有力气，女娃子抢不着，一不小心就把手肘杵进锅里，把她给烫了。占格他赶紧浮河去离村十多里的山西第八堡买烫伤膏，涂上三天就好了，也没留下疤。

二 靠枣树维持生活

1961 年到 1975 年，15 年间我生了六个孩子。在农村，孩子们上学是唯一的出路，不上学就出不去，就要在农村受苦。所以我很看重教育，哪怕再苦再累也要让孩子上学。我们的孩子、孙子都很争气，都爱上学，他们最低的文凭也是高中。我47岁时，二卫在申家湾上学，他时常都是第一二名。他们每天放学后打扫教室，需要把凳子放在桌子上。有一次，调皮的娃娃把他的凳子换成烂凳子。二卫不知道凳子被换了，他在上课时间挪了一下，凳子就响了。老师说他捣乱课堂、出洋相，拽着让他出去。二卫不肯出去，加上他个子高，老师拉不动他，你推我推，就像跟老师打起架来一样。老师一气之下，不让他念书了。学校给他办了休学证，让他第二年再上学。二卫回到家里，哭得厉害。我也特别伤心，几晚上没睡成。我的高血压就是那个时候开始的，以后一年比一年严重。二卫这事最让我伤心。占格去学校跟校长拉过话，一个年级有两个班，他想让二卫转个班，换个环境。但是这个老师在这两个班都上课，不好调配。当时占格为了让二卫能够读书，还去找了老师和他的同事，但是最后也没有解决。二卫当时学得可好了，比三卫还好。他考大学没问题，就是这个老师害了我的孩子。二卫刚休学时心情不好，我们就叫他出去转转。冬天，他为了伺候生病的奶奶，就跟着他爷爷去天水了，在那里做生意赚钱。他在天水，我在老家，交通不方便，只能和他写信。他过去了半年，等到开学的时候，我们想让他回来，他却不想回来，因为他的生意好，一天比一天挣得多，生活又自由。他只有一个娃娃，在北京化工大学读研究生，供他上研究生也不费钱。孙子的对象也在北京工作。虽然现在二卫生活也还好，但如今我想起这件事情来还是难受。

卫卫1964年生。在儿子里，他是大的，上头就有一个姐姐。大儿子6岁的时候，奶奶把他给领出去，跟上爷爷走了。这个娃娃生下来体质好，他爷爷奶奶回来看这个娃可是亲。我那个卫卫长得也比较漂亮，小时候太有人疼他了。他爷爷一直都喜欢他，就说这个大儿子能不能跟上他们走，我说能呢。那阵我们的娃娃多，有四个。领走卫卫，我还有三个娃娃。当时不愿意让爷爷带走他，但反过来说，家里娃娃多，他跟爷爷去那边生活条件也强，去外边吃得比家里好，最起码他不饿，家里的娃娃还受饿呢。他主要还口细，爱吃细粮，吃粗粮就哭闹。后来想开了，在外面还是生活好，家里面有四个娃娃，我根本照顾不了。后来卫卫三岁的时候，奶奶抱着，跟爷爷出去的。卫卫走了之后，我就想得不行。那阵只能邮个信，信里写想娃娃，叫老人们带娃娃回来看一下。写了好几封信才回来。回趟家不容易，交通不方便，路上好久才能回来，有船就坐上船，没船就要步行回来。卫卫刚回来就自己跑到我身边来，娃娃还是爱自己的娘。有时候在家里，他爷爷打他、骂他，他一哭就找我来了。他回来住了二三年，到了 6 岁，他们就回来再次接他去天水。他一直到 19 岁高中毕业以后回来看我一次，后来生了个娃娃又回来看我一次。之后，他也回来两三次，其间我几次去天水看病，相处了一些时间。

娃娃里，三卫最调皮。有次中午我在家里做饭，他一个人去大河里浮河被水淹住了，只露了头顶。文生刚好路过那里，看到三卫有危险，就拉出了三卫。三卫回来根本没敢告诉我们，怕挨打，长大了才告诉我们。还有一次，三卫在后沟边走边吃人家的杏，走了好几公里。占格找了一天没找上，以为娃娃丢了。我们在村里找遍了，没找到。结果开耀看着三卫一个娃娃，路又远又危险，不让他一个人回来，晚上回来时才把他一起领回来。占格急得很，看见三卫回来了，就脱下鞋子打他，打他时没看清楚，也误打到了开耀。

三卫学习一直好，在学校里老师都喜欢他。那时家里穷，没吃的、没穿的，供老三念书可不容易了，家里把黑豆卖了给他交学费。他在乌镇念高中时，直接保送到了陕西师大历史系。保送之前，他梦见一个白胡子老汉，在他跟前转来转去。他起来感觉很奇怪，第二天学校就宣布保送三卫，所以他说是贵人扶着他。三卫就是命好，运气好，一直有贵人。他现在在定边公安局工作，两口子都有正式工作。老三的两个孩子现在都在陕西师大附中上高二，还被老师推荐去了日本交流。四卫的娃娃在读初二，他为了娃娃去了西安，在那里卖枣和包子，生意不好的时候就卖水果。

卫卫 28 岁才结婚，二卫 25 岁，三卫 25 岁，四卫也是 25 岁结婚。老二、老四在家里娶的，老大和老三在外边找的。四儿子结婚出了 1 万块钱，老二那阵出了 4000 块钱。当时我们没钱，都是靠卖几颗枣，省吃俭用给他们娶媳妇。念书时候也是，这几个娃娃都要供，我们就靠枣树维持生活。到秋天收枣，枣子打下来整整要一个月。每天从树上打下来，再一颗一颗捡，用车车拉回来晒在外面，晒好了再捡回来。以前在老祖宗留下来的垴坪上、石崖上的晒枣崖晒，靠人背上去，路也很难走，现在都在院子里晒枣。以前的人可是受了死罪了，不像现在都是机械化。枣下来以后，老二每年都回来收枣。老二两口子在天水的铺子就是经营这个，都是自己加工。原来卖咱们这儿的枣，每年要收好多车，有一年拉过十几车。这三年不行了，他就卖新疆枣，泥河沟的枣也卖，但价格不抵以前贵。这几年雨下得多，枣都烂了，但新疆枣不烂。

去年的时候大女儿叫我去他们家，我觉得不如老家好。过年的时候，一共回来五家。老大卫卫没有回家，其他两个女子，还有外甥、儿子、媳妇都回来了。年三十晚上，大锅上煮了一只羊，放两个桌子，一大家子围着坐两行吃。家里人多，在炕上是挤着睡，一面睡六七个，这几个窑洞都住满了。这三年枣卖不出去，就他们管着我，原来卖得出去不要他们管。去年我住了两回院，他们都回来过。我住院的时候，每家都掏钱，生活好点的就多给上一点，过得不好的、挣不来钱的就少给一点。我有了病，他们就回来照顾，需要些什么东西就给我买，我也不用再操心他们了。

现在孩子们都在外面，我们是空巢老人。儿女们只有过年才回来。他们没必要回来，回来一趟花路费又没人照顾，也不能工作赚钱。我们也不爱跟着孩子一起住，没有自己在家生活得自在。跟他们住就像笼笼里的鸟，没事干，圈在楼里心慌难受。再说我们要是出去也没事做，家里还有点枣树和蔬菜，够自己吃，过得也不错。现在干完了活，我就回来随便煮点饭吃，吃完饭后再看看电视或者出去散步。我有糖尿病，不敢吃糖分高的东西，比如枣、洋芋、粉条等。现在有钱也不能吃，什么也不敢吃饱。一村谁也不饿，就我饿着。有时我因为高血压和糖尿病，一晚上难过得睡不着。身体实在不行了，我就住院，一年住几次院要花1万多。我们这代人从小到大过了苦生活，现在靠娃娃给钱，生活也好些了。

三　征地推树我心疼

我结婚后没多久，就开始在自留地栽树。那些年一共栽了几十棵枣树，除了老人手上留下来的十几棵，其他全部都是我们亲手栽的。包产到户的时候，因为我家有八口人，所以分的地也多。前川上的地就是当时分给我们的，我们就在那里栽枣树。我在我娘家那边买树苗，一个苗苗5块，我买了100多根。我看到哪里有能补栽的地，就赶紧栽上，能栽一棵就栽一棵，于是我们陆陆续续栽了很多棵树。修沿黄路时，我家毁了18棵枣树。去年征地又征了九十几棵，自己亲手栽的枣树就给推掉了。抚育枣树就跟孩子一样，去年可心疼了，今年慢慢就习惯了。山上的几亩枣树是1961年武占格毕业就开始栽的，都是好树。枣树看起来很少，但那时候枣值钱，一斤枣卖好几块钱。山上车走不上去，这两年枣烂了没人管，枣树就丢了。现在家里的枣，有羊的人家都喂羊了，没羊的就两三毛钱给卖了。两三毛如果不卖的话，就会起虫虫。家里谁回来了，就拿上一点枣、干豆角、黄花菜，每家都给分点，一家一袋。

今年为了建一个工业园区的输水管道，毁了我家川地67棵、山上40多棵枣树，而且好树都在川上，山上的树没有川上的好。现在只有100多棵了。把枣树砍了，今年秋天或明年开春不种上的话，地肯定就完了。如果改道改到河滩下面，再继续栽树，第二年树就有一人高，地就可以保了。如果不改道，地不能种，树没了，你说我们农村人还怎么生活？什么都没有了。这回枣树被推掉了以后，我真是太难受了。再加上树推倒后树柴太多，得砍好、锯好拉回家垛起来，每天箍柴箍得我浑身酸疼，天天晚上睡不着，就和武占格拉话。这次砍的都是我们打坝以后，在保护的地上栽的枣树。我来了五十几年，就守着这一块地，亲手栽上了树。细的树推了，我还不太心疼，但不要把大的树推了啊！看树的粗细，都不是小树，起码要三四十年才能长好。老树原来是我们老人手上的树，一二百年以上的都有。这次我们家是村里受牵连最多的。枣树养活了我们一家人。这些树年年有枣，每年可以结1万多斤。再说被破坏的地方就在村口，别人一来就看见了，太影响村貌。咱们这是千年枣园，是农业文化遗产。这事肯定也损害了农业文化遗产这块牌子。我可心疼了！

（王嘉雪　采录整理）

【武岳林】

访谈时间：

2015 年 7 月 24 日

受访者住址：

佳县朱家坬镇泥河沟村紫柏崖坬 130 号

人物小传：

武岳林，又名“瑞全”，男，1944 年生，沙塄上武佩环家族。曾是陕西省水电工程局的职工，回村后当过阴阳先生。1996 年起，主持修缮了村里的观音庙、龙王庙和河神庙。

我出生于战火纷飞、兵荒马乱的 1944 年。那一年遭了大蝗灾，庄稼颗粒无收。后来，蒋介石和胡宗南的部队进攻延安，毛主席带领撤退的革命队伍一路辗转来到佳县。胡宗南的部队就对我们这里进行扫荡，飞机还轰炸过我们村。1947 年也是一个大旱之年，禾苗枯槁，庄稼歉收，人们吞糠咽菜也难以维持生计。我的爷爷正是在这一年辞世。我孩童时期在本村小学读过几年书，未曾深造，因此文化水平有限。但是我们老武家文化底子很深厚，中过秀才的人不在少数，还曾出过举人，好几代都出文化人。我们武家老弟兄四个，都是秀才。老二还是个贡生（八贡），在当地负责乡政，县里曾给他送了一块匾。当时有钱的家户雇个秀才教娃娃诵读《百家姓》《千字文》等，也教娃娃记账、写契约、管家务、打算盘等。

一 泥河沟世代更迭

泥河沟以前叫“银河沟”，属于银河堡管辖，后来误读误传成泥河沟。反正我们这里有河有泥，称为泥河沟倒也贴切。泥河沟何时何代开始建村，村中最初居住何种姓氏，现在都已无证可考。但是村口的 36 亩枣林中，有几株树龄高于 1300 岁，因此最晚唐代这里已经有人居住。我并不认为先民一来此处就开始栽枣树，他们可能是居住了数代之后，才开始栽植枣树，因此村庄年龄应该大于枣树树龄。80 年代前后，脱贫致富的村民在挖掘地基修缮破窑的过程中挖出了汉代古墓。墓群里挖出来的铜钱铸工粗糙，铜钱一面雕刻着简单的篆字，墓中还有五铢钱。所以，泥河沟一带的历史可能上溯到秦汉。有人说秦汉时代这里虽然人烟稀少，但已经形成了村落。当时北边的胡人、匈奴人散兵常来侵扰，西面的回族人也时有进犯。本地人称这些不速之客为“西回了”“鞑子”。我小时候听过老人们讲蒙古人侵扰这里的故事，他们来的时候烧杀抢掠、作恶多端。有时候年头久远的墓地被水冲刷后出现人骨头，有人挖坑挖出好多死人骨头，这都说明村子曾经遭过不测。元朝被推翻以后，蒙古人没有再南下。后来随着中央政权的稳固，民族关系的缓和，回族人侵扰的次数也越来越少。据说清朝同治年间，回族人来此烧杀劫掠了一次。除了北边、西边的威胁，南蛮子也来此骚扰过。村里流传的金马驹的故事，讲的就是南蛮子来此盗宝的故事。南蛮子到北方来盗宝，泥河沟周围山上的宝贝能盗走的都被他们盗走了，盗不走的就被他们破坏了。车会沟以上七八里路的地方有一个大石山，石山底下有一个大水坑，水坑里面有个活宝金马驹，金马驹实际上是一匹仙马。偷盗金马驹的是两个南蛮子，一个人下水给金马驹安装辔头，结果被金马驹咬死了。这些故事都说明只要国家没有大的动荡，我们这个村就能安居乐业。我们这个村虽偏居一隅、默默无闻，却与华夏呼吸与共。实际上，它的命运祸福与华夏息息相关，国家荣这里荣，国家辱这里辱。

宋朝的时候，我们这里归山西管辖，明朝又划归陕西延安府管辖，清朝才由榆林府管辖。这段历史有文字记载。河沟里的高石崖上曾经住过两个姓王的石匠，这两个石匠用錾子在崖壁上刻了字，说当时这里归延安府管辖。佳县古称葭州，据县志记载，大明洪武年间向这里移民一次，自此这里人口大规模增加。崇祯皇帝为了充实边塞，又向这里移民一次。增加的人口在这里毁林开荒，种植谷子、糜子、豆子、高粱等粗粮、杂粮。山上树木越发稀疏，山下面除了枣树，也仅剩零星杨树、柳树、榆树。这样做的直接后果是水土流失。

二 武朝云开基定土

我们村现在的村民几乎全都姓武，但是武姓人并不是这里的原住民。据说，我们村武姓人是从山西洪洞县的大槐树下迁徙而来的。我们武姓人家谱里面有"洪武年，大槐树"这几个字。我曾走过的陕西关中等地也有类似说法，他们也说祖先是从一棵大槐树下移民过来的。根据家谱记载，最初迁徙到这块地域的武姓先祖叫武朝云，他最初迁徙到距离泥河沟村 20 多里路的一个地方。初来乍到的武朝云面临很多困难，山里长满茅草，他穿着粗布，吃着野菜，在土崖上打了个土窑窑、土洞洞用作房屋。武朝云在那里生了五个儿子，后来发展为五大家族。这弟兄五个的子孙往东南方向开拓土地，山里面有主的土地他们买，没主的土地他们占。如此一来，武姓人的居住范围不断扩散，最终分布在周围八个半村子里。我们泥河沟村就住有武姓四大家族。明朝之前，这里没有武姓人活动的记载。清朝康熙年间以后，相关文字记载时有出现。

我们村也有几家姓高的，这几家是我们第六代祖先的外甥。高氏本是黄河对面的山西第八堡人，在山西家大业大，但是弟兄之间为争家产发生内斗、互相欺负。我们文才、武功都出类拔萃的第六代祖先就到山西那边帮自己外甥撑腰，不想竟然打断了高家一个人的腿。高家一纸诉状告到县里，县里派出人员到武家抓人。岂料武家情急之下打死了一个派来的人，这下陷入官司漩涡。结果官司打了三年，武家家产花费无数，高家产业也消耗殆尽。武家又担忧自己外甥在山西继续受欺负，就把他们带到了我们村。这都是娘家人出头惹的祸。除了带姓高的外甥来村，武家还曾带过姓曹的外甥来定居。曹家现在距离这里 20 多里。

以前，我们这个村子刘姓、李姓人很多，小时候我就听老人讲刘姓、李姓的故事。1958 年大炼钢铁的时候，我们把村里三口古钟都炼了。现在还剩下一口清朝乾隆年间的钟，钟上记载的人名有姓刘的、姓李的和姓武的。这口钟曾被悬挂在一棵枣树上。大队开会没有广播喇叭，就敲钟通知村民。明朝嘉靖年间，我们武姓祖先从刘姓、李姓人手中购置了相当数量的田地。现在黄河边的那些滩地都是我们第七八代祖先从李家人手中买来的，我家还有几块盖着葭州府印的地契。戏楼圪洞旁的那口老水井本属于刘姓、李姓，他们出卖土地、窑洞的时候保留着水井，所以我们武姓人一直在吃他们的水。村北山上龙王庙旧泥坯上记载着清朝雍正六年重修龙王庙的事迹，也有姓刘的、姓李的、姓武的参与修葺。在我小时候，现在的枣园旁边还有很多刘姓、李姓的墓地。随着人口增加，武家平掉了这些坟墓，在上面建成了房屋。刘姓、李姓、武姓在此相处得很和睦，刘姓、李姓离开泥河沟的原因不是家族纠纷，据说是瘟疫导致了他们抛弃家园。瘟疫过程中，刘姓、李姓的伤亡很大，而武姓伤亡相对小。如此延续几代人后，武姓人丁越来越兴旺，刘姓、李姓却逐渐萧条。幸免于难的刘姓、李姓在变卖田产之后举家往南迁移，据传他们迁到了延安地区。我们村在延安打工的人说那个地方确实有很多刘姓、李姓后人。

刘家人走了，李家人走了，就剩下姓武的了，只可惜如今这里武家人也越来越少。20 世纪 80 年代我们村的学校每天书声琅琅，现在一个学生也没有了。因为每一个家长都望子成龙、望女成凤，甘愿背井离乡，去城镇打工赚钱供孩子去县里、市里读书。以前人们说"十村九无烟"，那是因为战争使人口伤亡惨重，现在是因为村民用电磁炉烧饭而不生柴火。以前老人讲"眼前的路是黑的"，现在铺的柏油路不就是黑的嘛。以前说"遥控"，现在人都到城镇去打工，尽剩下些老弱病残留守，"窑"果然"空"了。但是我始终相信这里离开的年轻人终会回来，泥河沟村也不会消失，因为所有的事物发展都有个顶，周而复始。毛主席那时候鼓励知识青年上山下乡，向农村输送了年轻的人口。假使以后我们国家经济不景气，城市就业机会变少，挣钱困难，或者因为美国、日本称霸世界而发生大规模战争，城市停水停电，城里人还得返回农村。历史波涛汹涌，世事沧桑变化，千年的山头换百主，张来李去，没有哪一个姓氏会永久居留此地，不同姓氏在这里是一个你来我往的运动过程。历史上战火的烧杀、瘟疫的流行、饥荒的折磨曾让泥河沟人口锐减，据说严重时候这里只剩下 18 户本地居民，其他都是客户。但是过了难关后，国家为了开疆拓土、发展内政，又向这里移民充实人口，说不定泥河沟未来又将人丁兴旺。

三 风水宝地卧虎湾

我以前是陕西省水电工程局的职工，在外面世界闯荡过几年。20 世纪 60 年代父母去世的时候返回家里，我从此无依无靠、孤苦伶仃。1969 年，我再次走向外面，希望谋点事业，但终究还是一事无成，真是"鬓毛不觉白毵毵，一事无成百不堪”。我信过佛教，后来信道教，当过几年风水师傅，痴迷于命运学。周易、六爻、四柱、阴阳、医学等领域我都有所涉猎，可叹都是浅尝辄止，未有真知灼见。京都有京都的风水，州府县衙有州府县衙的风水，村庄有村庄的风水。风水讲求藏风聚气，山形水势不能太大，也不能太小。比如我们村，风水好的地方是三面环山，一面邻水，不好的地方就是村前面的南山太高，前山太高容易“奴欺主”，容易出聋哑人。地理风水讲求自然与人和谐共生，树木花草的生长、五谷杂粮的种植，都要基本遵循二十四节气。比如说，向日葵如果不在适当的时令播种，它的籽粒就不饱满。过去道学里面讲“天、地、人”这“三才”，三者结合才能成事。以三国鼎立为例，曹操占了天时，孙权占了地利，而刘备占了人和，但他们都只具备三个条件中的一个，所以长期僵持，纵使孔明神机妙算，也没有统一三国，反倒忧劳而亡。

谈到风水，就会想到咱们家的风水宝地——龙须湾。听老辈儿讲，武九龄是我们村走出来的唯一一个举人。清道光年间，他在西安考中举人之后在家待业。几年后，武九龄被分配到韩城县当教育官，然而由于身体病重无法赴任。当第三道任命状下达时，武九龄已经病逝了。龙须湾原先是举人武九龄家的地产。他的儿子在武九龄去世后赌博、抽大烟，不学无术，挥霍家产，最后守不住祖业落荒而逃，再也没有回来。龙须湾这块地从此一直由武九龄的侄子保管着。到我爷爷这辈的时候，我们家家境殷实，唯一的不足就是人口不多，两三代人都是单传。我老爷爷武作桢说，咱们家经济条件还可以，地产广大，唯独家里人口少，显得势单力薄。传统上都是在近处看风水，但这次不论距离远近，代价多少，只要有风水宝地，我们都要买下来。佳县乌镇有一个远近闻名的风水先生李友发，每年冬季就会来我们村看风水。那年我老爷爷把他请来，说这方圆 20 里都是我们的地，要从中挑选一块风水宝地作为武家坟地。风水先生在附近的沟沟壑壑一连看了两三天也没有结果。当一行人从白家墕往回走的时候，路过龙须湾，风水先生说走了这么长的路，感觉有点累了，咱们在这里歇一会儿吧。他在山顶坐定之后，包上鸦片抽了一会儿，头顺势向下一望，突然发觉山下这块地就是一块难得的风水宝地。风水先生惊讶地说：“这是哪家的地？这块地是风水宝地！”我爷爷当时还小，给风水先生说这是我们村举人武九龄的地产。风水先生赶忙跑到山下，拿着罗盘在各个方位测度风水，发现这块地果然是上风上水的好地，就给我老爷爷说这块地风水绝佳，只怕你们家买不起。我爷爷说他们家现在后人贫寒，我们多给人家一些钱和地，估计问题不大。我老爷爷用 11 亩地换了那块地，又给了一些烟土、银器，从此卧虎湾成为武家的祖坟地。

卧虎湾两边都是山，一条河道从中穿过。从远处看山形地势，恰似一条石龙中间安卧着一只猛虎。虎的头部是石山，身子是土山，眼睛、耳朵都是大石头。卧虎湾本来有两只栩栩如生的石虎，但民间有“一山不容二虎”的说法，后来发过一次水，将其中一只石虎冲毁，仅留下其中一只。这块地是村中举人的地，举人取得功名之后逐渐懈怠，在村中名声不佳。举人也略懂一些风水，临终前嘱咐儿子，自己死后一定要埋在虎的脊背上，但是儿子不孝，抽大烟、赌博，不务正业，不听父亲的话，反而将老爹埋在虎爪子下面。

兑过来土地后，风水先生说：“先得人后得地，先生人后得地。”这句话里的“地”指的就是卧虎湾，“人”指的是我那曾经担任过山东省委书记的三爷爷武开章。风水先生还说，三年之内武家大门要插上一面红旗，就是要出一个大官、一个贵人。我三爷爷到神木闹革命，刘志丹前来检查工作，确实在我们前院大门上插过一面红旗。这就应了人家风水先生的话。风水先生说我们家大门不太好，二门一般，三门兴旺。果真如风水先生所言，我大爷家现在后继无人；二爷家境平平；我三爷育有七个儿子、四个女儿，家门旺盛。

我老爷爷、老奶奶乐善好施。有个女南蛮子来泥河沟行乞，吃饱饭以后给我老祖母看相，说我老祖母命里还有个儿子。我老祖母说自己年事已高，不相信还会诞子。南蛮子说你这个儿子出生时头上带一撮儿发髻，结果我老祖母真在 44 岁时生下了三爷爷。三爷爷武开章是三个弟兄中最小的一个，是父母的掌上明珠。这事情是我奶奶讲给我听的，她 4 岁来到武家门，说三爷爷 8 岁时头上还带着个辫子，后来去榆林念书时才把辫子剃掉，十几岁就加入了共产党。学生闹学潮念不成书了，有的被打，有的被抓，榆林中学被解散，三爷爷就到榆林山区，搞地下党闹革命。闹革命条件很艰苦，晚上要躲到山沟石岩里去，东躲西藏，弄不好还会被抓、被杀。我大爷爷就是闹革命被人告发抓去杀害了。但是三爷爷鞠躬尽瘁，克服了一切困难。

四 承重托修缮村庙

河神庙、观世音菩萨庙、龙王庙、佛堂寺是我们村的四大庙。河神庙、观音庙和龙王庙的重修我都参与过。现在回过头来看，这三座庙都有我的功劳。这就是我有生之年干的值得骄傲的事情，此外再无其他大事了。

我曾经在陕西省水电工程局工作，1996 年我 52 岁的时候回到泥河沟村。当时村里有一位 80 岁的老人叫武有雄，发动我去重修村庙。他极力劝我说 ："咱们村里的几座庙都没人修，你给咱们扛起大旗，发动大家把庙修一修，年轻人要给村里面多做些好事。"我说 ："过去能在村里主持修庙的都是经济实力雄厚的人，全村劳力和金钱不足的时候，他就可以自己出力补上缺口。能给大家办好事的人要么有权威，要么有钱威。我自己又不是大队的干部，又没什么能耐，在村里也没有什么威望，号召不动大家，办不成事。村里面比我能行的人多的是，你为什么不发动他们去做。况且这要是一件好事，你为何自己不做而要来发动我做？"我当天晚上考虑了一下，心想老人家年岁大了，给自己推心置腹地说了那么多话，我却那样回答人家，实在是有失妥当，想要在天亮之后再去找老人家谈谈。

第二天早晨，我专门跑到他家去找他。当时家里有很多人在院子里打麻将、玩纸牌，吵吵嚷嚷很热闹。我耐心地坐在一边，等到人家都不玩的时候，我就上前问他，究竟有什么好事等着我去做。他告诉我 ："村里有几座庙塌的榻，坏的坏，破败多年了。希望你把大家组织起来，负起责任，把庙修一修，我给你撑腰。"我感到自己的力量不足以发动全村的老老少少，就想到了比我小三岁的武世峰，希望把他发动起来，让他挑起重修村庙的大旗。武世峰在村里当过村干部，在村里面有威望，很多人都对他的话很顺从。武有雄担心这个人不行。我说我们俩是从小玩到大的，虽然他不怎么相信鬼神之事，但是我可以从保存村里传统文化的角度说服他。武有雄还提到了几个人，但我一听，觉得他们只能在重修工作里担任副手工作，扛不起全盘领导的大旗。

我到武世峰家，刚开口给他提到重修村庙的事情，他当即表示自己不相信鬼神之事。我说："据说你爷爷在佛堂寺当过会长，你跑几趟就能把这个事情组织起来。这个村庙是咱们祖先留下来的宝贵遗产，你从这个方面考虑就行。"后来，他被我说服了。因为桑塬村没有村庙，历来和我们一起上庙敬神，于是他发动我们村和桑塬村的人一起参与村庙的重修工作。桑塬村筹集的劳力和资金远没有我们村的多。我和武世峰一起干了一个月，凡事亲力亲为。

我这个人做事情，不在意挑头的人是谁，注重的是能不能把事情办成。我负责管账，铸钟立碑的事情都是我亲自跑到佳县城办的。但在大钟和石碑上，我把自己的名字放在最后的位置。修庙期间，为了节约经费，我让大家下工之后都回自己家吃饭。观音庙就是在老庙的废墟上重新修建起来的。参与观音庙重建工程的村民各尽其力，有的捐工，有的捐钱。最后我们凑了3000多个工、7000多块钱参与到工程中。至于匠工，我们没有请一个外村人帮我们修庙，而是发动起村里的木工、石工、泥工和涂料工义务修庙。如果他们承担了预定工程量之外的活，我会给他们每天补助20块钱。我还亲力亲为，为修观音庙做阴阳、测风水。

因为我懂风水知识，当年重修观音庙的时候，我用罗盘发现庙的坐字对于村子不吉利。村里有些人说这是祖先建的庙，怎么会有错，不可能对村庄不吉利；也有些人懂一点风水，同意我的看法。村里人也普遍担心万一坐字有误，将来对村庄有负面影响。没有人能确定这两种观点究竟哪一个对。武国树说现在我们有疑问不要紧，但观音庙修起来以后就难以改变了，所以把神请过来主持公道。我们从神木焦家村请来白龙大王，整个法事团队有五个人，其中一个负责询问神意，另外四个用木架扛着木料做的香炉，里面放着白龙大王的牌位。白龙大王给人看风水的时候，法师们把香炉里面的香点着，逐一询问朝代和年号，问对的时候，香炉会摆动一下显示神灵。武世峰问神究竟观音庙是什么朝代修建的，神说是明朝；又问是哪一任皇帝任内修建的，神表示说是万历年间。对于村里两种观点的争执，武世峰代表我们全村问神，究竟哪种观点是正确的。神表示原来观音庙坐字不对，对村子不吉利。农村人是不容易相信一个人的，神这么一说大家才相信我，不然不会有人请我办事重修村庙。观音庙在重建的时候，在原先坐字上纠正了一个字的朝向。

过去时候科学不发达，修庙就是为了解决人未能解决之事。龙王掌管自然界的大小事情；河神负责渡船、修渡口之事，保佑黄河平安无恙；观世音菩萨保佑人们平安太平、事业顺利。

观音庙修成之后，接下来我们准备修复龙王庙和河神庙。但当我再次去发动武世峰的时候，他说修庙的事情做一次就行了，不想总带头修庙，而这个时候武有雄也不在世了。观音庙完工后几年，我带领全村人修复了河神庙和龙王庙。当时工期随村里生产节奏而定，农闲的时候大家一起去做工，农忙的时候就先搁置在那里不管。我找到武利民和武耀耀，发动他们做助手。当时村里人的捐款总计1万多元。虽说庙修起来了，但内部的装饰绘画却没有资金。我就发动武南耀，他在县里筹集到1万块钱，把河神庙的塑像和龙王庙里面的壁画完成了。

我小时候村里的三座庙都在，但都比较破败。农历五月十三是关老爷磨刀的日子，要开生。过了农历五月十三，才能求雨。祭龙王没有固定的日子，养羊的人祭龙王比较多，祈求风调雨顺。

凡是大一点的村子，都有龙王庙、观音庙和老爷庙（关云长）。我们村和山里面的村子不同的是有一座河神庙，但村里没有关帝庙。老爷庙在全国范围内数量最多，听说是从明朝开始发展兴盛的。明朝的朱元璋打天下的时候，传说是关老爷护佑着他。他听到空中有马铃的声音，便问道“虚空过往的是何神何将”，空中回答说“二弟云长”。他马上意识到自己可能是刘备转世，便继续问道“三弟何在”，空中答道“张飞是榆林总兵”；又问四弟子龙的情况，回答说赵云正在南方的岳阳楼开茶馆。朱元璋问到这里意识到自己是刘备转世，而关羽已经成神，张飞在榆林府当总兵，赵云在岳阳楼做茶馆生意。回京之后，朱元璋立即调榆林总兵进京，想给他委以重任。榆林总兵心想自己无缘无故被传唤进京，这是不是说明我有罪了，吓得悬梁自尽了。得知这个情况之后，朱元璋也受惊万分，不敢再调子龙入朝任职。他以私访的形式到岳阳楼喝茶，把茶馆的主人叫出来问话，给他留下200两银子，还动笔墨为茶馆题字，贴在茶馆里面。从此以后，茶馆因为皇帝的光临而生意兴隆，赵云也因此赚了很多钱。有句话说关老爷是“汉封侯，宋封王，明封君”。打天下的人获得胜利，都是因为有关老爷在暗中保佑。

重修村庙的时候，我们根据庙的不同状态采取不同的重修策略：龙王庙和河神庙墙体坚固、房顶破败，因此我们是在原址上进行修复的；观音庙因为年久失修，我们是在原址上进行重建的。

过去修村庙的时候，因为没有钱立碑纪念，古人用笔在泥胚上记录当时重修的情况。“文革”期间推行“破旧立新”，当时的村民们用锄头把泥胚刮掉了一部分，现在有些字已经看不清楚了。重修村庙的时候，我特意观察了一下泥胚的情况：外层的泥胚已经不存在了，里层泥胚上露出的文字显示“雍正六年重修”，当时是“亨”字辈和“汉”字辈的人重修的村庙。

河神庙在村口银象山的半山腰上，北面俯视泥河沟村全貌，南面眺望黄河。在修筑水利工程之前，黄河无风三尺浪，惊涛翻滚，波澜壮阔。河神庙里供奉的河伯将军的职责就是保护过往船只平安渡河，保佑洪水不犯良田，尤其不要把两岸滩涂良田淹没掉。在通公路之前，村民每年农历六月六要祭河神，但是现在不走水路了，所以河神庙香火没有之前鼎盛。河神庙有块碑，记载的是我们武氏祖先在道光二十六年重修河神庙的事情。

观音庙的位置在村口枣林中央。这个庙建于明朝万历年间，主要功能是消灾免难。观世音菩萨大慈大悲、救苦救难，村民心甘情愿为他磕头烧香。观音庙里同时供奉着枣神，枣神是我们后来请进观音庙的。泥河沟前黄河岸边的石山上，原来有枣神爷庙。庙正中是枣神，两旁有枣神的两员大将，其中一员大将名叫子蛾，另一个名叫八蚱，都是灭虫高手。枣神像原先用一块石头打磨而成，石头是从一个很远很远的村子里寻找到的。村里修建拦河坝治山治水的时候，捣毁了那块石头。我们都寻思不能就这样让枣神无家可归。正巧当时县里有个叫张小明的干部很崇拜枣神，他刚到县里任职，就来到我们村朝拜千年枣树，并且立了一块碑。我们修缮观音庙的工程未完，没有钱了，于是就托付本村和张小明有一面之交的武南耀去求助他。张小明爽快地给了一万块钱，但是规定这一万块钱要用来给枣神修庙。不过我们还是先把钱花在了观音庙上，后来我们也想给枣神专门修建一个神殿，可惜资金捉襟见肘。但我们必须给张小明一个交代，索性把枣神牌位搬进了观音庙，并且把枣神晋升为“枣神王菩萨”。这种做法其实也是合理的，因为千年枣树哺育了一代代泥河沟人，无私奉献的枣既养育着我们，现在又是重要的经济来源，这就是大慈大悲，枣神应该晋升为菩萨。枣神菩萨和观世音菩萨都是救苦救难的仁德菩萨，本质上讲并不矛盾。我们到观世音菩萨殿上唱戏敬香，同样也把枣神牌位请出来。以前村子人多的时候，大戏共唱七天。这七天戏有唱给龙王的、观世音菩萨的、河神的，其中有一天是唱给枣神的。

关于唱戏这事，“文革”之前每年都要在戏楼圪洞那里唱。戏楼圪洞一面是戏楼，一面是神楼。夏天唱戏时，把三座庙以及枣神的牌位请到戏台对面的神楼上，让神和人一起看戏。请神牌位的时候，要吹上唢呐，敲起锣鼓，敲锣打鼓把牌位迎过来，到庙前烧纸，然后对神说：“我们村里要唱大戏，把您请过去看戏。”看戏的人给神买些香纸，烧一烧，拜一拜。戏楼里面有一个牌匾，上书“作如是观”，意思是天下事、人生事无非就像一场戏，我们看戏实际上看的是人生。“文革”期间唱戏被严格禁止。改革开放之后，又兴起了旧的风俗。20 世纪 70 年代的时候，并非每年唱，而 80 年代以后人有钱了，每年都要唱戏。唱戏的日子并不固定，通常选在夏天地已经锄好的农闲时间。除了给枣神唱戏，每年农历腊月初八要祭枣神。这天，村民熬腊八粥。做出来的腊八粥不仅人吃，还要献给枣神，拿着筷子给枣树上抹一些。

戏楼圪洞既是招惹是非的地方，又是解决是非的地方。戏楼圪洞常有好多闲人在那游荡，下田之前、吃饭之后往那地方一坐，张家长、李家短的就来了，口舌之间挑起村民嫌隙，有的时候吵架，有的时候打架。当然有时候议论别人也有好处，大家在那里谈论国家大事，评述新闻报道，比如哪个国家领导人出外访问，中央又召开了什么会议。家庭矛盾、邻里矛盾弄不清楚时也会到那里谈论，明白事理的人就会从中调解。调解纠纷的人有好多种。有胡评乱评的人，遇到事情总喜欢插两嘴，炫耀自己能说会道，实际上他自己的事情都处理不好；另一种是德高望重、精明事理的人，这类人轻易不说话，有事情找他的时候他才发言。外乡几十里远的地方也知道泥河沟戏楼圪洞，他们遇到村内解决不了的矛盾也愿意来泥河沟，来找通情达理的人评判是非。举足轻重的人能上一句话就能把问题解决，省下了到县上打官司的程序。

我们供养枣神，种植枣树，都是因为枣能救人，枣能富民。饥荒年代，庄稼汉揭不开锅了，只要有枣树就饿不死人。枣在指头大的时候就能食用，青枣不管味道是否好吃，好歹能够裹腹。把青枣摘下来在锅里一煮，撒上点盐，就能吃了。枣在锅里蒸熟，把谷糠在碾子上碾碎，两者掺到一块儿晒干，在磨子上磨成面，就能度饥荒了。枣能救人，所以我们把它称为菩萨。枣神菩萨不知道救活了多少代人。过去谁家日子过得宽裕一些，无非也就是多了几棵枣树。之前周围村子不产枣，只有河畔产枣，我们村枣的味道又比其他村好，所以村民就用骡马牲口把枣运到榆林去卖。人家都说泥河沟枣好，说山里的枣红了后掉落在地，脚一踩还踩不烂，肉质太密实，而泥河沟的枣一踩就开裂，肉是脆的。枣熟的季节，山里面的人拿着长杆子来我们这儿打枣，他们在我们收获枣后，看到树上还有零星剩枣就打下来，或者落在草丛里没发现的，他们就捡起来。

我们村还有个龙王庙，龙王庙现在的位置在北山上，原址是在村前的车会河石岩上。据说某天一只狐仙把龙王庙神牌叼到了现在的山头上，那是一只通灵性、知风水的狐仙，所以村民就遵照狐仙的旨意在山上修建了龙王庙。龙王庙具体建于哪年不可考证，里面碑刻上有“雍正六年重修”字样。现今龙王庙的修缮过程，我亲自参加过，那里有块石碑还是我立的。龙王庙首要功能就是保佑风调雨顺、五谷丰登、国泰民安。中国很多村庄都有龙王庙，龙王有大小，就像县里的书记和村里的书记一样有大小。这个龙王就像我们的村长，阳间有个管理村庄的村长，阴间也有个管理村务的村长。我们村这个龙王庙是个地方小龙王，不是东海里的大龙王，不能普降大雨，只能降小三四寸雨。我们小时候，一到农历五月十三就开始求雨。村民们拉着羊、酒、香、纸去龙王庙，点香磕头，往羊耳朵里灌水，把羊脑袋一摆，水就洒出来了，大家欢呼龙王接受了献祭。有时候不出几天，天空就乌云攒聚，普降甘霖。龙王庙壁画上画着行云致雨的场面，风娘娘、闪电童子、雷公电母吞云吐雾，各显神通。壁画一面描摹的是出龙宫，就是要下雨；另一面是入海沧，就是五谷丰收。我们这个龙王庙非常灵验。传说清朝同治年间，有一次请戏班子给龙王唱戏，村民没注意到所唱曲目是《魏徵斩老龙》。结果那天晚上天空风云变幻，西边一坨黑云压过来，俄顷暴雨大作，车会河内洪水猛涨，洪水涌上戏台，冲走了戏楼里的道具，所幸没有伤人。戏班子第二天发现所有的道具都被冲走了，这才觉察到龙王爷不愿意听《魏徵斩老龙》这出戏。

五 福祸相续宁河口

一出村口就是以前的黄河渡口，直到20世纪70年代，渡口还在使用。黄河渡口也叫"宁河口"，环村而过的车会河在这里注入黄河。以前陆路运输不发达，南来北往的物资运输主要靠黄河。途经宁河口的船只上游通宁夏，下游至百里。

我们这里是秦地，宁河口对面是晋地，两家结下秦晋之好。我们村里面有山西的女人，山西也有女人的娘家在我们村，两方交往亲近。人民公社时期，我们村在山西还有几百亩地，村民需要驾船渡河去耕种。宁河口对面的山西第八堡是个规模较大的集市，村民每周还坐船去第八堡赶集，买回粮食、煤炭、水缸、锅碗瓢盆等生活所需。粮食是主要的贸易产品之一，因为山西那边粮价比这边便宜。山里面的人也到我们村坐船去山西第八堡，商人小贩把山里的猪、羊、骡马等牲口或者粮食，肩挑背驮到我们村，从渡河运到对面赚几个小钱。

我们村以前养过好几只船，沿黄河的很多村都有船，都出劳力在河上工作。壮汉们去河上当纤夫，把船拉到黄河上游的神木、府谷、包头等地。纤夫一天累死累活能拉四五十里路，走的都不是人走的路，夏天晒得黑黝黝。到达上游之后，在当地买些瓶瓶罐罐，又马不停蹄地返回。来回顺顺利利倒也罢了，如果遇上翻船就损失惨重。毛主席逝世的1976年，宁河口翻了一次船，淹死了20多个人。船往山西去的时候，水面还算平静，没想到返程时水量陡增，而大家都带着很多东西。买的猪、羊、粮食装了满满一船，木板做的船不堪负重。船在行进的过程中碰到了石岩，撞开了一条口子，翻进河里。村里乱作一团，村外的人哭哭啼啼也来这儿打捞尸体，几天捞不上来，还跑到黄河下游找尸体。

在我记忆中，黄河每年会发几次洪水。水来的时候，全村老少齐出动，去河上打捞柴火和石炭。去得早、占据有利位置、水性又好的人，一天下来收获颇丰。人们拿着耙子在河边捕鱼，黄河鲶鱼、黄河鲤鱼肉质极其鲜美。一耙子扑下去，提起来就是一条大鱼。这里人不像南方人，平时谁也不吃鱼，不习惯吃水产，但黄河鲶鱼、黄河鲤鱼都是难得的美味。当时抓的鱼从来不卖，跟谁关系好就送谁一条。现在抓的鱼卖到宾馆价格不菲，请客吃饭、求人办事，送一条黄河鲶鱼是相当体面的。

黄河对村庄有好处、有坏处，坏处就是冲毁土地。六几年的洪水冲走了好多老枣树。其实在大炼钢铁的 1958 年，我们村已经响应了治山治水的号召，开始修田打坝。田间地头有说快板的、宣传思想的、背毛主席语录的，敲锣打鼓红红火火，干得热火朝天。男女老少齐动员，晚上还上夜工，冬天也不能闲。搞农田建设的时候，我们村土地少，主要集中在黄河滩涂。当时的口号是向黄河要地，石岩上写着“与天斗、与地斗，气壮山河”的大标语。从山上开凿石头堆积在河畔，河水裹挟泥沙而来，逐渐淤积出土地。岂料黄河大水一来排山倒海，瞬间拧断铁丝，冲毁拦河坝。后来又有了顺水坝，用水泥石块浇筑而成，也被河水冲毁了。不管酷暑严寒，男女老少都参加修建顺水坝，过年时才放两三天假。乡镇公社经常开会督促，领导亲自下乡监察工程进度，没日没夜地干，后来有了架子车拉石块石料。但是最终也失败了，顺水坝都只剩一小段了，滩地也只剩一部分了。

六 禳瘟解厄转九曲

我们村外头有个佛堂寺，佛堂寺周围的山头属于白家焉村，但是佛堂寺这座庙属于我们泥河沟村，所以有“山主白家焉，寺主泥河沟”的说法。敬奉多位神仙的佛堂寺是周围 12 个村都要朝拜的大庙，那里面的神和普天下的神都一样。比如我们村和佛堂寺都会供奉观世音菩萨，实际上这两位菩萨是一个神，只不过形象不同而已，并不是说世界上有很多观世音菩萨。佛堂寺庙会热闹非凡，各村骑驴的、牵马的、推车的鱼贯而来，但凡腿能动的男女老少都愿意来凑个热闹。在佛堂寺不远处有个山大王庙，村里有个牧羊人在庙里抽烟的时候，在那里看见过一只狐狸。他捡起石头就砸向狐狸，狐狸撒腿就跑。这个人就脱掉裤子，朝狐狸逃跑方向撒了一泡尿。这个人后来倒了大霉，连生三年病，浑身起泡、发冷，六月份还穿棉袄。所以说，人轻易不要惹闲事。神灵鬼怪之事，宁可信其有不可信其无，对于庙上的事情即使不相信它，也不要惹它，触犯了他们就会不吉利。

20世纪60年代破旧立新，佛堂寺的牌匾很多都被毁坏了。我1994年从外地回家探亲的时候，看到佛堂寺没有匾额，而我们祖上又有捐匾的传统，于是我就给佛堂寺捐了两块匾，其中一块的内容是“功高北极”。这两块匾分别献给了佛爷和祖师，后来都被拿下来了。这些木匾上的字都是我亲自书写，刻在木匾上的。当时我还没有正式回村，是1996年回来的。

现在的人都看中央台的天气预报，中央台说有雨就有雨，中央台说没雨就没雨。现在陆上交通便捷了，纵使村里粮食歉收，我们也可以从外面运来粮食。汽车拉回来大米白面，人们就是不种地也年年有余。原来有的人一辈子连佳县城也没去过，更别说榆林市了。有本事的人也就走到高加埠做生意，跑几十里路就算远行，头上箍个手绢，身上挂个包包，背上一卷布去外面卖，一年就收入百八十块钱，生活就宽裕许多。而多数人过着吞糠咽菜尚且填不饱肚肠的穷困生活。在没有棉花的地方，村民连换季衣服都没有，只得拾捡烂棉絮勉强缝补成御冬的棉袄。当时医学也不发达，有的女人生十来个娃，个个面黄肌瘦、皮包骨头，只能存活两三个。有命的活，没命的死，死了就重新生一个。我遇到几个小孩，头一天晚上因伤寒发高烧，第二天天亮鸡叫时分就命丧黄泉。有钱人请中医、吃草药。虽然我们家庭条件比一般人优越，但我小时候还是差点就死掉了。上顿不接下顿的穷人情况更加糟糕，生十个娃娃，成活一两个也是有的事，村里常有婆娘为自己的娃娃夭折恸哭。

现在人不求神，只求人。但是农村的唱戏都是为了祈祷平安、超度亡魂。亡魂超度不好，就会节外生枝、惹祸上身。修庙唱戏、烧香拜佛依旧是我们的乡风民俗，老祖先留下来的庙正月天还是要去转转。以前大年初一，村民们起个大早，穿上新衣服，把香、酒和点着红点的馒头、肉、菜等放在盘子里端着，抢着去烧早香，三座庙都要去烧。正月初三开始打醮，请和尚诵经、做法事，亲戚朋友都来送花果，秧歌队锣鼓喧天。还要转转由365盏油灯组成的九曲黄河阵。转九曲黄河阵的时候，要把佛爷搬到盘子上，和尚走在前面，乐队紧随其后，村民也去阵里。为什么会有转九曲黄河阵的传统呢？据说同治年间，我们村因为瘟疫死的人太多了，才有了打醮。每年正月初三到初五，请和尚到村里做法事，村民就立起这灯油盛会，转九曲黄河阵，祛除瘟神，赶走疾病。油灯是用棉花做成捻子，蘸上灯油，用彩色的纸围起来，看起来特别好看。每到打醮的时候天气都很好，和尚做法把风一禁，风都不刮了。现在村里的人为了求学、做生意，还会求神。有些人不惜重金，给村庙捐上万块钱。

（孙庆忠、李世宽、李禾尧　采录整理）

【武忠凯】

访谈时间：

2014 年 12 月 20 日、2015 年 7 月 12 日、2016 年 1 月 8 日

受访者住址：

佳县朱家坬镇泥河沟村寨则上 51 号

人物小传：

武忠凯，男，1944 年生，湾里武亨儒家族。16 岁参加农业劳动，21 岁去武家峁教书，32 岁回村参加农业社劳动。

一　两村教书未转正

我的乳名叫“男女子”，是爸爸给我取的。为什么叫这个名字呢？因为我们家五代单传，那时是 1944 年，有的人都活不了。我们村做法事，念《金刚经》，吹打念，祈祷全村人口平安。我一个人要出两个人的钱，就是为了保平安。我们兄弟姊妹三个，我有一个兄弟叫武南耀，还有一个妹妹。我爸爸是共产党员，他相当勤劳。那时就算别人家饿着，我们家也有吃的，有储存的高粱、玉米。虽然吃不好，但是能填饱肚子。

我从 8 岁开始念书，小学就是在泥河沟念的。一开始上学就在我们村委会的东面，武冬旺家的院子里，后来又搬去了现在高志国家的位置。学校里老师可多了，大部分是民办教师。我是 1962 届初中生，农村够 16 岁的要参加劳动。当时我虚岁 16 岁，所以初中没念完就参加劳动了。18 岁我就结婚了，我们是 5 岁订的婚，她的父母和我的父母包办的。那时候社会跟现在不一样，都是包办，他们说怎么办就怎么办。那时我害怕结婚，她也害怕，但是慢慢过着就好了。我这个婚姻是包办成了，有的自己找的还不如我们这个。

上了几年工，21 岁我就开始教小学。那个时候教学可苦了，从早上开始课都是你的。数学、体育、唱歌，一个老师教十几个学生，一至六年级六个班都是你教。

大家坐在一个教室里头，只能是有多少教多少。我在村里教了两年就去了武家峁，乡里又派了其他人来泥河沟教书。教师是挣工分的，都是上面分配。我从 1965 年下半年到 1974 年在武家峁当老师。实际上我自己说就是误人子弟了，我自己是会，但不一定能教好。1974 年，我们村跟我一起的年轻教师都回家里来了。那会儿正是工业学大庆、农业学大寨的时候，武国雄当了泥河沟大队书记，就把我们都拉回来了。不然的话，我再教一年到 1976 年就可以转正了。

二 翻地回来上夜校

我回来的那个时候，学校还在六孔窑洞，就是现在咱们村委会办公室在的地方，后来搬去了十一孔窑。六孔窑洞，原本出去教书的老师都在窑洞里住着，几个人住一个办公室，占了两孔，革委会办公也占一孔窑洞。那会儿大家对学习比较重视，学生多，大概有 100 多个，还要设戴帽中学，所以剩下三孔窑洞根本不够学生用。当时戏台那里设立了一个教学点，另外一个窑洞也设立了一个教学点，但是那个窑洞年久失修，是危房。当时武世勇是村长，武国雄是书记。考虑到师生的安全问题，书记就提出咱们应该另找地方修建学校，选的是以前我们家的地基。

十一孔窑从 1975 年开始修，半年时间就竣工了。这是人人劳动、全村都参与修建的一个学校。修窑洞是就地取材。那时候村里的男子汉都会打石头，也就是块石。打石头就在学校后面的那个渠里面。这是记工分的，劳动一天，男的记 10 分工，女的记 6 分工。吃饭的时候，就各人吃自己家的饭。当时我和老伴都去修了，那时年轻，正是干活的时候。男人身强体壮，抱的是大石头，女人抱小石块，就是那些有棱有角也没地方用的石头，只能在块石的中间缝隙里面当填充物，像混凝土一样。那会儿是没有机器的，运石头用得最多的是架子车，从小学后面的河沟里搬上来，一般是背的多。挑水是从河里挑，从井子里挑水也可以，那时候河里还有水，不像现在没有水了。

1976 年开始，我受了几年苦，在农业社参加劳动，栽枣树，开垦土地，那可真是“改造地球”了。那时候大人要劳动，娃娃从会说话起也要劳动，还要打着灯笼搞夜战，回来又要上夜校学习。我是夜校老师，要整顿思想，唱歌是可以的，学习报纸等内容也是可以的。体力劳动是一种表现，思想觉悟也是一种表现。那会儿白天就得参加劳动，因为你本人就是一个劳力，就是个农民。晚上吃过饭以后，要给你分一块秋翻地，打上灯笼干活。那会儿没有照明电器，手电筒是唯一的家电了。秋翻地劳动完了，得回来上夜校。现在我们有那么多时间谈天说地，那会儿是绝对不允许你在那里休息、大谈特谈的。如果想坐那儿休息，就是坏人，就是思想觉悟低下，然后给你办学习班。所有的人都要上夜校，不光劳动要又红又专，思想也要又红又专，学习班就是对那些落后分子、思想觉悟不够的人办的。我就被办过学习班，为啥呢？那时候买粮买米或者买个猪崽子这一类吃饭的玩意，都是在集镇那里买，请假时间是有限的。那阵儿靠工分吃饭，早上 2 分，上午 4 分，下午 4 分，劳动一天总共是 10 分。1 分是七分钱，一天七毛钱。一年才 360 多天，一个好劳力一年出 300 个工就算不少了，结果罚了我 100 天。我们那时有两个娃娃，老婆、孩子加起来一共四五口子，你看委屈不委屈？

三　晚年赶上好社会

我们村从 1958 年左右开始吃返销粮，也就是供应粮，一般都是红薯片子，还有玉米、高粱、黑豆那些粗粮。咱们这个地方要地没地、要粮没粮，属于贫困山区。河南那边是产粮区，就把他们那边的玉米、晒的红薯干给我们这边送过来。我们不劳而获，人家心里面咋也不高兴，所以装红薯的麻袋里夹着纸条或者在红薯片上刻字，写的骂人的话，骂什么“狗日的”。因为当时我家里稍微富裕一点，吃的稍微多一些，也算是财主家，所以集体给我发的返销粮比别人少很多。别人头年九十月份就能吃上返销粮，我得等到第二年四月份才有的吃。当时我也常去背返销粮，乌镇、通镇都有，还去大会坪和刘国具背过。乌镇离我们这里 90 里路，通镇离我们这里 40 里路，早早起来往那走，有的时候坐板车，等到晚上还要背着 60 斤粮往回返。分粮有很多档次，小孩和大人吃粮的标准是一样的，一个人一个月最多不能超过 30 斤，最穷的人也就分到这么多。我吃过 18 斤的和 22 斤的，家里状况最不好的时候也就只吃过 28 斤。

1983 年开始，我们村就不吃返销粮了，国家政策是“谁造谁有”，谁的枣树归谁。我爸爸栽的枣树就归我们了，一共 10 多亩。以前的枣树比现在值钱，我每年都能卖上 1000 来块钱，这就很多了。那时候一斤羊肉才 1 块多钱，现在一斤羊肉要 30 块。枣树给了我们，就可以供娃娃上小学、初中的了。我们娃娃年龄差距大，小儿子跟二儿子差 8 岁，大儿子跟二儿子差 9 岁，大儿子今年（2014 年）49 岁了。我们 40 岁的时候，想要个女娃娃，结果又生了个男娃娃。三个娃娃都在外面，大儿子武树业在朱家坬乡政府，是公务员；二儿子武建业在榆林搞小本生意，有四五百万的积货，有 60 多套房子，卖不出去；小儿子武晓勇在上海，2014 年全国春节联欢晚会征集春联的时候他是评委，平时不回来，都是过年过节的时候回来，花的钱可多了。几个娃娃都还可以，他们吃喝都能过上。我们老了，再啥也不图了，就图能吃上点、喝上点。

我今年 72 岁了，现在娃娃又有娃娃，一共十几口子人。村里年轻人都出去了，留下的 60 岁以上的占三分之二。到了我们这个年纪，人人都牵挂自己的娃娃，因为社会富裕了，但是灾难也多了，变化太多了。我们这里土地贫瘠，种不了庄稼，只能种枣树。现在家里的枣树也给别人了，我们老了，干不动了，剪枝剪不了了。我们两个老人也没有什么收入，就是共产党给的老年保险和高龄补助。高龄补助钱不多，两个人一个月 500 块钱，一年就是 6000 块钱，但是对我们来说够了。我以前教过十几年书，现在一年给我 1000 多块，加起来就是 7000 多块钱。我这一辈子没受苦、没受罪，小时候靠爸爸妈妈养着，后来靠娃娃们，赶上好社会了。

（宋艳祎　采录整理）

【武冬旺】

访谈时间：

2016年1月12日

受访者住址：

佳县朱家坬镇泥河沟村湾崖地12号

人物小传：

武冬旺，男，1945年生，沙塄上武佩金家族。1967年担任村里生产小队队长，后参与石工队工作。1976年在村里当艄公。

一 山西临县开荒地

我5岁的时候就没了父亲，他24岁那年生病没钱治，正月初一就病死了，而奶奶只有这么一个儿子。后来，奶奶、母亲加我们弟兄两个一起生活了四年。我9岁的时候，母亲找了后父亲，又生了几个孩子。但后父亲那个人不行，是社会上的流民，不顾家、赌博、抽大烟。在搞集体化的时候，他不参加劳动，结果村里就没给我们分粮，当时可是受了饿。我17岁时，我妈跟着后父亲回他老家，家里只剩下奶奶、我和弟弟。找那样的男人能好了嘛，母亲当时走到了延安，水土不适应得了病，42岁就没了。

我奶奶在很小的时候就缠着脚，年轻时拄着拐棍棍才能走，年纪大了走都走不了，只能在家里待着。我在外面工作，奶奶就在家里做饭，有时候做不上了，我也帮忙做点。那时候生活不好，家里有饭吃就算好的了。我一天书也没有念，15岁之前一直在家里干些零碎活儿，上山砍柴，一天砍的只够一天烧。我们那时候还小，不会捞柴、捞炭，怕人被冲走，大了才开始像别人家一样。到了15岁，我就去农业社参加集体劳动，跟着种地、刨地、捣土疙瘩，一天跟上生产队干活能挣得6工分，受苦着呢。我们三口子在这儿生活可不容易了，连烂枣也吃不上，都是集体分的一点粮食，将饿不死，只够度个命。我只是做苦力，家里没有人能干活。人家家里有人干活，生活都比我们强。十七八岁的时候，我还跟上队里去河对岸的山西开荒地。村里各个小队组织坐船去种，每个队都有自己的地。过去队里常有船，每五天安排几个坐船去一次。一般都是种糜子、谷子，春种、夏锄、秋收，一年四季都在那里种。这个地到现在一直都有，只是后来没船就不去种了。现在山西的人有去种的，但地还是归这边。

22 岁的时候，队里开会决定让我当小队长，总共当了两三年。小队长的任务就是领导一个队十几个劳力去种地。每天晚上去开会，听队里布置任务，白天喊叫人家去劳动。当时在地里头劳动的少，在村外当干部、老师挣钱的人多，但打回来的粮食都要按人口分。他们在这边的家里一样分粮食，实际上亏了在村里劳动的。社会一直都偏好出门外边的，他虽然出去干活，但家里人多就分的粮食多。还有一样就是人身自由，那时候不能自由劳动，院子里不让私自种东西。如果种了，学校老师会带着学生来把庄稼都挖了，说是院子里种了别人就没有了。

二　石工做罢开铁船

当小队长这一年我结的婚，婆姨是经人家介绍的。这儿生活普遍都不好，但是我人好、正直、不做坏事，就老实本分地在农业社里劳动，她就同意了。弟弟是我结婚第二年走去西安当工人的。他走之后，奶奶晚上不敢一个人在屋里住，我们就和奶奶一块儿住着。后来不当小队长了，村里开始做丁字坝，我就在村里打了好几年石头。当时去凿石头的人可多了，年轻人都要求去石工队凿石头，只剩下一部分劳力在地里种地。凿石头时，遇到山上人打不下来的石头，就用炮打下来。这儿的石山上有的有缝子，就把炸药放进去炸石头。我们也拿钻窝子、手锤子、铁钎子砸。先用大锤凿开口，把铁钎子插在凿出的缝里，用小锤慢慢砸开。一行给打下来，大缝子就开了，再从另一边打。凿完左、下、右三边，再用铁棍从上边撬下来。撬下来的大石头要靠人工搬到车子上，婆姨们来拉走。大工破石头，小工和水泥、送石头，其他男人还在坝上砌石头。石工队里的领导是队里的队干，指挥我们干活。那时候打石头没人教，只是给你打石头的家伙儿，靠自学。我当时在石工队啥都干了，到前岔上、川崖地上到处打石头，一直给集体干活。

那几年，发大水是家常事。1967 年，老奶奶去世的那一年水最大。我记得农历七月初七的黑夜，当时下着大暴雨，大水一夜之间就把枣树全给推了，水一直淹到我家院子下边的低地那里。我当时在河滩前面捞柴，没在家，婆姨和孩子们听到外边声响都不敢出去。我在滩前边听到有水推上来，就着急家里头，怕水把家人给冲走了。我赶忙从山那边翻过来，因为村口这边水已经漫上来过不去了，我就冒着黑从金狮山上跑回来。天太黑，只能雷闪一下看一下前边，没有障碍再继续跑。跑回来的时候，她都不晓得山水上来了。我边跑边在外边喊："山水来了！"她听到声音赶紧推开门。看我回来，她就不害怕了。我在毛主席去世那年开始当艄公，石工队不干了就又拉了两年船。我们把船一直拉到神木、府谷，走一趟给每个人发玉米面，我不舍得吃，都给孩子们留下。当时一个人一个月给的几斤面，也都留给孩子们吃了。单包干之后，各家给分的树、分的地，国家又给了村里铁船，我就在家里干活，捎带着又开了十来年铁船。

修沿黄路的时候，推了我们家七八十棵枣树。这些枣树都是自己亲手栽的，别人砍倒就是心疼，砍的都是可粗的枣树，没了枣树就要要饭了。老了干不成活，全要靠这个枣树，有枣就不会饿坏人。这儿人多又产不得粮食，又因为没学校，娃娃们都出去念书，年轻人也出去打工，就只剩老一辈的务育枣树。我这一辈子遭遇可多了，说不清了。

（韩泽东　采录整理）

【武世峰】

访谈时间：

2014 年 7 月 6 日

受访者住址：

佳县朱家坬镇泥河沟村紫柏崖坬 122 号

人物小传：

武世峰，男，1946 年生，磘里武亨通家族。1960 年在通镇念初中。1966 年进入西安东方机械厂当工人。1984 年在佳县佳芦镇做包村干部。1992-1996 年在佳县神泉堡乡任副乡长、党委副书记。1996 年任朱家坬乡调研员。1998 年、2005 年两度当选泥河沟村党支部书记。2012 年被任命为佳县佛堂寺文物管理所所长。

一 从乡上干部到村书记

我是农历七月初一生的，周边的七八个村子的人都姓武。整个武家基本没有族长，早都分成很多支了。先祖和五个儿子最初是在离这儿 10 多里路的西沟畔。当时周边没有人家，都是荒地和树木。他们年年开荒种地。后来泥河沟还有姓王的、姓李的。因为这里人少，大家过来了不少人，几代人下来就慢慢发展成四大家族。“磘里”一族就是当时先祖分他的第五个儿子武庚为首户，我们就是他的后代。2011 年腊月，家族人娶媳妇，大家聚在榆林，红白事上来往的三四十家商量着写个家谱。我的任务是写家族渊源、辈份序排图设计和乡俗。2012 年正月开始启动，雇了山西的乐队，吃了几次饭，就把这个事情弄好了。整个大家族一共好几百人参加。现在武家人大部分都还在家里，有在外工作的，还有全家移出去的。

1960 年，我开始在通镇念初中。1962 年，学校里面搞“支援农业第一线”，我就在农业社干了三年。那时上学自己带粮，一个月交 30 斤粮食或者等额粮票。因为家里人多，我不到三年就交不起粮票了，于是辍学去工厂。1966 年“文革”前，我被招到西安东方机械厂，一直干到1984年1月，然后在佳县佳芦镇做包村干部，在工厂一共18年。1984年入党，入党的经过比较麻烦。最初申请入党时还是“文化大革命”时期，我在工厂里面也是个先进生产者，刚开始批过刘邓，后来也批过林彪、孔老二、四人帮。那时候，一个车间300多人要求进步的太多了，一年只能选出两三个。我本身性格不够圆滑，开全体党员会时有一两个党员不同意，就要延长考验时间。我在考验期里往西安贩了一车枣，车间领导说是“投机倒把”，所以又延长了两年考验期。两年结束后不久，就调回来了。1992年至1996年，我在佳县神泉乡当副乡长、党委副书记；1996年提前离岗，回到朱家坬乡当调研员。1998年、2005年，我两次当选泥河沟村党支部书记。我从20岁开始就一直在外，从工厂里到乡镇，后来又到村里。人家都往上提——村里提到乡镇，乡上提到县上，县上提到省里，省里提到中央；我是先在省上，后来回到县上，过了一阵到乡上，再过了一阵到村里。别人上去我下来，最后就在村里了。

二 骡子车路与村庄旧事

50年代的时候，粮食是国家统购统销。这个村子产的粮就这个村子吃，种啥吃啥，不能到外面买。原来都是种谷子、高粱，我们人多土地少，自己产的口粮半年都不够吃，年年吃国家返销粮。在通镇、乌镇那面有供应点，每隔两到三个月给一户供上一二百斤，粮站挂出来自己去背回来。返销粮在学大寨后期才慢慢不吃了，完全摆脱是在改革开放以后。现在我们吃的全是从外面运回来的大米白面。

村里那个渡口过去地位挺重要的，主要服务于这个村。从下游20里到上游15里之内，只有这一个渡口，周边20里内都走这儿。逢三逢八，我们就带上口袋到对面山西买东西。那里有祖传的集市，一斤高粱两毛钱，几块钱就能买上十斤二十斤，吃上十天八天了，吃完了再去买。现在大一点儿的县镇都有集，第八堡和我们朱家坬都是逢三逢八，通镇逢一逢六，佳县逢四逢九。以前抓“投机倒把”，赶集卖东西的也都是以集体为单位，买卖东西都有票，凭票才能掏钱买相应数额的东西。渡口就那几个人工摇橹的船，摇到对面再回来。船都是顺水到下游，再从下游拉上来。懂技术的是掌舵艄公，六七个人拉纤出力跟划船比赛一样。

1976年出了船难，出事的是刚买不久的新船。当时这渡口的船，也没个载重定量，估计差不多就过了。一到秋季，因黄河水大，过去的人都得当天拉回来，否则一两天都回不来，要是没船就只能住在对面。船难那次，船上有100多人，超载还赶上水大。加上那时水里有石头，把船底撞了一个大洞，这一碰就沉了。船里不只有人，还有从对岸赶集回来买的牲畜、粮食、百货，还死了20个人。那一段时间，天天有人在河边嚎哭，每隔几天就找到一具尸体，有的是在下游几十里外找到的。

我记事那会儿，村里就把枣树集体化了。十一届三中全会以后，又下放给个人，有个政策就是给集体留一部分，剩下的是谁的枣树就归谁管。1986年至1987年土地下放，枣树也没个固定政策。村民为这事闹了几年，据说还去省上和北京上访过。后来因地制宜，一个村一个样，最后多退少补就稳定住了。1987年前后，村里出现两派，有枣树的一派和没枣树的一派，而我是个不多不少的中间派。集体栽了好些枣树，都二十几年了。要是你没有枣树，就把集体的枣树给你一部分；要是你枣树太多，就献出来一部分给那些没有枣树的。

我二次上任后，面临上一任土地遗留问题。因为分河滩地的时候，撂下了一个小队的好几户，以后收“五统筹”，那些户就不交，乡政府的税、费都收不全。这些户几年不出钱就积累很多了，不把地补给人家他们就不干。所以当书记你就要考虑这些事，要是解决不了，积累的矛盾越来越多，村里就不安定，支部书记就当不好。我上任后就一直想这事，后来在前川里面刚好有一片荒地，量了下面积，差不多就补给他们了。然后村里又给他们补上少种几年地的产量，就把收费、收税的难题解决了。啥事也没有，一帆风顺的，我这人比较认真，办啥事都想办成。

黄河抽水站、自来水和开章小学是用武越女士帮助村里争取的69万元办起来的。她父亲是老革命，1925年就入了党，是我们村里的第一任党支部书记，发展党员为党做工作，然后组建发展游击队。刘志丹上来以后又把他提到宣传部。后来，村里面为她父亲修纪念亭来缅怀前辈的丰功伟绩，先准备在佛堂寺盖的，后来就在本村盖了。现在村里住的人越来越少，最近这四五年，出去打工的多了，因为打工比管理枣树利润高。前几年，又是下雨，又是闹春旱，枣树年年不收。

人们走出去打工，做一天工挣二三百元，最少也有100多元，妇女出去栽一天树挣120元、150元，你们看看一个月差了多少钱。大部分打工的，将小孩儿带走在人家那儿上学，不打工的也把小孩儿送到通镇上学，所以慢慢地村里学校也就没几个学生了，教学质量也渐渐不行了，没几年学校就停办了。本来刚"普九"结束，国家实际上投了好多钱，可惜我们刚把这个学校盖起来，学生就没啦。附近好多学校建得可漂亮了，结果刚建设好，农村学校都撇了。

全村通自来水就是在我第一次离任期间搞的。2005年，我第二次上来以后只解决了后河上那一段。2001年到2004年修自来水的时候，后河上线路这块就有些分歧，一部分人愿意走后面，一部分人愿意走前面。后来就把这事搁下了，结果以后那几年就没吃上水。走后面的水代价高，一户要出两块五到两块八，而走前面只要出一块二。为什么这样？住得低的人要用前面的水，后面的村子高，上水的电用得多，所以代价高；用前面的水，住得高的人吃不上，所以必须走后面。最后，我们在两边的人中做工作，为了顾及全体，走的后面线路。村干部要晓得解决村里的不安定因素。如果解决不了，村里人对你肯定不满意。

村里后沟有条"骡子车路"，那里的红枣可多了。当时都得拿大麻袋装，用骡子车运到这里，但因路窄需先卸货，把空车拉过去，再将货物装到车上。就这么反反复复，结果把大部分枣都压烂了，拿到外面市场上卖不出去。1996年，我从乡上提前离岗回村，看那几年年送货、送肥料上不去，打下枣也下不来，就准备把这段路修宽。后来我找了关系好的人帮忙说清误解，加宽路面，终于通了三轮车，从此这条神奇的"骡子车路"就这么消失了。

泥河沟至通镇20公里，就是通常所说的通泥路，下雨"水泥路"，天旱"扬灰路"。在2007年时，通镇铺柏油路，而剩余朱家洼乡境内10公里仍然是土路，靠村、乡两级是解决不了的。2008年10月3日，胡志强市长在县委张小明书记的陪同下来到村里，张书记把这的情况简单介绍给胡市长：这个村红枣年产量100多万斤，就因交通不便年年卖不出去。市长听后答应给予100万元的资金解决交通问题。第二年5月，剩下的10公里路变成了柏油路。从此每日有通往榆林的往返班车。曾饱受交通极为落后之苦的全村民众至今难忘。

另外，2001年左右要修沿黄路，省里面都设计好了路线。结果市里交通局领导把路绕开黄河几十公里走山里。村里的人就要求党支部组织上访，天天在我家里谈这事。我不管也不行，党支部又不能公开组织上访，就派代表去找上级，我就是代表之一。县里面不管就找市里面，那时候有个市长接待日，每周二接待上访人员。结果我们去几个代表，几次都没见上面，没办法就一次一次增加人数，从100多人到最后的300多人。受这事影响的14个村子都参加进来，就把这个事情弄大了。乡、县、市领导都不喜欢这样干，你个村领导居然领导农民上访？2001年清明以后，我们开始上访，一直到6月。建沿黄路有多少沟、要建多少桥、建多少里程，我们都有人算出来以后标在图上，上访的时候摆在那些头头脑脑面前，让我们的文化人讲得有理有据、头头是道。我们把绕山路起名为"沿官路"，整个上访期间比较走运，两个多月没出事，安安全全，神灵保佑。

三 佛堂寺的庙会与管理

佳县佛堂寺有的说是北宋宋仁宗天圣六年的时候，这个地方的军队没有钱了，有人把土地卖给佛堂寺买军粮,所以传下来有"娘家白家墕,寺主泥河沟"的说法。有的说南北朝时期有几个皇帝信神，广开石窟，到处塑像。推测这可能是南北朝时期，后来到宋朝结束施工，历时恐怕四个朝代。本地没有这种石头，都是从外地运来的。那时候的工艺也比较细，当时我们这儿偏僻地方没有这种匠人。

石窟里的佛像在"文革"时候都受过损，观音菩萨的脑袋被打到地上去了，后来又用铁箍装上了。再后来这儿就封了十几年，都用铁门关着，谁也不让看。怕人看这个比较古老，再给偷走卖钱。拿钥匙的人现在公开了，过去都不敢公开，害怕盗取文物的人谋财害命。这土地神像也被偷过，人给偷走了结果背不动，就扔在山上了。后来村民捡回来就封在这洞里,都不让人知道。现在治安好就没事了。

佛堂寺的部分土地有过纠纷。在集体化的时候，寺里的土地都收在各村了。高家集和崖坪村一半，我们村一半。改革开放以后，寺院又恢复了，我们两个村把地又献出来还给寺里。而崖坪村就没往回归，因为这个村子把地承包给各家各户了。寺里面要这个地，他们村不给，就产生了纠纷，从村里面闹到政府，又闹到法院。最后土地权属还是佛堂寺的，等下一轮土地调整时再归回来，但现在土地政策一直没变，第三轮调整也没开始。

“佳县佛堂寺文物管理所”是佳县文化局下属的一个单位，1992 年 4 月 20 日被省政府评定为陕西省重要文物保护单位。省上年年给我们 8 个文保员的名额，一个人给补贴 1000 块。

2012 年 10 月份的时候，另外一个村比我大一岁的老会长武占富有病休息了。后来实在不行，会上也没有其他的人选，我们村几个会长以及别的村都说让我继任。我也提出让老会长病好了继续干，结果他也不来了，去西安帮儿子接送小孙子上学。他在这里住得少，我们一年也见不着。会长起码都要信佛的，一般都是年龄大的，年轻人没人愿意干这些事。一般一个村两个会长，我们村四个，一共七个村有十六个会长。这十六个里面不算我。我是“聘任”的名誉会长，本身是管文物的。因为我们这儿还有十几件珍藏的文物，会长也不清楚文物在哪儿，只有我知道。害怕文物丢失，一经别人发现，我们就赶快转移。

过去一代一代都叫排，人家还分得有一排二排。排是按家族分的，只有在跟佛堂寺有关的活动中才有用。一个村里面有两个排，每个排的两个会长是这个排里的人推选的。推选出来的会上认为行就行了，会上认为不行就重新再推选。武姓一共七个村，是主会的；外姓的 16 个村是副排。我们村七八百人，两个排，别的村三四百、四五百人，是一个排。唱戏我们出 10 块，他们就是一块两块的。一场县剧团演出三万块，就靠这些人在七八个村里筹措收戏费。

腊月二十三过小年，我们要去打扫卫生，把对联提前贴好。三十晚上也有人求神，那天也要去一两个会长。这有个值班表，排上谁谁去。十几个人轮着在大年三十到庙上过年。固定正月初一、初二那几天，所有会长都要去，因为正月敬神的人多，十六个会长有分工，基本上年年都固定的。香和黄表让管钱的出纳一个人买回来，两个人坐在那儿，两块钱一份卖给来上香的人。还有负责管理剧团的，维持会场秩序的，专门抽签、讲签的，做饭管灶的，还有负责治安的。平常我们上去就自己做，赶上这大庙会有自愿来帮忙的，大概就这几个人，有时还会额外雇人。还有管水的，从沟里面把水抽到上面那个水塔上，再放下来。原来只沟里有个井，去年山上建了正规的水塔。

佛堂寺庙会最早是在四月初二，60 年代改为三月十二，提前了 20 天，一直到现在都是在三月。新中国成立以前，这个县都是私人剧团，大概就是一二十个人组一个戏班子。原来木头峪村子有个私人剧团，1957 年左右被收编了，从山西太原那边招了一部分人又充实了一下，就变成佳县剧团了，大概得有五六十个人。白云山那个庙会是从四月初一到初十。两边唱戏的日子冲着呢，所以把佛堂寺四月初二的庙会就改成了三月十二。每次唱大戏、开庙会之前叫“会查”，实际上就是在佛堂寺提前开会，研究定好剧团表演什么节目，这都是多少年的老规矩。那些唱戏的有专门写戏的“写头”。知道三月十二来这儿唱戏，好多剧团都会来一些人开会。我负责通知，一通知是哪天就都来了。开会头一天就要备饭，去通镇买点肉，买点菜，第二天中午吃一顿。我们这些人误工没有工资，就是一人一天补 5 块。现在经济可以了，就一天补 10 块钱，不报销吃饭，就吃会上的面。会里的工作，大家基本上是量力而行。有的人老了身体不行，能做啥就做点啥，累了就休息一会儿。会里也不忙，年年都那些事。还有收戏费的，一个村一个村往上交钱，专人负责收，收的钱不给总会长，自己保管着。戏一唱完，人家剧团就来拿钱来了。收钱的人直接给人家，要是钱不够，会上再提出来补上。戏一结束，剧团就回县里，钱要提前准备好，不能不够。

庙会主要就是唱戏和村民们烧香拜佛。经济富裕的话，还可以请其他艺人在这儿表演，请些乐队、陕北说书都行，没有钱就只能请剧团。不管好坏，剧团一定要有，有钱就请比较高级的剧团，没钱就请次一点的剧团，量力而行，看你富裕不富裕。唱戏唱三天，一共六场，有时唱七场。一场戏就两个多小时，从上午 11 点到下午 1 点，休息一会儿又开始。如果两场的话，白天一场，晚上一场。有时三场的话，就白天两场，晚上一场。以前唱戏到了晚上，剧团就在下面那几个窑洞住着，有的回城里住。剧团表演的晋剧一般就是《打金枝》《下河东》这些，都是古时候的戏。如果喜欢小品，就看加演的晚会。独唱、清唱、合唱、小品都有，都是剧团的人表演的。少唱一场古戏，就举办一场晚会。要是不想要晚会，就唱一场大戏，都是根据观众的意见决定的。群众席里面的观众有的喜欢看戏，有的喜欢晚会。这与年龄有关系，年轻人喜欢晚会，年龄大的不愿意看晚会。

赶庙会的人有时多有时少，要看你的剧团质量高不高。如果是山西省晋剧团、地区剧团，人山人海，几十里外的人都来了；县里的剧团也就是两三千人，看一会儿人就走了。过去路难走，从外面来的人要是回不去可以住亲戚家，但现在都有车了嘛，一会儿就奔佳县、通镇了。如果是来敬神的，就得管吃管住，人到这儿来不是游客是香客嘛，会里就安排在庙上那一段窑洞住，有集体铺盖，一到会上我们办灶做饭。现在住的人不太多，都住在附近村里面，晚上回去，第二天再来，太远的来见识见识就走了。

我们现在正在翻修佛堂寺。前年在那个窑洞顶上又修了六七个新禅房，就是戏楼下面五颜六色的那排新房，算下来设计经费需要76万。县文化局只给了20万，算算20万岂不只够两间？而且这20万如果不用于修葺的话，人家要往回收，做的话缺钱还太多。所以我把五六个会长找来开过两次会，总结情况说现有的经济力量没多少，信佛的人求个缘、许个愿，往布施箱里面放的钱，只够那两个看庙人的生活，要搞这些大型的修建是不够的。要是坚持修，那到关键时刻只能凑钱了。人家一动工，这些匠人就都该要钱了，你没有钱咋办？我们到榆林市申请经费，最后到位25万，25加20就是45。刚好去年会上的收入比平常大，总共有好几万，除掉付给那两个人的生活费，加起来就有55万了，离70万差不多，再借个几万，钱基本就齐了。所以去年修主体，到十月份主体结束的时候，基本都给匠人们付了工资。搞主体时欠技工的几万，我自己垫了。再下来就是吊顶、粉刷，还有安装玻璃的钱，不足10万块钱。会里的、庙上的事跟群众没有利害关系，他们一般不会关心村子以外同自己不太相干的事。而村里面村干部就是当家的，村里面的好坏与村干部有直接关系，所以不能不关注这些古建筑。

唱戏的时候会停很多车，我们以后要在下面修个停车场，配一个大广场。我设想把那两间会议室粉刷以后，今年就开始着手把历任会长干了什么事，修建了些啥，几几年到几几年在任，几几年出生，几几年逝世一页一页都写上。我对前两任会长的印象都挺深刻的。一个是已去世十几年的武忠兴，寺里面的庙宇，基本都是他在“文革”以后恢复的，那是有成绩的。那时候匠人一天的工资就几块钱，几千块就能盖个庙。他在上面争取资金，恢复了庙宇和戏台。第二个就是上一任会长武占富，他任职时在寺里修了亭子，在石坬上栽了不少松柏树，通了柏油路。我就知道这俩人的事迹，之前的就不知道了。我现在有个想法还没有实现，我们一共有七八个村，我想找个书法写得最好的，写一条幅放在那儿。我们小辈有个在榆林上学的12岁小孩，书法写得不错，在韩国比赛拿第一。我跟他要一幅字，再请来些名人，市上的、省上的、中央的，请他们游览佛堂寺，留个合影放在里面，修好了欢迎你们再来做客。这是我原来的设想，这个一两年就能兑现。

四 龙王河神圆了枣神

一个秧歌，一个打小醮，这两个是我们这儿的传统。我当书记以后，恢复了几十年没办过的秧歌。可惜只闹了三年，后来我不当书记就没人闹了。这陕北大秧歌，过去基本上村村都闹，现在闹得也不少。我们小时候一九五几年也在这儿扭秧歌，最早是毛主席时候，走走这几个庙，给神仙唱秧歌，完了就是给军工烈属、伤残军人这些。那时候是建国之初，得去慰问人家。过年的时候去家里面，给人家走个场子，唱几节秧歌。人家把粉条、洋芋丝或者鸡肉、猪肚、猪耳朵拌成凉菜放在桌子上面，搁上米酒、烧酒，给扭秧歌的人吃，愿意喝酒的喝一点。第二天就挨着排，或者从前往后或者从后往前，几天就把村里每户排完了，也算个传统。冬天排练的秧歌到春节正月初二开始排门子。我找的是学校里面比较年轻还会扭的，征询人家家里面意见，如果同意的话就成为秧歌队的一员。还有专门管大鼓、镲这些乐器的人，总共登记上四五十个男女。到腊月二十几就开始排练，大概五天排完，正月初一休息一天，初二就开始了。

1998年算是第一年恢复秧歌，因为过年扭回秧歌好着呢，比死气沉沉强，基本上大部分村民都愿意。个别死脑筋，害怕秧歌队到家去，因为男的要给抽根烟，女的要给个糖，舍不得这个就反对。有些不愿意跳和唱的也反对。其实秧歌队的也没有时间吃烟和糖，前面的乐队一吹、鼓一敲，集体一往前队伍就带走了，坐在这儿也不能吃喝，不会花多少钱。有愿意的、生活好的，给个10块、20块钱。集体一凑，秧歌班就有买服装、买设施的开支了。秧歌班开始这一年的开支需

4000 多块钱。我有三四千块工资，拿出来买这些鼓、镲、伞和衣服就够了。后来秧歌表演完了，人家给的钱还用不了，收回来近 5000。我们用余下的钱给每个扭秧歌队员买了一块床单，之后还有 700 块，就在小学旧址上面接出一个“大锅盖”，发展了一个山西台。我恢复这个秧歌，跟过去老早年的一样，就唱吉祥话，走到谁家都说好听的。我小时候的秧歌是我们小学启蒙老师组织的。因为喜欢体育和文艺，我就跟在秧歌队后面跑，不扮上衣服就干唱，也有唱的本和谱子，记不清词要写在纸上照着唱。现在我们这儿有 50 来人一起办秧歌，春节时大家都回来了，探亲的年轻人也都愿意参加。现在县文化局对过年的秧歌比较重视。过去那时候，我给秧歌队每人买了一套衣服，去年听说文化局又给了一套，鼓和镲现在村村都有了。

每年春节的初三到初五都有打小醮，是为了一年平安。清朝光绪三年，是个大灾祸年，又加上瘟疫流行，先人就请上五六个僧人打小醮在庙上求神，就是跟向神还愿一样。村里边有负责打醮的纠首，按照地址，有时是九家，有时是六家，现在是十二家。这几个纠首在腊月就准备这个事情，初二开始办事以后就要忌口，不能吃荤，不能喝酒。不光请来寺院上的和尚，还要请来乐队，来了以后从初三起打醮。后来人们每年都跪下祷告。烧黄表就是“治好瘟疫，报答神恩”一类，共十八个字。

每年初三打小醮，就是为了祈求这个村子大小人口平安，没有疾病。请的僧人在这儿念经，摆一个“九曲黄河阵”，每曲中间有一个大将把守着。这个九曲谁摆啊？就是三霄娘娘（云霄、碧霄、琼霄）摆的那个阵，要叫姜子牙破那个阵。祈福的人就转那个九曲黄河阵，我们叫“转九曲”。过去没有电，下面是木杆，上面放个麻油灯，里面放上棉花捏的白捻，一点点亮。僧人带头转阵，男女老少跟在和尚后面转，转过来转过去，小灯碗要亮两个小时。大人小孩跟着转上这么一圈，手里拿着香。转完以后，你要是光生女子不生男孩，就偷一个有灯芯的碗，偷上一个你下一个就能生男娃了。还有和尚撒下来的那个馍馍啊、枣卷啊，你也捡起来偷着吃上两个，就能生俩小孩。这个打小醮挺有意思，附近好多村子也有，娶媳妇、出嫁女子，都讲究那个风俗习惯。

那几年，还在佛堂寺和龙王庙求雨。龙王就是管雨的嘛。村里面求雨就杀个黑色公山羊，或杀个猪，拉到庙上，杀了给龙王，实际上就是滴点血出来，肉全村人分着吃。求雨是临时性的，天不旱就不求，天旱就要求。求雨有时请僧人，不请也行。老年人去庙上跪下祷告神仙，要是下了雨就给立个身。在佛堂寺就是唱戏求雨、抽签，抽签的意思就是三天内或者几天内有雨，戏到雨到，所以你赶快唱戏。

外面来的人一进山口就能看见观音殿，那是我们村最早的庙，在 1952 年就倒塌啦。我 1996 年回村，1998 年当书记。当时村里人都想修，一个是修起来算是村里的风景，另一个是老人留下来的庙，后人不修不好看，但就是没人领导。这些缘由在重修碑记上都有记载。当时都是自己筹钱，谁给观音捐钱都记上，碑都是村里匠人刻的，匠人的名字也都刻在碑上。除了观音殿，我们这儿还有建于明朝的龙王庙和河神庙，清朝复修过之后再没有复修，都烂得不行了。刚开始复修是群众自发组织凑钱，把那些破的地方都修了，搞到一半以后没有钱也没人投工了。这时候因为我在村里面，就交在我手里了。我原来不想管这个事，我当时在修理观音殿，这几个庙就免了。后来没办法，群众凑的钱用完了，我又接手，还要画描，还要塑像，又要筹措资金。后来想办法跟上面要了 1 万块钱，给到乡上，我去领回来，把这几处庙有塑像、彩画的工完成了。那些神像都是 2007 年塑的，还有雇人画的壁画。观音在主庙里面，枣神在外面。枣神在过去就没有大庙，只有一个牌子，所以就恢复过去的样式，没新盖枣神庙，就在观音庙的那个位置放了一个木牌子，上面写着他的名字，这就用去了 1 万块钱。龙王和河神庙圆了，龙王、河神也就能圆枣神了。1 万块钱让龙王和河神给均摊了。

张小明书记在佳县任职期间来过村里八九次，关心我们的古村落、古枣园，在千年枣树底下立了碑，在村前面的高崖上刻了“天下红枣第一村”，在村后面的大石块上刻了“枣韵千年”。后来，中央台基本年年来采录，农业节目放过几次，知名度就大了。大概在 1997 年到 1998 年这段时间，要搞旅游大县，搞佳县一日游，打造“白云山—云岩寺—香炉寺—千年枣园—佛堂寺”的路线。枣神最早是老祖先传下来的，从佛堂寺下来刚开始上坡那地方，原来有个枣神牌楼。1970 年左右农业学大寨的时候，修公路把那个位置占了，枣神就没有住处了。那时候不信神，大庙都给拆了，何况一个牌楼，拆了随便丢在哪儿也没人管。现在这个牌位是我们后来找了个木匠做的。枣神就管枣树，人家给殿里烧香、表就是求保佑，希望枣子结得稠一点、大一点，就那么个意思。

（曹玉泽　采录整理）

【武继龙】

访谈时间：

2016 年 1 月 11 日

受访者住址：

佳县朱家坬镇泥河沟村村后湾 46 号

人物小传：

武继龙，男，1947 年生，磘里武亨通家族。1964 年任生产小队队长，1978 年担任生产队副大队长，1986－1987 年担任大队长。

一 赶羊上山增地力

我是家里的独子，7 岁开始上了两年学后回家务农。我是贫农出身，十二三岁就开始过集体生活，16 岁参加劳动算半个劳力，当时给 5 个工分。1958 年大跃进开始搞食堂，吃大锅饭。国家那时前线搞得很紧，农村人的生活障碍可多了，没东西就大锅吃饭。那阵儿我们这个生产队有 150 来口人，30 多个劳力，还有 3 群羊和 2 头牛。

当年大家都不愿意当小队长，因为小队长吃的苦多，还要督促社员劳动，难免会惹到别人。我年纪轻什么也不怕，所以在 1964 年当了第二生产队的小队长。我每次上地都是提前走，临后回。要是自己偷懒，还怎么带动生产？我当小队长时，从来没吼过人，全是靠制度来调动积极性。我们小队劳动不需要先集合再上地，都是头天下工前分配好工作，第二天直接上地。虽然没有明文规定怎么算迟到，但是有人偷懒大家也会不满意。对这样的人，我一定会扣他的工分来维持公平。我的这个小队有秩序，到哪儿劳动都自觉就去了。

每个小队山上都有地，但是地的肥力不好。我在河那边的山西开过荒地，经验比较多。我心里想，只有上粪才能提高山地的肥力。但是那片地山高路远，靠人挑粪很费力气，而且人的大粪既没有羊粪劲儿大，也不够用。所以我想了个办法，组织队员在山上搭了个羊圈，这样将羊赶上山放，利用羊粪作为肥料。搭羊圈的时候，社员觉得这是额外的工作，积极性不高。等到第二年打粮食的时候，产量增加不少，大家非常高兴。每年春天我们赶羊上山，冬天天气寒冷就将羊赶回来。别的小队100来斤口粮，我们这个小队200来斤，主要是上粪庄稼就长得美嘛。那时有小队间的人员调配制度，很多村民都愿意到我这个生产小队来。我的这一套让自己小队的劳动积极性很高，大队公社对我的工作十分满意。农村的第一线就是劳动。我后来能到大队工作，也是因为自己劳动卖力气，加上想办法为小队提高产量。武世勇那时候是村书记，在我们大队里，他属于数一数二头脑好的人。他记性特别好，工程上谁来了谁没来，不用本子记也记得清清楚楚。他为啥让我当副大队长？那时候我治理得好，公社干部都说武继龙这个小队干得好。

二 去南泥湾学修坝

河滩里的枣林自古就是红枣主产区，但是黄河经常发洪水毁坏这片枣林。在我十一二岁的时候，一场洪水将近千亩的滩地全都冲毁，上百棵枣树都被毁坏了，其中也有我们家的五步（相当于半亩）枣树地。大家为了防洪水，最开始用麻袋装上玉米秆子和沙子垒起来堵水，但是水一旦没过这片地，沙子就会被流水带走。后来村民用石头垒起丁字坝让水流过，使泥沙沉降形成田地并重新栽上枣树。但是，这样的方式也只适用于不大的洪水。随着那几年大洪水不断，一部分滩地就慢慢消失了。

1969–1971年，又是一场大洪水把枣树全都推了，因此村内下决心修顺水坝堵水。当时村里没有钢筋、水泥之类的东西，村内有几个人就去找武开章说明受灾情况，请求给予物资上的帮助。当时，他们从山东运回几十吨铁丝给村里修水坝。水坝设计有两层，每层大概有一米高，从村口的前岔上一直垒到通秦沟。最开始老石匠带头教年轻人垒石，不管男女都要参与。垒坝的石头要从远处挖出来搬到车子上。村民每天搬石头把手弄得稀烂，血流不止，只好用胶布裹一层，也不敢洗手。那会儿人们穷得连手套都戴不起。有一年修水利设施，在放下石头时，我的手指头被压到底下弄折了。后来我在这个手指上套了半年袋子，直到现在每逢阴湿天气都会疼痛。修坝那几年，人们吃得非常不好。每个人一年只有五斗瓮的腌菜，只有几顿能就着高粱面、玉米面吃，有时还要吃玉米的外皮磨的面。因为生活条件困难，加上县上鼓励移民，所以前后有 30 多户人从村里离开，移民到本县、外县的其他村子讨生计。北面到内蒙古，东面到山西寿阳，南面到西安，最后村里只剩下六七百人。

这段时间，我在村内管理生产的事务太多，让人烦躁，因而抽时间去南泥湾学习修水利设施。我从正月出发，到达时当地正值“知识青年”到农村接受贫下中农再教育，学生到农村插队成为主要劳动力。当地修“闷咕噜”将大石头放在底下正着立，然后用水泥抹平，再上一层石头，如同修窑洞一样一层接一层垒起来。一个月工程结束后，我返回村内。后来村内也要修“闷咕噜”，因为我曾经修过，所以实际经验很丰富，而县上派下来的技术员只有书本上的技术。我和他在修建方案上意见不合，吵了整整一下午和一晚上。当时的武国雄书记也为这件事发愁，他问我：“为什么和他辩？”我说：“这个事情我有把握，有问题我一个人承担。”最终大队采纳了我的意见，修完坝后还有人给了我一张奖状。原来是当时和我吵架的技术员武鹏向佳县水利局的刘慧琳请求，给我写了个奖状。我说：“我不能收这个奖状，我和你辩理辩了几回，你的成绩大。”但是人家坚持要我收下。这样的气度让我佩服。至此，大队看我和看一般的小队长就不一样了，我在大队参加会议也基本都能说话，而且大队领导很肯定我的发言。

三 县长驻村分枣树

1962 年，枣树大部分归集体所有。如果个人原先有枣树，那就留下两棵，剩下的归集体；如果原先没有，就将收归集体的枣树分两棵出来留给个人。这是为了让个人生活能有保障。全村人分成七个小队，水地、山地重新平均分配。1982 年包产到户下放枣树，百分之六十的人有自留的两棵枣树，按照收枣树前的归属返还枣树。但是村内人口增多，只好让大家重新分配，地多的人分给其他的人一部分。

1985 年，我任村大队长，也就是相当于现在的村长。部分村民要求重新分配枣树，村子最终决定从有枣树的人手上抽取四成枣树分给没有枣树的人，平均每个有户口但没有枣树的人给六棵，因生态移民户口迁出的人保有两棵。操作的时候，个人给自家枣树地划一个方框，自己选择分出地面积的五分之二上交集体。这件事初期争议很大，村民分成有枣树和没有枣树两派。一方不愿意给枣树，一方坚持要，没有枣树的人甚至上访到榆林地区。最后，县上的工作组进驻村内解决问题。工作人员天天开会定制度、商量方案，坐得我的屋子满满当当的。工作组一共来了两回共 40 天。起初，村民闻讯来抗议。我只好把下面的廊门封好，在我的窑洞内继续开会。第一天社员大会上，县工作组的人因为之前听说别的村子闹得很凶，甚至把工作人员锁在屋子里，因而没有发言。只有我对本村情况比较熟悉，敢说一些话，而工作组的保安人员怕与村民起冲突，不想让我言辞说得太激烈。但是我对张县长说："泥河沟村，你会喜着来、笑着走，不会把你锁在门里头。"

工作组进驻期间，村内没有白面，离得最近的通镇粮站也没有。我心想："帮农村下放枣树，为农民服务，没有粮食哪行。"我就请求县长派个车。他问："作甚呢？"我就说："剩的面不够吃了，你们 30 多个人，两天就能把一袋袋吃完，这要是靠人背粮根本背不过来。这里去佳县都得一二十公里路，还很不好走。"第二天，县长派了个小车让我去佳县运白面。村里面有的人就说："你厉害啊！县长在村里工作，你派县长去买面。"我就说："小车又不是县长开，人家帮助我们下放枣树。现在有这个资源，我们就解决这个问题。"

我从 1978 年当上了副大队长，经常去乡镇开会，一直当到 1987 年枣树归个人。以后，我累得不行就不当了。共产党的会多，白天黑夜经常开会，让人很疲惫，晚上瞌睡时才睡一下，醒了又接着工作，负担太重了。我当了这十多年队长，不挣工分，没有补贴，大队没有补过 1 毛钱，没有吃过大队的饭。我们大队和一般的大队不一样，一般的老干部都没吃过大队的饭，一直都不吃。

不当大队长后，我们村里最大的事就是为沿黄路上访。2001 年，我和武国雄、武海瑞、武买保、武世峰为了这条沿黄公路上访跑了整一年，一共上访了八九次吧。因为国家原定的这个沿黄路被扭了方向，我们都不知道，是我们村的武国柱说的。他是榆林退休的交通局局长，他说沿黄路走山路了，没有沿黄河。那会儿武世峰是书记，武买保是村长。他俩又领着海瑞、国雄，还有我，我们五个人过了腊八就商量上访的事情了。我们先去的地区政府，哎呀，这个中间过程太多了。去见交通局的局长，但是他去榆林开会了。白天晚上他回家的时候，我们五个人就在路口等着他回来，就像站哨一样。我们那次等了七天，他才回来，才拉上话。

这个沿黄路从万镇起，从山上过去不经过泥河沟，他说这是地区决定的，不是他们决定的。我们就说，你把哪里略了也不能把泥河沟给略了，结果偏偏你把泥河沟给我们略了，这是什么态度！万镇离我们这里 15 公里路，从万镇那边山里过去，就把泥河沟给切过去了。他说文件已经盖上戳了、定了，我们就只能去榆林了。到了榆林武国柱家里，他说给交通局局长打个电话。局长说为公路问题去延安开了个会。武国柱就说，这个沿黄公路一定不能把泥河沟给略了，还要争取这个问题。局长说，我一定给你们争取到。之后我们就一直上访，最后上访的材料到了省上。最让我感激的是程安东省长。这个省长到佳县考察了一回，回去就说沿黄公路一定要沿黄，还出了个文件。和副市长打官司，和交通局局长打官司，农村人第一次出了这口气！

四 卖货为儿挣学费

我的儿子今年 33 岁（农历十二月初一生）。我们在他 11 岁念二年级的后半年去的通镇，那天是正月二十一日。通镇的学校好啊，那是城镇学校，那儿的老师都是公派教师，而村里的老师都是民请教师，差别就在这儿呢。他小学念完，初中念完，高中去榆林后，我们返回村内。

通镇那儿有我老婆的二姨姊妹当供销社主任，我们就去她那儿借住。她有两三亩地也不种，我们就种起来。那几年过得很辛苦，我在通镇和村里两边来回跑，不管是村里的园子还是这边山上的地都不误。一般那儿的地种洋芋，也有黑豆、绿豆、山药。这个洋芋最普通了，两三亩地一年最多能收获两三千斤。洋芋可以加工成粉芡做成粉条。家里现在还有当时给我儿子准备结婚用的粉条，结果他最后去榆林办婚礼了，这些粉条就剩下来没吃完。还好它不招虫，可以留下来等孙子结婚的时候再吃。这个时候村里的地很少种黑豆，都种红枣了。

我这一辈子最劳累的就是供儿子念初高中这段时间，脑子和身体负担都很重，两地来回跑。家里的钱不够交儿子学费，只好想办法赚钱。以前庙会都撤了，改革开放以后又恢复了，各个村子的庙会都是敬神戏，日子也都是固定的。我经常到米脂正川那个批发大市场进货，之后赶去山西、神木附近村子的庙会，通过卖货赚点钱，可费劲了。虽说这个买卖很挣钱，1块钱的东西我卖2块，每次利能有100多块。但山上的小道很不好走，一般背上东西都要走三四十里路，最远的地方有50里地。因为别人受不了那个苦而我能受下，所以庙会只有我一个卖批发来的货。做这个可比种地苦得多，庙会经常是中午大太阳当头，晒得可厉害了，满头大汗很受罪。但就是这样，我供儿子念了大学，现在他很有出息。我从未想过不让他念书，我曾在去榆林上访期间找过一个我们本村的老师。我向他询问儿子学习情况，他说娃很努力，让我放心。他对我儿子评价很高："就算没有考上大学，干什么都能当个头。"听到这个，我对儿子感到很骄傲。现在儿子也很孝顺，今年因为给老婆看病去趟北京，儿子就带着我们去天安门广场看一看。即便我腿脚不好不想去，儿子在平道推着我坐的轮椅，上台阶背着我，就为了在广场上拍个照片。这就是孝心啊！

我上了岁数身体也不好，很多脑子里记得很清楚的东西都因为养病而忘记了。我年轻的时候，冬天从戏楼到大队部的路边都有人在拉话，如同开经济会议。现在年轻人基本都跑到城市去了，只有我们这些老的、有病的待在村内。如果我身体好，现在也去榆林帮忙看小孩了。

（孙兆琦　采录整理）

【武子周】

访谈时间：

2014 年 12 月 23 日

受访者住址：

佳县朱家坬镇泥河沟村紫柏崖坬 92 号 1 室

人物小传：

武子周，男，1947 年生，�里武亨通家族。19 岁到西安兵工厂工作，51 岁回村在家中管理枣树，2009 年担任佛堂寺会首。

一　借个毛驴娶媳妇

我叫武子周，农历十一月二十一日出生。我是家里的长子，有两个姐姐和一个弟弟。我父亲和爷爷都抽大烟，所以家里生活比较困难。我们村从 1952 年开始就有了小学，刚开始叫学成班，后来改为正式的学校。我从 10 岁才正式开始上学，虽然上了五六年，但小学没有毕业。辍学后，我就在家干力所能及的活儿，挖荒地、锄院子、锄谷子。我们这儿的老先生留下来一句话，“小子娃娃，不吃十年闲饭”，意思是小孩子到了 10 岁就应该自己动手丰衣足食。那时候的人不同于现在，现在的人都想搞一点大事情，那时候只想填饱肚子就不错了。我们家原本枣树就不多，枣树林离河又近，一场洪水就能把刚长粗的树冲走。家里枣树总是起不来，所以生活一直比较困难。三年经济困难时期，大家都是把煮玉米吃完之后，再把玉米芯在磨子上推，用来裹腹。现在每天早上都能吃上馍馍，过去只能吃谷糠的窝窝头，哪像现在平时就能吃上面！按我们这儿的说法，一年三顿面。大年初一的一顿饺子，农历六月六的西葫芦熬羊肉，再就是八月十五吃一顿饺子。但现在没有人种麦子了，人们基本上都把六月六忘记了。我们这一代人，真的是把苦受遍了。

1965 年，村里遇上一场大旱灾，一整年没有下雨，庄稼没有一点儿收成。所以到了 1966 年，就只能靠国家的供应粮度日。当时的供应粮主要是从东北运来的高粱和河南运来的红薯片，按人口平均分。虽然吃供应粮能吃饱，但始终是吃不好。

看家里的状况不行，1966 年 10 月份我就到西安市的常规兵器工业部打工，在厂里负责镀锌、镀锡和涂漆的工作。1967 年 8 月的时候，武斗比较厉害，西安工厂基本停产，在工厂连饭都吃不上，所以我就回到村里了。1966 年的夏天，在去西安之前，我就已经定亲。从工厂回来后的农历八月二十七，我就和陈家墕的陈彩琴结了婚。当时我们村子都是养牛的，没有驴。我就去桑墕儿借了头毛驴，把她从陈家墕接来。按我们这儿的风俗习惯，“人一生，蒸上两顿糕”。在结婚当天和满月的时候，把亲戚朋友请来，中午一顿油糕，晚上一顿饸饹面。婚后一个星期，我就又走了。1998 年我才从工厂退休回到家。这三十几年中，考虑到家里的经济情况，过年时家里没有活儿干，我很少回来，一般都是夏天回来，能给家里帮一点儿忙。

我人生中有三件让我痛苦不已的事情，弟弟和两个女儿先后离开了我。1976 年闰八月的初五，我弟弟坐着我们村里的船去山西赶集。那天不幸发生了翻船事件，一共死了 20 个人，其中就有我弟弟。那年他虚岁 20 岁，他的死给了我一个沉重的打击。弟弟去世之后，家里成了个烂摊子。1977 年过年，我本应该回来，但身上没有钱，根本回不来。正月初十左右，我 7 岁的二女儿被邻居家的一个小孩儿推倒，头上碰开一个口子。当时就用棉花止了一下，也没流出血来。第二天还出去玩儿了一天，但第三天脑血管破了，这孩子就不行了。这事情我一直就不知道，直到 1977 年的夏天我回家里帮忙干活儿。回到家，我父母亲和我老婆都哭成一片。我只能一再地安慰他们 :“天灾人祸谁也没有办法。孩子已经死了，咱不能伤心过度，伤了自己的身子怎么办？家里不是就更困难了嘛！”我对自己说：“咬紧牙关，眼泪流在肚子里，要挺过去。”也终于算是挺过来了。我们家虽然原来很穷，但近几年来，家庭情况还是可以的。大女子今年 45 岁 ；二女子 33 岁，她在我原来的厂子顶我的班 ；儿子也在 1998 年结了婚。可没想到天灾重新降临到我身上，三女子在 2013 年得了白血病，家里花了二十几万块钱，可是也没有用，她在去年 7 月病故了。不过好在我们女子有个儿子，总算还有个后代。我弟弟的死已经让我痛苦多年，女子的死又把我折腾得够呛。我平常是不会提这几件事情的，自己糊里糊涂也就过去了。

二 伺候佛堂寺祖师爷

现在我们村有四个会首：武世峰是县上聘用的文物管理所所长，负责佛堂寺的建设；武占都是总会长，管理平时的活动；我和武光勤负责文物管理和抽签。武国杰是会计。原本管理佛堂寺的四个会首分别是武国树、武占都、武光勤、武子勤。因为年近八旬，武子勤和武国树就提出选出继任者替代自己的位置。武子勤是磘里人，我们家族便开会讨论谁来接班，结果大家一致提出让我去。我离家几十年，不懂寺庙上的事情，也不是那么迷信，而且我当时还病着。但最后实在是推不开，我就在 2009 年接了班。自打去佛堂寺伺候老佛爷和祖师爷，我的病就好了，现在能吃能喝，啥都能干。后来武国树病得很严重，整个佛堂寺就成了烂摊子，有些人就在里面胡闹。2012 年，我和武世峰推荐了武国杰，我又和武国杰一起给武世峰做思想工作。我说："有人想在祖师爷那儿捞油水了。武占富推荐你和买保，买保不去你就得去，你要是不去，我和秋生（武国杰）也不去了。"他说："你们俩要是不去，那不更是烂摊子？"我说："摊子再烂，咱不去就不用生那个气嘛，去了就要阻止那些胡作非为的人。"武世峰在农历十一月上任，武国杰在 2012 年的后半年上任。武世峰算是一把手，我们三个就要把这个局面扭过来。我和武国杰上去以后，就表明了态度，就说了一句话："佛堂寺究竟有没有神，我说不上来，可是这个摊子既然是祖先留下来的，我们就要管理。到佛堂寺来，就不要想着白拿佛堂寺的一毛钱。如果有这种想法，自己就趁早走。"当时佛堂寺的账目非常混乱，我们去了之后就马上清账，任何人不能随便从账目里拿钱。但还是有人从中渔利，2012 年 3 月我们组织捐款 30 多万盖新庙铸铜像，最后却只剩下五六万。经过一番斗争，我和秋生得罪了不少人。

佛堂寺唱戏是一年中最重要的日子，我们这儿管唱戏叫赶会。桑沟、西沟畔、土沟、沙湾、崖畔、高家集和泥河沟，我们七个村是主办单位。每年在三月初七、初八，会首负责在村里向每个人收 10 块钱。这钱主要是戏钱，去年收了两万六千四，光是给戏家就花了三万二，还不算其他开支。唱戏时，会首必须住在佛堂寺，负责打扫卫生、接待剧团等工作。庙会上卖啥的都有，农具、衣服、鞋、糕点、凉皮和其他一些小吃。我们这里都是唱晋剧，一台戏是三天，三月十一起戏，三月十二正戏，三月十三罢戏。一般在十点到十点半之间起戏。第一天起戏不管是哪个剧团来，都要唱一场《打金枝》。《打金枝》唱的是唐朝的戏，当时的皇帝是唐代宗李豫，郭子仪是平复安禄山叛乱的有功之臣，李豫就把女儿升平公主嫁给了郭子仪的六儿子郭暖。郭子仪寿诞期间，儿孙媳妇都来给他拜寿。等轮到郭暖两口拜寿的时候，升平公主还没有来，郭暖在寿诞上认错了人闹了笑话。那时候规定公主的房间如果亮着红灯就不能进。他很生气，回到家，闯进公主的房间，不仅把红灯打掉了，还把公主给打了。郭子仪知道儿子闯下了大祸，就绑他上殿，到李豫跟前谢罪。升平公主挨了打不肯罢休，可是李豫和沈后很聪明，把女婿说了一顿，又把女子也说了一顿。最后李豫说："小两口吵架是常有的，不是个奇怪的事情"，就把这个事情免了。《打金枝》在我们这代人心中是最熟悉的，它也有教育意义，大家认为它是一出好戏。皇帝很明智，不仅没有惩罚，反而让夫妻和好了。最近几年一般就是《哑女告状》《龙头拐》和《杨门女将》，三天要唱七本戏。三月十二晚上一般是晚会，跳跳舞，扭大秧歌儿。最近几年来赶会的人越来越少了，过去佛堂寺庙会都有上万人，如今有一两千人就不错了，还只是在三月十二这一天，十三那天也就几十个人看戏。年轻人都出去打工，孩子们都在外地上学，只剩下老人。除了唱戏的日子，会首还要在腊月二十三负责扫庙、贴对联，在大年初一、初七接待敬神的人。

三 亲手栽的枣树不忍扔

一直到 12 岁，每年大年三十的晚上，母亲都会亲手用高粱秸子把红枣串起来，挂到我的脖子上。因为要靠卖红枣糊口，所以在平日里很少能吃到枣。我还是比较喜欢吃枣的。俗话说：一日三枣，长生不老。我会早上在锅里蒸十来颗红枣吃。我们这个地方属于杂粮产区，以前是种高粱、谷子、黑豆、糜子、小豆、绿豆的。因为天旱，种粮食很困难，就改种枣树。种粮耗工大，现在已经基本没人种了。如果枣价能每斤 1 块钱，都比种粮强。假设收 1 万斤枣，还能收 1 万块钱。要是收 1 万块钱粮食，不知道要受多少罪。我们家有五垧地，现在种的全是枣树。这五垧地的枣树都是 1986 年、1987 年我老婆一个人栽的，我主要是夏天回来帮忙给枣树剪枝。枣树只要是活了，第二年就多少结一点。

2008年到2010年，我身体不好，管不了枣树，我儿子就把枣树给了别人。到2010年冬天，我老婆看我的病好了，就把地要了回来。我这个人也闲不住，退休之后还是想干活儿。我一直认为受点罪不怕，我从小就家境贫寒，也一直在工厂干活儿。去年地里几乎没有结枣，原来山地的枣基本打一次药就能治住灰象甲，去年打了一两次也根本不起作用，所以就遭了严重的虫害。今年山地里的枣又碰上了雨灾，几乎都烂掉。现在种枣树开支很大，要打农药、上化肥，人管理枣树一点儿信心都没有。如今儿子不在家，就我们老两口在地里管理枣树。我年龄大了，每天劳累得不行。

现在枣越来越不值钱了。每年到打枣的季节，只有我们老两口两个人。儿子说："我不能回来给你们打枣，国庆节前后这一个月，我能挣两三万，那些枣全部卖掉也不值这么多钱，不如把这些枣扔掉。"今年回来帮我捡了两天，还和我抱怨耽误了他的工作。我儿子也不想让我管理，但那片枣树是我老婆亲手栽的，她又不想扔，明年她还要去榆林给我的两个孙子做饭，也帮不上我的忙。她叫我和她一起去榆林住，可我曾经在西安的经历和我现在的经济力量根本不允许我在城市待。现在老人管理枣树，一年1万块钱的收入，媳妇孩子在城市里根本顶不下来。在城市买什么菜都要自己花钱，我自己在家种蔬菜，一筐豆角也不花一毛钱。我一个月2500元的退休金，在榆林也不知道够不够自己生活，还能再叫儿子给我添点儿？咱要在力所能及的情况下帮儿子的忙，哪儿还能吃儿子的？如果说我老得动不了了，那连累儿子是应该的，但现在咱不能干那个事，我还要赚一点钱帮他还账。现在社会风气不大好，我们借给别人十几万，人家不归还，咱也没办法，但跟亲戚朋友借的钱咱一定要还。

（李妍颖　采录整理）

【武方强】

访谈时间：

2015 年 7 月 15 日

受访者住址：

佳县朱家坬镇泥河沟村戏楼湾 25 号

人物小传：

武方强，男，1953 年生，石塌上武亨坐家族。1972 年外出铜川打工，1975 年回村中成为石工队一员。2013 年为家族叙写家谱。

一　福起祖坟沙塌湾

我是石塌家族的族谱撰写人，族谱是由我和武涛涛合作完成的。我们从 2013 年的秋冬开始，大概花了一个月的时间。当时的主要工作是给族里的人打电话，获得本人、媳妇和儿子的姓名、出生年月日和媳妇来自哪里等信息。我们的祖坟地在沙塌湾，到我现在是第十代，所以推算我们沙塌湾祖坟地的历史大概是二三百年。那里是泥河沟排场最大的一块地方，在我们村再也没有那样的坟了。坟的前面打着石狮子，那是家族兴旺与发达的象征。如果这个家族连自己肚子都填不饱，当然顾不得先人。那个年代，村民相当困难，但是我们家族发达，老爷爷那时过着村里最好的生活。年代长了，现在祖坟地的柱子倒了，碑文风化得都不能认识了。祖坟地的对面是卧虎山，这面是沙塌湾，前面是小树滩，下面就有水口，风水好。坟地讲究水口，如果水口不开，埋一个人不过百天，家里就要伤人。

我们的祖坟地做得有点低，如果再高一点儿就好了。埋坟的时候，按辈分来埋，最大的一辈埋在最上面，如果有两个同辈的，要埋在一条线上。这边讲究埋三辈、五辈，不能埋两辈或者四辈。祖坟地埋了五代，站在埋第五代的位置说话，能听见回音，这样就不好。你看戏楼圪洞后，有瘸腿和结磕磕（指说话不伶俐）的，就是因为对面金狮山太高了，在戏楼圪洞后那一片说话会听见回声。我们的祖坟地就是这样，一代、二代、三代好，四代、五代不太好，六代、七代埋在垴坪梁也不太好。因为如果在坟的背后有路，人走过会踩到耳颈就不好，所以坟地前面有路那才好，就像金腰带一样。我们家近几代的坟在土寨子，那里能埋三代。新坟地的上面有几股来水，汇聚起来有出水口，二水归一，这个最好了。自从埋了我爷爷、我父亲，我们现在经济就可发达了，家里有了小车，有了太阳能热水器，在农村过着城市生活。

我的老老爷爷武应泰，他那时候可好着呢，在泥河沟有四垧枣林。有一次他到山西碛口做生意，算命的说他面相不好，子孙不兴旺。他就甩了别人一巴掌，说："你眼睛瞎着！"结果算命先生算对了，他 30 多岁就去世了。我的大老奶奶 14 岁就嫁过来了，有一次她和娘家人吃杏仁吃多了，都中毒了。千年枣树旁边也有棵杏树，当时就把杏树根熬成汤。她父母熬汤吃了救过来了，但是她睡着了没吃到，就毒坏了，再也叫不起来了。大老爷爷自那个时候出去，就再没回家来，也没娶老婆。武世雄养了我爷爷武忠甫一个儿子，他觉得一个儿子用不了这么多枣树，就把我们家枣树都卖了。卖的时候，我爷爷 20 岁，从这开始我们家就不好过了，一代不如一代。爷爷在 1971 年冬天就去世了，所以我父亲武占裕后来要过饭。

我们家族里的千年枣树有两棵，最开始是武汉宰拥有。武汉宰有两个儿子，武佩广和武佩现。一棵是从武佩广传下来的，现在由第九代武占余保管；一棵是从武佩现传下来的，现在由第八代武稳寿保管。我们家族那棵枣树可大了。那棵大枣树原来有两个分枝，有一个分枝被风吹断了，武利飞把吹断的这一枝劈柴烧掉了。曾经有个传说，原来的村里比较封建，村里面的女人不能随便出来抛头露面。有个女的有点儿疯，天天穿一个红袄子，趴在我们祖先的老枣树上。我们的祖先就说，你有个红袄不如给我们枣树穿上。她就说她有四个儿子呢，意思就是你还小看我不成，还给你们枣树穿上？这证明当时这个枣树已经很粗了。

二 远赴铜川学石活儿

"文化大革命"之前，我在村里上了三年学。那时候六孔窑还没修，我们在老的窑洞里上课。最早的小学现在是烂窑了，就在千年枣树靠北面那排窑上面，属于前村。"文化大革命"之后，就都在六孔窑那儿上学了。我上学时，买书都没钱，父亲都不叫我上学，还是我爷爷给的5毛钱买书。上学时，我常请假去捡柴，还有烧饭、推磨等。学校里就二三十个学生，“文化大革命”快结束的时候有四五十个。我念到第七册，上到第二课刘少奇的故事，就不让上了，我的上学生活就到此结束。学校停了一年多，后来我再也没有回去上学。那时候流行不上学，再学就是毛主席语录了。村里没有幼儿班，只有一到六年级。我们班是高班，有十三四个人，再上学就得考到通镇中学。我们班考取了六个，他们学习都好。其中有个高才生叫武生生，学得最好，写的字也好，画啥像啥，孙悟空他都会画，但17岁就去世了。我上小学的时候，老师有钞国峰、武对生、武占江、武义国（语文）、张爱芳（数学）、崔重启和张玉瑞等。

上小学的时候，我排过戏，六一儿童节还去白家墕演出过。我还扭过秧歌，参与过前后村的打仗。小时候玩过打扭儿（陀螺）、抓子和跌圪跛等。陀螺是用木头做的，圆锥状，尖端有一颗滚珠。抓子是抓石子或者杏仁。石子比杏仁好玩一些，因为它比杏仁重一些。抓子时，对石子的距离是有要求的。抓一就是一颗一颗地抓，抓二就是一次性抓两颗石子，石子的数量有可能是四个、五个，也有可能是七个、八个。别看我玩得这么溜，其实这是女娃娃玩的游戏，男的一般都不玩。男孩一般都玩跌圪跛，用铁环作为坑，然后扔铁球过去。原来跌圪跛的铁环我家有，但是现在都丢了。

不上学了，我就去邻村干修锅的活儿。我的故事太苦了。我17岁的时候，得了支气管炎，不能劳动，18岁的时候出去钉锅，就是要把锅裂的缝修好。1972年我19岁的时候，那会儿吃不饱饭，就跑到西安铜川。第一次出门是到铜川市的王家河，给当地的兽医站箍了六孔窑洞，花了两个月的时间。铜川市是我的老地点，去哪里干了活都回到铜川市。后来又去了宁东林业局，干了两个月。当年那里遭了水灾，我们去那里修建简易路，让车进去拉木头出山，总共赚了60多块钱。再后来到了太白林业局，有人说一天能赚五六块，工资可高了，于是就决定去。去了才知道做饭就是铁脸盆煮面，睡也很简单。在那里砍毛竹竹，砍一根1分钱，一天砍上200多根，赚上两块钱。那个地方比我们这里还穷，可落后了。我在那儿工作了半个月，钱也没拿到，就走了。走的时候，困在山里出不去，后来还是一个姓文的好心司机拉我出去。当时车上已经坐满了，我就坐在货箱里，司机还给了我一件棉大衣。再后来我舅把我介绍到铜川市焦坪新街，给供销社修地基。在这个修建过程中，我边看边学边做，慢慢地成为一个石工。1974 年夏天在白水铁路局修路时，我就是一个专业石工了。我记得那里的石头硬，工程对打造的石头要求严格，石头上还不能有土。那时候在外面工资也不高，却能吃饱饭。铜川有煤矿，经济还不错，白面馍馍管够的。1975 年的 5 月我就回来了，回来之后就一直在村里干石工。

三 “征服黄河”战斗队

在泥河沟，洪水把我们村子都推穷了。1966 年发大水，把家这边的土地都冲跑了。咱们这边黄土高原天旱，本来能种的土地就很少，因此一直很苦。1970 年黄河又发大水，政府提出了“征服黄河”的口号。1971 年，村里的石工队在前岔上用铁丝网和石头修建了顶水坝。1972 年到 1975 年间也是用铁丝网和石头，修建了从石碶上到高台川共计两到三公里的拦河坝。一九七六年七月十一，那天立秋，大水冲毁了建了三年的顺水坝，但是留下了一段白灰做的坝子。我们就想，为什么白灰没有被冲垮呢？借鉴这个经验，后来就发动大家，用船从府谷运来水泥，花了三年时间修建了一座水泥拦河坝。其中 1976 年秋，村里人自己打了 1 米多高的地基；1977 年全年，全村在石工队带领下修建顶水坝；1978 年春天，公社派来 20 多个人协助修建，其中有郑家坬的郑金花大工、沙湾村的武挨成会计等，基本上是全公社一个村来一个人。

1975 年，在书记武国雄的带领之下，成立了石工队和铁姑娘队、红色娘子军队、青年突击队、老愚公战斗队四个战斗队，那时候搞得轰轰烈烈。我因为会打石头，从外地回来之后，就参加了石工队，修建了“闷咕噜”。这些队都属于集体，在大田上干活锄地，在大队一起记工分。1976 年的大洪水，把川里的地冲得什么都不剩，把船也都冲走了。我们那时候都去山西买粮，五天一个集。洪水把船都冲走了，我们也无法到山西买粮。闰八月的初一，村里买回一只大船，初五就发生了一场船难。当天水流特别急，浪打得和房子一样高，船在河中摇摆，最后被打到石头上，发生了船难。当时有个大浪，从船上一下子跳下来 14 个人，他们趴在大石头上就都活了。但五六千斤粮食全部沉入了黄河，还死了 20 个人。船难发生在下午四五点钟的时候，我们六个人就在岸边打石头，看得很清亮。

几个战斗队在 1975 年建起，1976 年大水把船打烂，把地都冲走，那些队就自愿解散了，只剩下石工队。石工队一直持续到我们把顶水坝和十一孔窑建起才解散。石工队的时候，我们是三出工：早上出去，干一阵子活儿，回来吃饭；吃了饭再出去，中午回来吃饭；休息后再出去。当时记工分，早上 2 分，上午 4 分，下午 4 分，一天一共 10 分。石工队的女人三个人拉一个小推车，装一块两三百斤的石头。两个女人在前面拉，一个女人在后面推，车去不了的地方都是人背上去。那时候，武国生的母亲郭宁过是妇女主任，每天负责通知出工。十一孔窑就是石工队负责的，修窑的石头是从湾崖地打的。我们去修窑的时候，队里边给我们拨两顿饭，也不挣钱。早上吃一顿高粱窝窝，中午吃一顿红面饸饹。那时候都抢着要来干活儿，因为干其他活儿吃家里的饭，都吃不饱。后来就轮着来，轮到哪个小队就让哪个小队来干活儿吃饭。我们石工队技术都不好，打石头是打得了，但做窑做不了。我们出窑都出不好，不是正经的好匠人。有个好匠人叫武忠兴，他是个正经的匠人，现在他都 80 多岁了。他一辈子外流着，后来老了回到我们村住下。村里就请他来给我们当大师傅，做技术指导。十一孔窑建了一年多，最初建了八孔，过了二三年又建了三孔。

我家的这个房子是我 51 岁修的，有十二三年了。我在河北开饭馆积攒了 7 万块钱，在开章小学建的第二年，我就建了这个房子。外边是现代的样式，里面是窑洞，两边的墙是石头，里面的墙是砖。我花了 7 万块砖，运了 153 块石头。楼板是从通镇拉的，那阵子我们这楼板成本低，但上楼板比较困难，所以我就在那儿借器械建的。这房子是我个人设计的，在没有建房子以前，我就把门窗、橱柜都弄好了。房子建好了，装上去都很好。

四 小队调整与枣地分配

1970 年，洪水冲走了许多土地，村里走了 100 多人，剩下 500 多人。第二年，村庄的 14 个小队缩减为 7 个小队。一小队在湾崖地，二小队在炉瓷坡，三小队在戏楼圪洞前，四小队在戏楼圪洞后，五小队在第二个倒虹（道洪），六小队在寨则上，七小队在后河上。1976 年，村庄小队再次调整为 6 个小队。这时候，一小队在后河上，二小队在第二个倒虹，三小队在戏楼圪洞后，四小队在戏楼圪洞前，五小队在寨则上，六小队在湾崖地。之前炉瓷坡的第二小队取消了，并入了其他小队。1980 年，每个小队分为 3 个专业队，6 个小队共有 18 个专业队。当时在小队内部将土地按人口分给 3 个专业队。专业队是集体耕作，年末均分给每户。我是其中一个专业队的队长。我们专业队包括三个大家族：磘里的武马耀和武春耀两兄弟，沙塄的武买耀和武耀存两兄弟，石塌的我和武利飞两兄弟。第二年，专业队就把土地均分给了每户，按户各自种植。这个过程就像分家一样，各过各的。分地时，一个人一亩四五的山地、三四分的水地。1985 年，每个小队内部又将土地重新集中均分，有枣树的分的水地少，没有枣树的分的水地多。当时的枣树主要是在水地上，山地上没有枣树。枣树原是集体的，分的时候按集体化前是谁的就是谁的。像你老家没有枣树，分的时候你就没有枣树。这样一来，有枣树的人把自己的枣树地拿了回去，又分别人的山地，就不公平。我们村上有两家因为枣树产生过纠纷，打过官司。1987 年，土地分配有微调，枣树多的人将枣树地分配一部分给没有枣树地的人，然后没有枣树地的人还一些山地给枣树多的人。当时武买保家分了 20 棵枣树，6 分地左右给我。我要给他 6 分山地，但他没要。那时，我们分的都是不长枣树的地，他们分的都是长枣树的地，没长枣树的地我们后来种上了枣树。到头来，他们有枣树的变成没枣树的了。以前枣树都比较少，山上都没有枣树，当时的枣树都在沿黄河一带。因为沿河一带温度比较适宜，种在那里的枣要比山上的枣早熟 15 天。河滩的枣含糖量比较高，山上的枣含糖量不高。我们这儿的枣一年能红两三回，其他地方一年就红一回。

那会儿虽然家家都能吃返销粮，但是一个人每个月只有 16 斤，根本不够吃，大家饿得太厉害就都跑出去了。一天务工的工钱也就一块八，小米 6 毛钱一斤，一天能挣 3 斤小米。大家做饭，就下一点点米，然后一大锅水，根本吃不饱。早上一般吃点糠窝窝，中午吃玉米碴子，晚上就是高粱粉面。这里一年四季就吃两顿白面，过年吃一顿饺子，六月里吃一顿白面。六月六是个农节，“六月六，西葫芦炖羊肉”。我们那时候的羊肉价贱，就大煮羊肉吃。每年八月十五，我们村子宰几十只羊，基本上两家一只羊。羊是从山西买的，山西那边的人不吃羊肉，我们这儿杀的都是山西羊。我们买羊，再卖了皮脂、油，一斤羊肉算下来一毛五六。那时候大煮羊肉，可比现在的羊肉香。全都是不大的细毛黑羊，最大的不过 20 来斤，肉可好吃了。那时候锅里煮上羊肉，外边闻着香得要命。

（高凡　采录整理）

【武耀增】

访谈时间：

2015 年 7 月 18 日

受访者住址：

佳县朱家坬镇泥河沟村湾崖地 14 号 2 室

人物小传：

武耀增，又名武国枝，男，1953 年生，沙塄上武佩金家族。15 岁移民去延安甘泉县道镇，17 岁移民到山西汾阳，在林场种树，在工厂学习打铁技艺，22 岁回村做铁匠和艄公。

一　携手婆姨做铁匠

我们这儿生活贫困，有一年发大水把家里的地都冲没有了，逼得没办法，不移民不行。15 岁那年，我们家移民到了延安甘泉县道镇。16 岁的时候，父亲卖了一匹马，政府知道之后要求上税，但是家里没钱，父亲就跑去了黄龙。等父亲安顿下来之后，我在七月去了黄龙。黄龙属于林区，我们就偷偷开辟荒地种粮食来维持生活，但是因为户口没有迁过去，我在腊月就回来了。17 岁那年，父亲通过朋友把我们的户口落到了山西汾阳。我爸妈和两个弟弟，一家人都走了，还有占正和元小他们两家。去的时候，先是坐船，再坐大卡车，走了整整两天。

我们在汾阳生活得挺好，没受过苦。父亲和我的两个弟弟在农村。生产队长看我忠厚老实，就把我安排在农具厂加工木板。一天上 8 个小时班，从早上 7 点多开始，就在那儿吃饭，干完就休息。有时也去林场，安排的是种树，白天干 8 个小时，晚上有时候加 2 个小时班。种了一年树后，我就去修补家具。村里的领导有时到工厂里去，他对我很重视，所以工厂就把我的地位提高了。那年三月，我被调到灵活的岗位，连同其他 5 个人，跟老师傅李铁柱学手艺。刚开始时不会，师傅就让我边看边学，跟着他做锄头、镢头、菜刀，后来加工切割机上的刀片。我做的第一件铁具就是切割机的刀片。当时不炼铁，也没有机器加工，都是买的板铁，靠人工打。在汾阳工作的工资一开始是一个月38块，有了一定技术后，就涨到45块，一直干了六年。后来队长因工作调走了，新换上来的队长欺负我们，打过我的弟弟，再加上在山西，每年过年、过节的时候最想家。俗话说，“兔跑千里，不离旧窝”。22岁那一年，父亲跟人打了个招呼，我们就回陕西了，户口也迁回来了。我们从汾阳包车带回的粮食可多了，有玉米、莜面、白面，一共2000来斤，那阵儿村里没有这些。

正月回来，两个弟弟没有工作。因为我的叔叔在呼和浩特市委工作，所以到了五月，弟弟和父母先后去了呼和浩特，被安排在附近的西讨速号村，生活条件很好。父亲从呼和浩特回来时，我儿子已经上小学了。

因为有手艺可以维持生活，我回来后就没有再离开。那时候，村里就我一个铁匠，给大队打铁不用上地干活，记满工，每天再给一块二毛钱或两斤小米补贴。我在家中做斧头、菜刀、镰刀等农具，卖给村里人，也拿到集市上去卖。打完了铁器，就去活动场所卖，佛堂寺、神木、山西第八堡的集镇都去过。集市逢五，因此我一般五天去一次。因为还要参加农业社的集体劳动，我只能利用中午和晚上休息的时间打铁。来找我的人很多，活儿多得都做不完。自己干不过来时，就雇了村里的两个男人，一个是武冬旺，一个是武有苗，不管饭一天给5块钱，管饭给3块钱。铁活儿没有我不会的，因此生意还可以，一天能挣20来块。打得最多的就是镢头，打一个得花两个多小时，能卖上一二十块钱。打铁用的铁是在轻工业局买的，煤是去佳县买的。

20岁时，我到了成家立业的年龄，通过别人介绍，认识了比我小两岁的婆姨，觉得各方面都挺好，就把她带到汾阳。回到家娶了婆姨，给了240块钱作为彩礼。我教会了婆姨打铁具的方法，她和我配合，我负责小锤，她负责大锤，小锤指在哪里，大锤就打哪里。小锤打一下，大锤好好打；小锤打两下，大锤就要使劲儿打；小锤一摆，就停了。铁块烧红以后，在打铁的过程中会火星四溅，常常会溅到衣服上和身体上。打起来要有一定节奏，不然就要出错，没有点儿技术合作不了。当时生活逼得没有办法，不会也得会。

二 拉船联络当艄公

我回来打了一年多铁，就给队里当了艄公，夏季当艄公，天冷打铁。当艄公要水性好一些，技术好的农业社就派你上，不好就不派你。当艄公能联络人，可以做小买卖，比打铁赚钱。我们一般用船拉煤、篓头、化肥。我会给媳妇买几件衣服，给孩子买点吃的，糖、馍馍、锅盔什么的。一般一条船上有 6 个艄公，7 个也行，5 个也行。武占都是老艄公。给农业社当艄公时记工分，大包干时就不记工分了。四十七八岁时，我就不当艄公了。

拉船时拿一个杆，靠在山那边，6 个人用三四十米长的绳，300 多里路就这么一步一步，最快六七天，最迟 8 天，要看水大小，顺不顺利。上游的时候，要用绳子往上拉，遇到石头，上面人拽不上去，就要回来背，挪动船的方向。船漂上来以后，自己再下去继续前进。下游的时候苦一点，船停止了，几个人拿背扛住以后往前面蹭，等水顺了方向以后再继续走。有时候两边没有水流了，就得来回蹭，转着转着船就走了。拉船的时候，在河岸好走的那边走，这也是一种本事。尤其是上的时候，眼神不好就不顺利，说不定碰到暗礁，船就烂了。技术好不好，取决于船上的那个人，顺利不顺利也取决于他。以前，武占都是坐在船里头的。船宽丈三，十三四米长，一二米深。一趟船可以拉 3 万多斤东西，坐 100 多个人。拉船常有危险，如果卡在石头上，6 个人就都要跳下去，用肩把船顶出来，这种事情比较少。船破一个大洞，要把船里的水往外掏，用麻绳堵住口。那个时候拉化肥，化肥一沾水就完了，没有当家的掌舵，那就全部遭殃了，这种事情比较多。掌舵的人非常重要，要有名气，排名第一的是武占都，排名第二的是武忠实。过了集体自己干的时候，就几个人商量去的时间。出一次船，来回要一个礼拜，晚上把船靠在岸边，我们就在上面休息。船上安了个炉子，用的是黄河水。

六月六不能出船，据说那天是河神的生日，出船会被河神收走。那天一般也不动水，连手都不能洗，也不让小孩儿去黄河边耍。现在人们还是不会六月六去河边。我们会去拜河神，一年去一二回，正月里也去拜，有时候出船前也去拜。拜的时候，点香、磕三个头，请河神保佑平平安安。不是每个人都去，我这几年老了，也不在河边干活了，就不去拜河神了。

我当铁匠、艄公，比一般人家挣的钱多得多，一年能挣 1 万来块钱。平常比别人家吃得好，人家吃高粱面，我们吃玉米面、白面。

三 祖上铺子“德和恭”

我爷爷武崇德以前主要是做粮食和碱的生意，开了两个铺子，卖给临县碛口的人，赚差价。一个叫“德和恭”，在万镇；一个叫“德和昌”，在花石崖。万镇有一个水陆码头，自己雇的艄公、养的船。以前老人们讲信用，用的是擦子，它类似一个白色的长布，布上有招牌名字，有红的、黄的和黑的。擦子是定制的，两头都有兜子。当时背着带有自己家招牌的擦子去别人家买东西，钱款就不用现付，但十天半个月得还债，不能晚于一个月，有钱、有诚信的才能这样。有人会用些方法坑别人，但是我们特别公正、公开。

我爷爷弟兄 5 个，他是老四，因为能力最强、脑瓜最好使，铺子就由他来打理，当大掌柜。他有两个助手：一个是大爷爷的儿子武世贤，当二掌柜；另一个是二爷爷的儿子武世宣，当会计。有时也会雇用外面的人站台。当时我爷爷在万镇当总掌柜，年终都要算总账，二掌柜给老掌柜讲账，老掌柜打算盘总觉得少了一笔钱。他精就精在虽然不在这一片，也不管这块儿的业务，但就是能知道这边的业务有多少，知道他的侄子做了手脚。这都是听老辈人讲的。

（江沛　采录整理）

【武买保】

访谈时间：

2016 年 1 月 9 日

受访者住址：

佳县朱家坬镇泥河沟村湾崖地 15 号

人物小传：

武买保，男，1955 年生，沙塄上武佩金家族。1974 年任民办教师，同年 7 月分配到刘国具乡供销社工作。1980—1989 年经营供销社泥河沟代销点。1998—2001 年担任村委会主任。2000 年当选榆林市人大代表。2012—2013 年第二次担任村委会主任。

一 “用糠买来的儿子”

我叫武买保，是父亲给我起的名字。这名字还有个故事：在我四姐以后，我父母又生了一个儿子，结果他活了不到一年就死了，所以我生下来就给了隔墙住的一个老嫂子，“老嫂如母”在我身上就体现出来了。过了 40 天，父母就把我抱过来了，给了她一簸箕糠。小时候我叫“糠买”，一簸箕糠就买来了，太不值钱了。后来从我记事起，就改成“买保”了，因为不是自己家的，是买来的。

我 9 岁才开始上小学，当时一上学就进了二年级。因为那时村里好像没有一年级学生，我跟不上，所以第二年又退到一年级，一直上到五年级。上学的学校就在现在的高治国家，下面是四孔窑，上面还有三孔窑，有一家人住着了。后来炉瓷坡这边修了六孔窑，我上五年级时就搬到这儿了，这是小学念书的经过。十二三岁的时候，我学会了游泳，十四五岁就能单独游到河对面的山西了。小时候就是爱游泳，一到夏天，我们天天去前岔上游泳，把衣服裤子都撸去了。我记得那时候下午都不去上课，崔老师怕我们出事，经常出去抓人。

小学的时候，正好遇到“文化大革命”，我还当过红小兵。毛主席说教育要革命，所以小学就改成五年了。那阵儿上语文课，主要就是背《毛主席语录》。我记得当时大概能背120来条，应该是背得最多的，还受到学校的奖励。奖品是一张奖状，还有一支铅笔。老师连拼音、生字都不给教，所以我到现在都不会拼音，也不会打字。因此我就想，我们这辈人应该是“文化大革命”那时候受害最大的。

1969年，那阵儿没有考试，我就直接上了通镇中学。念了半年后，下半年就又回到我们村里的戴帽中学。那时朱家坬乡叫朱家坬公社，有三个中学，一个是朱家坬中学，一个在垴坪圪垯，还有一个在我们村。中学光开了语文和数学，物理、化学和其他课都不开。我初中就念了两年半，1971年上半年初中毕业。初中毕业是在朱家坬考的试，我考了全乡第十三名，到了通镇高中。垴坪圪垯和朱家坬的学生上过物理、化学，我们村的同学没有上过，所以他们的名次都比我们高。高中又上了两年，1973年下半年，我高中毕业，总共念了11年书。

二 “红枣就是我的命根子”

从学校毕业之后，1974年我当了半年民办教师，带二年级语文、四年级数学和七年级化学。到7月份，佳县工商局招聘副业临时工，就把我分配到了刘国具供销社工作，开始担任的是农副产品收购员。当时，农村所有的农副产品都在供销社进行统购统销。一年以后，我又接任了一个百货门市，门市里的货物有1000多种。那时候，供销社的工作还是挺辛苦的，要从早晨开门一直工作到晚上，有时早晨还要背上货送货下乡。全乡的人经常到我这儿来买货，一天之中没有休息的时间，一个人在那儿站了一年半。我是高中毕业生，在供销社的文凭是最高的，其他人都是初中毕业生。而且统计工作在那个时期是相当重要的，要把所有的商品分类统计上报，一个月报一次，进货多少，销售多少，剩余多少。所以到1976年，就是毛主席去世的那一年，我就在供销社担任出纳统计的工作。后来我又做了出纳和文书，负责上报材料，一直做到1980年底。由于那时候我还年轻，工作又勤勤恳恳，比较认真细致，所以报表就比较准确，在全县统计报表评比上，我得了二等奖。我在供销社一共工作了六年半，年年都是“先进工作者”。当时，正式工有三十八块半和三十四块半两种工资。在供销社，我算副业工人，一个月能挣到42块，但就是国家不给吃粮。

1980年，知识青年开始返乡，农村的副业工基本上都被清退了。所以在1980年底，我就回到了泥河沟，一边务农一边经商。县供销社的领导照顾我，让我早点回到村里的分销社工作。我就开始在村里卖货，我父亲和我媳妇也能帮着卖。我媳妇也是高中毕业。那时候供销社给3000块底金，让你必须从朱家坬供销社进货，其他就不管了。按照棉布2.5%、其他货物4%的比例抽手续费，供销社给我开个发票，按照发票的金额支付给我，这就是我的利润。那时候还是统购统销，货物都比较紧，像棉布里最不好的白布一尺也要2毛多钱，花布一尺4毛多钱,最好的华达呢6毛多钱。在代销社一年能收入700多块钱,在这里就不简单了，相当于一个干部收入的一倍多。1989年市场放开以后，我们这儿又增加了两家卖货的，武正表在后边村头，武忠利在千年枣树跟前。人们都在后边买了，我前边这里没人买，卖货挣不了多少钱，所以供销社就撤回去了，经商的事也就过去了。

1980年冬天回来，我没赶上过集体劳动。1981年土地就承包给个人了，那是我们泥河沟重要的一年。在那之前都是集体经济，打的粮食按照人口还有工分分着吃，人口占80%，工分占20%，每天都出工记账，每个小队都有自己负责的土地，枣树也是属于集体的。到1981年，每个小队又分三个自然组，村里耕地与林地就按照小组承包到农户手里了。比如说，你们组有200亩地，就把这200亩的土地给你们组的人平均分配，分完为止。我们家分了4垧多地：在对面山的张皇地有两垧，地不太好又太远，得走一个多小时；在桑墕下来的阳条里有1垧多，那边的地近，上的肥料又多，所以种庄稼特别好。那阵儿都是走路，种地来回就得两个小时。这两块地种的主要是谷子和黑豆这两种作物，今年种谷子，明年种黑豆，来回倒着种。虽然不知道具体的原因，但这是农民的经验，反正不能连年都种一样的。1981年至1984年，我种了四年地。那阵儿，我父亲还能劳动呢，我们父子两个一年能打个四五百斤粮食。

1985年又是发生大事的一年。这一年把全村里的土地又重新拿回来做一盘棋，再按照合作化以前的情况和全村新的人口平均分配，也就是1957年以前土地属于谁就回到谁的手里。以我自己为例，在后河上的地全都分回来了，但在沙塌湾的十几亩地，因为超限了，最后只分到两亩左右。我们家的水地也都分回来了。总体来说，我们家因为人口多了一些，所以分到的土地就多了一些。

1981 年，我还留在供销社，所以对分枣树的具体情况不是非常清楚。1985 年分枣树的时候，是全村打乱重新分，基本就是谁家的枣树谁打理。首先是把 1962 年每个人分到的两棵自留枣树去掉，然后再平均量地，水地 1 分，山地 2 分，水地 1 亩顶山地 2 亩。水地多,山地就分得少;山地多,水地的亩数就多。到 1985 年，我们家就算是枣树最多的，因为以前我爷爷、父亲手上的地多，栽的树多。我爷爷出生于 1888 年，父亲生于 1916 年。听父亲说，爷爷在万镇开字号做买卖，铺名“德和恭”，具体经营什么我也不知道。总之，赚的钱都买了地，沙塄湾就是花 1200 块银元买的沙湾村的地，总共 15 亩，其中山地 10 亩，栽枣树 4 亩。背则上有 4 亩老地大约在合作化前全部栽上了枣树，沙塄湾和背则上没有比我家枣树年代长的,沟塌地的 5 亩和 10 多亩的水地也全部是枣树。我父亲一辈子都是枣农，经济来源主要是枣。1985 年开始，我也真正成为一个枣农了，一直种到 2013 年。我为枣树付出了 28 年的辛勤劳动，可以说我是枣树专业户。在红枣管理上，我是比较懂技术的，村里的人看我打药，就跟着我一起打。那几年枣子比较好，我一年最多能打一万四五千斤枣子,最少也有 1 万斤。家里供的三个大学生都是靠红枣，所以红枣养育了我们一家人，实实在在就是我的命根子。我对枣树特别有感情。

我们村的枣树分配变革很大,1987 年又变了一次。1986 年,没有枣树的人上访，闹得村里分为有枣树的一派和没有枣树的一派。村里两派好多年都相处不好，闹得很凶，经常上访。后来枣树都栽起来了，派别就不存在了。

三 垫钱为村搞建设

2000 年，由乡政府推荐，通过佳县人民代表大会，我当选为榆林市第一届人民代表大会代表，任期五年。自 2000 年 6 月当选到任期结束，我一共参加了六次会议，也提过很多议案。

那时我是村长，1998 年 7 月 12 日在戏台上通过选举成为村委会主任，2001 年 8 月卸任。在三年任期内，我给村子争取了国家资金 21 万，其中修通泥路花了两三万，前川石碛上修抽水站花了 17 万。1999 年，由于车会沟上游修建水库，再加上天旱的缘故，我们村十分缺水，蔬菜一点收成都没有。当年和我搭班的村书记是武世峰，他就给当时的省委书记李建国写了一封信反映问题。后来，从省里到县里层层审批下来，最终我们拿到了这17万块钱修建抽水工程。我们在石碛上铺设了长长的铁管子，把黄河水引到枣林里，同时打了一口10米深的井，把水存在井里，还拉来高压线供电。我们用了一年时间给村里建抽水站，解决了前川枣林灌溉水源不足的问题。

我任内的三年，国家的各种税费是最多的。我当村长那几年，几乎天天都跟村民要钱。我大概统计了一下，各种税费有十二三种：农林特产税、农业税、畜牧业税、教育基金费、计划生育费、统筹费、农田水利补偿费、民兵训练费、民工建勤费、工分款（给全村干活记的工分要让全村人来分担），还有民办教师的工资。被选为村长之后的第三天，乡里就要求村子交一项税款。所以，我从上任开始就一直在收税收费。村民们当时的生活也比较艰苦，因为枣子还没有成熟。所以大家也真的没有钱，一到交钱的时候就四处借账。很多时候，我就自己垫钱帮大家交。那个时候，村里每个人一年要交的税费大概有四五十块钱。胡锦涛和温家宝上任之后，进行了费改税，后来又免除了农业税。

2001年，为了沿黄公路的事，我和武世峰带领村民去县、市政府上访过几次。沿黄公路的第一个方案就是沿着黄河一直上去，但市交通局的局长是神木沙坪寺的外甥，公路科长是高家坪村出来的，他们两人就设计了第二个方案，从万镇开始不沿黄河，改道山上，从高家坪经过朱家坬何家湾，再到张家坡连接佳榆公路。另外一个方案是从佳县大会坪至云石峁沟岔到张家坡。后来这两个人的方案提交到延安开了一次评估会议，最终的设计方案没有经过我们村子。这样一来村民就不干了，包括万镇周边的六七个村子一块到市里上访两次。村民上访每次都是自愿的，没有人逼迫，村里没有钱负担大家的费用，都是自己负担。我们村子每次都有一百来号人去，在村子里的人基本上都去。那会儿武南耀在榆林市党校工作，他就把这个情况写成材料递到市上，我们的材料也曾递送给省政府。当时的省长程安东到我们佳县来视察，这件事登在榆林报纸上，他说："沿黄路应当沿黄而行。"后来沿黄公路不知因为这件事还是没有钱，就搁置下来了。

我担任了三年正村长，又担任了三年副村长，天天都在忙队里的事情，家里的事情一概不管，都是老婆去忙活、父亲帮一些忙。我一直干到三年期满就不再干了，因为当时家庭情况不太好，母亲身体不好需要照顾。其次，农村干部待遇太低，一年只给补 60 个工，一个工 5 块钱，全年的工资就是 300 块钱。那时，我的三个孩子都在榆林上高中，再当村长我的家庭生活就没法处理。所以，我就组织村民选举，经过乡政府批准，把正村长辞去，但是副村长还得接着干。这段时间是 2001 年 9 月到 2004 年 8 月，后来我主动下台不再担任副村长。

第二次任职是 2012 年 1 月 5 日至 2013 年 9 月 30 日，任期近一年又十个月。当时村内换届选举，我已经在咸阳二儿子家，不在村里了，他们把我选成村长就跟我打了声招呼。我当过村长，所以知道村长的辛苦，要当好一个村长是很难很难的。我们这么大的一个村子，负担是很重的。所以我当时一直不愿意当这个村长。但我要是不上，不就把村里老小的一片心意给亏了嘛。所以不管当好当不好，都要把这个村长给当下来。当时是 1 月 5 号选举的，我腊月二十六就回到家里了，二十八去慰问了五保户武忠先、病灾户武谋勇，算是正式开始工作了。这一年春季，我组织对老戏台进行了改造，装修了两间办公室，还争取到佳县民政局价值 3 万元的办公用具和床垫等。

2012 年天天有工作，没闲着。7 月 28 日，我们村遭受了有史以来最大的水灾。当时我正在澳门旅游，给住在城里的女儿打电话，才知道家里遭受了水灾。那时候，村子里水不通、电不通，电话也不通了。8 月 6 日晚上，我返回村庄。第二天早上起来一看，村口的漫水桥被冲毁了大部分，后河上的顺水桥、“闷咕噜”和公路的漫水桥也受到不同程度的毁坏，到朱家坬的公路被冲得人走都有困难，村子的损失非常大。第二天晚上，我召开了村干部大会。大家一致认为首要任务是恢复交通，动员全村男女老少一齐上阵，修水渠、通道路。我们在戏台上召开村民会议，自筹自建，每个人愿意出多少就出多少，有钱多出点，没钱少出点，不够的我再想办法。当时村子里没有钱，我们村争取的 5 万块钱还没有到位，所以书记垫了 1000，我垫了 1000，来补修路差的钱，确保公路抢通。在自筹的基础上，后沟和对面山的两条道路都修开了。那个时候，群众意识特别好。虽然村民一天只挣20分，相当于16块钱，但人人都很卖命，没有怨言，有些人自己家的地被冲了也不管了。不是说到了集体就不受苦了，而是都一样干活。所以在抗灾和生产自救上，我们村子的人确实很令我感动。这时候我就感觉到，只要领导得力，村民都会和你一个心。这一年抗洪救灾结束之后，我们在县老区办争取了60万资金，修了后面的水泥路，之前都是土路。

2013年，重修被洪水推了的第二个倒虹（道洪）管道，花了1万多块钱，这是从佳县新农村发改委那里弄的钱。灾后重建期间，又争取了30万，修曹柳圪台和后河上的通村路，实际花了25万。后来又争取了林业局的10万、农财所的5万，一共15万资金，修了后河上的"闷咕噜"，还修了村口的漫水桥，这两个实际花了18万。用了一年多的时间，到九月二十几号，这些被洪水冲坏的工程基本重修完了。在第二次任职的两年内，我一共为村庄争取了国家资金106万。2013年，我把时间都花在了村中事务上。可以说，我没有功劳，也有苦劳。那一年的红枣，我基本都没剪枝，没施肥，最后用三轮车把红枣拉到大会坪，只卖了300多斤，挣了500多块钱。

对于泥河沟的发展，我心里想着我们泥河沟若能在三至五年内把贫困帽子摘掉，五至十年内建成小康村、旅游度假生态文明村，就太好了。我们以后要在红枣上狠下功夫，因为现在农民辛辛苦苦收了红枣卖不出去，三毛五毛一斤都没人要，放在家咋办？一年的收入都付诸东流了。所以那天我在村干部会议上说，泥河沟的发展首先要考虑红枣。一是争取资金办个红枣加工厂，搞深加工，生产各种产品。我那天看了看大会坪的加工厂，是个人搞的，房子和机器都是现代化的，大概有20多个人天天在那儿工作。人家的红枣卖得差不多了，还能解决一部分人的就业。红枣要定制统一价格自销，用咱泥河沟红枣这牌子，没有"泥河沟"三个字的都是假的。今年好多周边村子都打上"千年枣园"的牌子，卖了好多，价钱非常可以，都在好几块钱一斤。所以说，只要红枣有好销路，农民的生活就有保障。实际上，现在农民收入不但没增加，反而降低了。因为地里什么庄稼也长不起来，农民在家就靠枣树，但是红枣连年减产，他们只有出去打工挣钱，但这几年去外面打工也没人要，生活咋办呀！农民很艰苦，所以我的看法就是首先想办法把红枣打开销路，引导农民慢慢致富。二是搞种植业和旅游村。杏、李子、苹果、玉皇、梨、葡萄都是花果树，生产水果的季节不一样，来旅游的人什么时候都能吃，还能卖个好价钱。红枣里面可以套种，不能单一种红枣，不然红枣一不行，什么都不行了。再一个搞农家乐，现在旅游的人来了，没吃处、没住处，连喝口水的地方都没有。办农家乐都要配套，人家来了想吃啥就办啥。现在有猪肉、羊肉、大米、白面，可是咱这里新鲜蔬菜一点儿也不生产，所以可以在秋季早点卖红枣，卖了以后种各种各样的大棚蔬菜，有那么一两个大棚就够吃了。这样来人了，可以办起农家乐，有新鲜蔬菜吃，吃不了的可以到佳县城卖，20 多分钟就到了，还能增加收入。再一个是搞养殖业。现在土鸡蛋 15 块一斤，饲料养鸡蛋是 4 块钱一斤。养个土鸡很简单，在山上圈起来一块儿地，用铁丝网一网，就能散养。所以想方设法先让农民富起来，大家的生活有了保证，什么都好办了。

（宋艳祎　采录整理）

【武青生】

访谈时间：

2015 年 7 月 14 日

受访者住址：

佳县朱家坬镇泥河沟村紫柏崖坬 84 号 1 室

人物小传：

武青生，男，1955 年生，沙塄上武佩金家族。

2014—2015 年代理村委会主任。

一　咱村四个战斗队

在我 18 岁的时候，全村一共 14 个队，700 多人。这规模在当时算是大村子了。1976 年之后变成七个组，两个队合成一个小组，比如一队、二队合成一组，三队、四队合成二组。再后来七个小组又变成了六个。

1975 年到 1976 年，当时村书记是武国雄，思想比较先进，正值搞“白天大干，晚上夜战”运动。他在村里面成立了青年突击队和铁姑娘战斗队这样的组织。年轻的小伙子和姑娘们参加青年突击队，姑娘们还可以参加铁姑娘战斗队，红色娘子军都是妇女，老年人则参加老愚公战斗队。这四个小队和大队的土地是分开的，但都归大队管理。青年突击队和铁姑娘战斗队天天在村外的河滩和老枣树那块儿，耕种集体的土地。

突击队的成员是从小组里面抽出来的，但是小组的领导肯定不愿意把组内好管理的、能吃苦的劳动力分到大队去。每个小组都是自己核算收成的，如果小组打的粮食多，那么小组人均的粮食产量就高。当时瓜菜也可以顶粮食，小组种的瓜菜比较多的话，也算有产量。因此，小组都是将不能吃苦的、不好管的劳动力送去大队。如果每个人都不爱干活儿，那么小组就没什么收成，把偷懒的送去大队也相当于“为小组除害”。这些不勤劳的人到了大队之后，由村里的副书记和生产队长严格看管，必须按时按量完成任务。青年突击队和铁姑娘队的人比较年轻，适合干比较重的活儿，一天干的活儿也没有什么硬性的指标，但即便是累了还需要继续干。我那会儿特别能吃苦，每次送土的时候，不管是多大的筐子，都要装满，用担子挑到工地去。四个战斗队大概存在了两三年。一九七六年的七月初五，大洪水把河滩地推完了，集体的土地也全部被大水冲走。同年，村书记为了逃避船难事故的责任跑到新疆。没有耕地再加上没有人去组织，四个战斗队后来就自行解散了。由于队员们本身就是从每个组里抽出来的，解散之后只好再回组里去。

二 拦河筑坝石工匠

1976年，我们村子损失很大。当时泥河沟是一个码头，历来去山西买东西的船都要经过这里。当年农历闰八月初，村里人坐船到靠下游一些的山西第八堡买粮食。木船上坐了160多个人，装了32000来斤粮食。别看装得挺多，但是并没有超载。船在逆流返回的时候，发生了船难。不同于现在的铁船行驶多长时间都不会进水，那时候的船都是木船，是用木板一块一块拼接而成的，是会进水的。起初木板之间的缝隙比较大，经过长时间的水泡之后，木板之间的缝隙慢慢变小，但始终是有缝隙的，所以水不断往里渗。正常情况下，船行驶一段时间，里面的人把水往外舀就可以了。但当时船碰到了大石头，船底瞬间被砸透，里面进了好多水。船一下就倒了，船体的碎片被冲到了马家湾。这次船难共有21人丧生，其中包括本村11个人和外村10个人。放到现在，这属于特大交通事故，21条人命可以追究到陕西省省长的责任。

1976年那会儿，村里没有放羊的人，我就听从安排去放羊了。发生船难的时候，我在山上看见青年突击队和铁姑娘战斗队干完活儿，收工返上来以后，"唰"地又跑回沟里。当时是早上十来点钟，正好是船到的时间，我心想肯定是船出了问题。水的声音特别大，根本听不到他们在说什么，只听见大家喊："船倒了！"我才知道是我们的船倒在了山西。两岸村子的人都参与了营救，可是我们村子的人没办法到河岸那边，只能捞了几个会游泳的人回来，不会游泳的人就没办法了。

船难那年，大洪水把滩地都推走了。水退了之后，由石工队带领修坝，男女老少齐动手，到冬天都用洋车子（橡胶轮胎的架子车，当地又称拉拉车）拉石头。

石工队是武忠心、高治才、武有苗、武子庆、武国勋、武花生他们这些石匠搞的，当时队长是武国树。石工队也属于大队，这里面算账很复杂，首先要把小队的账算清楚，再算大队的账。大队的账中，比如说四个小队，大队都是每年给小队分工，如果这一年小队没干完，就要到大队把没干完的工干完，这叫补工。今年的劳动结束了，如果没来上工，就要交相应的粮食来补，这和拿着工来兑现粮食是一样的。

石工队的老人都是师傅，那时候花生、方强还是学生，每天跟着师傅一起打石块。石匠学习技术的过程与现在不同，当时是在劳动的过程中学会的。第一步是学习如何打石头，就是要把整块的石头从石崖上用炸药炸下来，再用硝铵将没用的小石头炸开。到后来，人们就把黑火药放在人工凿的洞里将小石头炸开，再用小楔子顺着石缝把一个大石块凿出个细缝，再上八瓣锤来打。那个时候没有机器，大的石头全靠人工搬下来，不像现在会用汽车来搬。大师傅看着石缝，小师傅就用大锤来砸。第二步就开始学习做桥、“闷咕噜”，还要学习搭石头的技巧，一般就是架个车拉到跟前做成墙，灌上三回浆，一个人打，一个人垒出腻子。灌沙子是小工的活儿。大工会把石头磨平或磨出花纹。你看现在窑洞墙壁上的纹路，就是大工们凿出来的。小工们跟着学上一两年，技术差不多了就成了小师傅。

石工队平时负责修村里的水利设施。“闷咕噜”就是其中一个起拦河坝作用的水利工程。沟里是有水的，但园子高、水位低，为了提高水位来浇园子，就沿着这条沟做一个石拱桥。这个拱桥是实心的，中间不留洞，这样就能把水挡住，水漫过去之后水位提高，水就被引出来了。

除了“闷咕噜”，村里还有个灌溉系统——倒虹（道洪）。在老百姓眼里，倒虹是一个相当神秘的东西，其实就是一个连通器。水在一边，中间是一个渠，另外一边有许多地需要灌溉。引水的时候，需要连接两边的管子，大人们下不去，就让孩子从河的一边往下挖通路，相当于两个管子，然后另一边往上也有俩管子，根据连通器的原理，水面就平了。在修的时候，石工会稍微往里修一些，这样需要灌溉的地方水面就高，这个在千年枣树那里可以看到。倒虹也是 1976 年修的，我们前年的时候还改造了一下。

石工队在这两个水利工程修好后，又修了十一孔窑。大家从河里挖石头，挖出来的石头都是通过他们做工。石工队的都是大工，负责做石头，干的是技术活；其他的男女老少都可以当小工，负责抱石头、背石头、拉石头，还有和水泥等各种杂活。大小工赚的钱是有很大区别的。农村吃三顿饭，一早起来之后不吃饭去地里干活儿，干到 9 点回来吃早饭，吃了早饭之后继续干，干到 1 点左右。中午饭吃了以后，再干到下午的六七点。报酬就是记工分，基本上是早饭以前 2 分，早饭以后 4 分，下午 4 分，这样就凑到 10 分。

在修建十一孔窑的时候，如果来的全部是大工，在来的这几个人当中，谁干大工最不行，谁就干小工的活儿，挣小工的工分。当时的一个工是七毛五。小工都是由小队生产队队长派的，想来干的都可以来，但有时也要看人数来安排小工。比如说，一个地方今天只需要四个工，来了六个，多余的两个人就会被派到其他地方。

三 宝斗掉进窑里头

我们村子建窑洞有两种方法。第一种是在平地上建窑洞。首先向下挖出地基来，夯实之后起腿子，就是用石头搭起来两侧的墙，村里叫平桩。接下来在交口放两个钉子，用绳了拉出两个圆心来修房顶的拱。实际上这个拱是相当难修的，因为它不是一个标准的半圆，而是有两个圆心的半圆。以这个绳子为准，在腿子之间横着摆上木头，从两侧起石拱，用打来的石块竖着垒出拱形。最后再竖着放长的原木，这些木头一般都是自家的柳树，没有的也会管乡亲们借一下，到下次乡亲修窑洞再还回去。竖着把这个顶垒好，这窑洞就算成了。

另一种就是依山而建，从土里两侧刨开，先挖两个窑腿子，起两个腿子之后用石头垒起这两堵墙，再利用交口的钉子在墙的外面挖出一个半圆形土夯子，搭起架子来，顺着这个半圆形把大石头一块一块竖着顶上去做成屋顶。每块石头之间都要用撬棍修紧实，相邻的石头之间不能有缝隙，否则就容易掉下来。下面和上面的石头都要横着放，还要把一些小石头和灰一起放进石头缝里填满它。做好了再把中间的土掏出来，再把架子撤了，这个窑洞就成了。这窑洞一般都是宽三米五左右，再大了这拱形就不好控制了。起完拱顶后，要在窑洞的外侧码上足够多的土，防止顶不结实和漏雨，在顶的内侧用泥糊上白灰，图个美观嘛。在顶上的小口放最后一块石头，就叫合龙口，一般都由大师傅来做。修每一座窑洞的时候，都会由大师傅负责掌尺的工作。这个窑洞怎么修，修多深、修多宽、修多高，还有怎么做成拱，都听他的。窑洞外墙上装饰性的花纹也是大师傅画的，这样的精细活小师傅是做不来的。

到了修窑洞的最后，大师傅要站在上顶子上面，就是拱顶放的最后一块石头上面。下面的人准备一个装粮食的斗，斗里放着磨小麦之后剩下的麸皮、钢镚儿、点着红的小馒头以及一个有花纹的圆形的大花馍馍，还要拴一个红被面，图吉庆嘛。大师傅要用手拉着这个斗，拉上来的时候还要说："吊宝斗，吊宝斗，宝斗掉进窑窑里头，摇摇摆摆不算头。"宝斗上来之后，大师傅就要把花馍往下扔，让主家去接。接得住喜馍，主家就荣华富贵，接不住，主家就富贵荣华，反正两样你得占一个。斗里还有糖、麸皮、小馒头和钢镚儿，大师傅会把斗里的东西往下面撒，有种说法是"一撒南方，二撒东方，三撒西方，四撒北方"，麸皮就是感谢其他人的，小馒头就是给人们吃的。能吃上一个小馒头在当时也是相当幸福的，糖和钢镚儿就更别说了。在以前每家合龙口的时候，村里帮过工的人都会来这家，最起码也要来看热闹。

大师傅合龙口之后，修窑洞的主家还会把红被面给大师傅，给大师傅"挂红"。村里一有喜庆的事情，就一定要挂红的，比如说盖房子的时候，为了防止邪鬼的干扰，就都要穿红的。再比如说，娶媳妇的时候骑的驴或者马都要戴红花，骑的鞍上也是红的。有些爱好的家庭，可能会在花馍里加上一些枣子，或者是合龙口那天，请来帮过工的吃糯米做的枣糕。枣糕是每家过年都会吃的，尤其是节日和有客人来的时候。人们撒一层米，然后放几个枣，等蒸汽上来了，再撒一层米，再放几个枣，重复这样子操作，枣糕就做好了。在农村，你是不用雇工的，村子里的人都会来帮忙。你家修房子的时候，我来给你帮三天；我家修房的时候，不用我说，你也会来给我帮忙。这是村子里的规矩，要互相帮忙，互相协作。

大师傅的地位不算高，但是在村子里很受人爱戴。谁都希望把自己的窑洞修得好，因此请大师傅来当然是好吃好喝地供着。此外还要给红包，给大师傅的红包比给其他人的多。当时一孔窑就是一个工，比如你修四孔窑，那就给大师傅四个工，一个工 3 块钱，总共给 12 块。给其他小工就只给 3 块。当时武子勤在石工队是大师傅，1968 年修建六孔窑就是他负责的。那个小学直到 2002 年才推了，盖的这个开章小学。

（辛育航　采录整理）

【武占强】

访谈时间：

2015年7月23日、2016年1月11日

受访者住址：

佳县朱家坬镇泥河沟村寨则上55号

人物小传：

武占强，小名“花生”，男，1956年生，沙塄上武有星家族。年轻时参加青年突击队和石工队，参与过打坝、修梯田，以及修建“闷咕噜”、漫水桥、倒虹（道洪）等村内集体工程。

一 突击队种粮四时忙

1956年我出生那会儿，家里有6口人，生活过得很困难。长大一点后，就在现在属于高治国的那孔窑洞读书。念书的时候，伏天里每天中午放学了以后，就跑去耍水，练得水性很好。但下午到学校要挨训的，老师问我们有没有耍水，我们都会回答没耍。但老师可精了，小孩子去河里玩水之后很容易看出来，老师用指甲在我们小腿上划一道，有白印就是玩水的证据。我上小学的时候很调皮，用纸折成纸钱的样子点钱玩，和现在的赌博比较像。老师发现之后，会很严厉地训斥我。我和武小林在六孔窑洞念书的时候，有一次崔重启老师给我们说：“泥河沟村的人太笨了，连驴都没有见过。”我俩特别不服气，就顺手拿了一个小扫帚，在老师办公室里跟他打起架来。十几岁上，我在车会沟和小林抓鳖，然后拿到山西去卖钱。每次发过洪水后，我们就到沟里去捡被冲死的蛇玩。黑色的蛇毒性很大，黄红的蛇毒性一般，白点蛇毒性不大。

上完学，我就去参加了劳动。我们村里原来有14个生产队，为了集中人员方便管理，变成了7个生产队，后来又变成了6个，一直到现在。当时的村干部是武国雄，虽然他看起来笨笨的，不灵巧，但是在搞生产方面挺有自己的想法：让村里面上60岁的男性参加老愚公战斗队，结婚的妇女参加红色娘子军队，没出嫁的女孩参加铁姑娘战斗队，没娶媳妇的男孩参加青年突击队。我们被组织起来在沟里一起劳动，还有自己的口号来描绘村庄的新变化："湾墕坡峁梯田化，机器耕种收锄打，小沟养鱼蓄水坝，集体生活大变化。"在"文化大革命"的后期，村里有7个生产队，我们被抽调到青年突击队之后，农业社的工作就不需要参与了。一个队由3个人管理，书记全权负责，除此之外还有队长、副队长。在出去干活儿的时候，他们指派给我们任务，现在他们都去世了。

村里的滩地是大队负责的，山上的枣树由7个生产队分配，集体管理。过了几年，集体也不管枣树林了，就由大队负责。秋天，全村人都来打枣、捡枣。天快黑的时候，7个生产队就根据多劳多得的原则，用台秤把枣分配到每个人。集体的时候按工分分，能分多少就分多少，70年代开始由按工分分变成按照人口分配。

大队的枣树林被洪水冲走后，突击队就主要负责种粮食了。一年里的种植跟季节有关系：在立冬之前种冬麦，到了冬季家家户户喂猪，喂猪还能拿到国家的补助。此外，冬天的时候还需要担粪，小河沟里的水都结成了冰，国家补助我们一台手扶拖拉机，可以在河沟里开。各家各户把粪用筐子装着担过来，倒在拖拉机上，武秋生开着拖拉机把粪往前村运。等到春天天变暖的时候，我们在深翻地的同时把粪倒在地里上肥。清明以后，岸上、川地上土地暖了，我们种洋芋和玉米。我们还种茄子、辣子、柿子、西葫芦、倭瓜、豆角等蔬菜。种上之后，就轮到灌溉了。如果土上都是干草，就必须灌溉，有的就不需要了。青年突击队大部分时间都是忙这块儿。每年芒种忙完了，我们就坐船到山西的山上开荒地，主要种植谷子、糜子和荞麦。开上一段时间荒地后，村里的庄稼地上就开始长草了，青年突击队和铁姑娘战斗队就开始除草。除完草，庄稼慢慢长上来，就需要施肥了。那个时候就已经施上化肥了，是我们自己掏钱买的日本尿素，叫"科威特"。我们有一次在西边从下午就开始施肥，到第二天洪水就把地全部冲走了，肥也就全部白施了。

那个时候，农业社让铁姑娘战斗队、青年突击队在村前种豌豆。当时生活特别苦，男的女的都到处去捡豌豆和麦子吃。麦子在一个平湾上种，一开始种子买的是府谷的，后来是内蒙古的，再后来在通镇买。饿的时候抓上一把麦子就生吃，吃得还挺香的。种玉米的话，都是两粒两粒种，等长到有一杈的时候就开始间苗，不间的话长不好。施肥除草之后，在玉米下边围个土堆堆让它不容易倒，这样还耐旱。

粮食收获的时间不固定，像玉米、小麦、豌豆，都是农历五六月份看到它们成熟就开始收了。这里的人生活困难，“六月六，西葫芦熬羊肉”，都盼着这一天吃肉呢！麦子到农历四月份就吐出须须、长出穗了。实际上还可能到不了农历六月份，麦子就能收了。豌豆成熟的话就到农历五月份了，有时候天旱就一下子给晒干了。青年突击队在冬天有时间就担着猪粪到田里送粪，有时候没活儿了就在岸上休息，再就是开荒地。青年突击队和铁姑娘战斗队主要在村这边出力，去山西那边开荒地是次要的。能开多长时间就去多久，时间是不等的。如果这头没时间忙不过来，就不去那头开荒地了。

1976 年的一次大水把我们青年突击队耕种的土地全部推掉了。也就在这个时候，我转到石工队工作了。村里修建十一孔窑的时候，我是石工队的石匠，村后的“闷咕噜”也是我们修建的。当时我每天挣 3 块钱，要给农业社交 1 块 8 毛。给集体做活儿就是这样的，挣 10 个工分，才赚 1 块 2 毛钱，所以每个队都有石匠往外跑。到修“闷咕噜”的时候，村里的书记就派给每个小队长任务，由他们组织。比如说，今天修“闷咕噜”一个队出多少个劳力，就得安排出来，石工队除外。“闷咕噜”外面都是石头水泥砌成的，石工队只负责打石头，各个小队派村民挖地基，挖好之后才能放石头，之后再砌墙。石匠打石头需要技术，很多村民们都不懂这一行，只能砌墙。修“闷咕噜”临近发洪水的时候，书记让我们石工队抓紧修。农村修一个不容易，要不然洪水一漫就冲倒了，劳民伤财。

靠“闷咕噜”60 多米处有个石坡，“闷咕噜”没有挖在石坡上，因为材料不够多。要是有现在可以用抽水泵抽水的条件就方便多了，但那时候都是人工抽水，就用铁盆或铁桶打起来倒掉。挖淤泥的时候，有时拿个拳头粗的杆子固定住一块，让外边的稀泥进不来，只挖里边的一点。有时会用一个铁棍去探看稀泥还有多少，探的时候如果稀泥不太多了，就拿个大石头扔进去，在稀泥里晃来晃去，让它下沉把稀泥挤上来。如果能挤上来，就捡块大的石头，哪里有空就扔到哪里，然后再踩上去，把空隙压上来。地基踩得结实了，才开始砌墙。那个时候挖地沟可受了罪了。当时，有个女技术员叫刘慧琳。做这个工程必须有个技术员，大家胡搞可不行。“闷咕噜”是县上支持的，所以县上派技术员到这里帮忙施工。她叫我们干啥，我们就干啥。刘慧琳现在70多岁，就是有点老年痴呆了，还有点瘫痪。

“闷咕噜”这个名字就是熟悉，咋写我也不知道。外村人不知道它的来历，就问谁给起的名。总而言之，泥河沟人都这么叫。做完“闷咕噜”以后，前面倒虹（道洪）的维修和后河上倒虹（道洪）的修建，我都参与了。水桶那么粗的水泥管，一件一件地套在一起，我是第一个钻着清理的，后头我不干了，就是孝义干了。此外，泥河沟村前后还有几座桥，人称“拱梁坎”，也叫漫水桥。村后头的小桥是1975年之后开始修的，修了几个月，我参与了打地基和打石头的过程。那时候太累了。

二 1976年船难救人

我们村里的滩地很多，全部是枣林，在现在的沿黄公路以下有三条路。在六几年的时候，黄河水特别大，把三条路冲得只剩下一条。一发洪水，黄河水就猛涨，每涨一次就有四五丈高。有一次我出去看家里地的情况，一不小心连人带树被冲走了，村里的几个和我年龄差不多的小伙把我搭救了回来。那时候树被推了，属于自然灾害，只能是自己承担，国家不给补救。枣林被冲走以后，村里做了一个将近2公里的顺水坝。顺水坝里面是地，青年突击队、铁姑娘战斗队就在那儿种地，光种上还不行，还要把黄河水抽上来灌溉。1976年的洪水把黄河滩的几百亩川地全部冲毁了，山上每个人还有2分自留地，养猪的人还有养每头猪给的5分地。那阵儿，发洪水是常事。有一次，洪水有6米高，水下去以后，县上派人来量洪水的高度，就问我会不会游泳，我说：“会！游泳，我是老行家！”我别的什么也不拿，就拿着三四件仪器，扛在肩膀上，游过去以后把仪器放在河对面。这边的人拿着望远镜测量完，人家一打招呼，我就又游了回去。县里的人看到之后，直夸我的水性好。

1976年那阵儿，赶集买粮得过黄河去山西第八堡。八月初五那天，过黄河的船大概有12米长、4米多宽，船上得有100多人，掌舵的是武占耀和武子春。我、父亲和侄子三代3口人那天都去了，去的时候黄河的水还小，下午两三点钟回来的时候就涨水了。人们赶集买完东西后都往船上返。船上有100多只羊，可能还有上万斤粮，就停在我们河对面虎石圪垯。等人们都回到船上以后，我们村的武治江和武世运两个人就在滩上撅着绳。可是船上连人带粮和羊有十几吨，他们两个根本撅不动，结果船就慢慢地溜走了。溜着溜着，没几丈远撞到了大石头，撞开一个口子，水就往船里头喷。我们村里的人看着不对了，有的往河里跳，有的往大石头上跳。那块石头的一边是直棱的，一边是个缓坡，一跳有可能就滑进黄河里了。我们村里的武闰月跑到石头的另一边去了，之后就再也没有看见过他。跑到那一边的人都被洪水冲走了。

船出事的时候，我在船上还没有下。前边的水比较浅，船的豁口越来越大，连船带人一块儿往下沉。小林看见情况不对，就跳到岸边的石头上了。我怕有人把我一把抱住，就没跳。我们村有个毛人，他跟我一块儿上学，比我小几岁，水性也不错。我看见有人把他抱住了，当时我在船上就想，毛人怕是活不成了。水那么大，只看见他脑袋一会儿上来、一会儿下去，没一会儿他就不行了。我跳了出去，潜水绕到船下边，从船头前边游回去到了岸上。当时船上有100多只羊，在我面前漂来了1只，我就把那只羊一把拽住，一手向岸边划着水，一手抓着羊。当时心里想，羊那么轻，现在怎么这么重？怎么我就拉不动了？我回头一看，我拉着羊，羊后边还被武增耀拉着！增耀也是有命，他一把把羊腿给拉住了。我说难怪这么沉，我一把把羊给丢出来，把他也顺便给拽出来了。拽出来以后，小林也跑过来，前面有不到20米高的一个沟，他说赶紧走，我们两个人一起跑。

把羊救上来以后，我就往岸上跑，也不知道父亲是还在船上呢，还是被水冲走了，就什么也不顾地往前跑，又跑了大概几十米。等我回头看的时候，发现河里还有很多人，就想也没想又返回去救人。船顺着水溜到麻月子渠搁浅了。我跳到船上，把桅子拔掉，放下棹扔到水里。水里的人抱住棹，我在曹家沟把他们拉上岸，又救了13个人。没过多会儿，洪水把船底的沙子给冲掉了，船又漂走了，但是船上还有1个人，是一个背锅锅的老汉，有点儿残疾，身上前后都长满疙瘩。我和小林、世峰看到了他，我们3个人又游回船上，船已经被冲到靠陕西这面，我们仨把老汉给救了。老汉后来一直活到十几年前才去世。到这会儿，能救的算是都救了，不幸过世的也没办法了。

就在我救人拉羊的这段时间，我侄子武明明也浮回岸了。他的水性还可以，但是年纪小。我就跟他说，不要乱跑，能救人则救，不能救就别救，别救不了人把自己也害了。我们两个算是活下来了，我父亲却没能活下来。后来听人说，他可能是去堵船上的口子了，最后没能出来，被水冲走了。我当时救人的时候，也没顾上父亲，想着能救一个算一个，也不管是自己村里的还是别的村的。到现在一想到当时没能救父亲，我就很难过。

那条船是我哥武占都给队里买的。船难发生的时候，他正好去府谷给队里买船。他听到这个消息后，赶忙从府谷赶回来料理后事。当时整个村子都沉浸在一种悲伤的情绪中，都在办丧事。船难之后，现在的观音庙就盖起来了，朝向村里面，希望能保佑村里人。

发过洪水后，黄河委来测量洪水高度，我听说有 6 米高。后来统计了一下，那次我们村连带于家坬、白家墕、桑墕、神木、郝梁沟的人，总共过世了 21 个。活下的人当天也都分散到各村去住了，我在曹家沟住了一晚。第二天，第八堡的船把去山西赶集的人都给运回各处了。我救人不图人家回报，从来没想过这个事，但救下的人里面也有人给了谢礼的。武胜喜在那之后过来给了我 5 盒红盒的“宝成”旱烟。那阵儿这个烟农村人都抽不起，所以是很贵重的，我留他吃了一顿饭。郝梁沟的刘续新过来给了我十几把手工挂面，来感谢我救命的恩情。

三　通镇背粮脚底起泡

我十几岁小学没毕业的时候，就开始去通镇背粮食。从我们村出发一共有两条线路。第一条线路是从河神庙那儿上对面山，走石人墕到垴坪梁，顺着崖边不到半米宽的小路走过继儿子墕，再走四米梁往前过桑墕走到沙湾。第二条线路是从车会沟上老驴坡，然后走高崖畔到孔家峁，接着走崖畔到沙湾岔路。这时候第一条和第二条线路就汇合了，之后走土沟到高家墕，再往前走到西沟坪又分两条线。第一条线路走桑沟过张家坡到通镇；第二条线路走小李旺过岔道街到通镇，这里面岔道街最难走。这一通基本走着不歇息，有时候到通镇石阶才歇一下，不出通镇的范围在公路边吃点东西。

我们去背粮食的时间不定，国家啥时候给粮食了，就啥时候去背。当时生活困难，国家要是不给粮食就没吃的，所以大伙儿去背粮食的时候都很高兴。背的粮食有玉米、高粱两种。在粮站没有认识的人，买的就是高粱；有认识的人，就能换成玉米。那阵儿就有这么一点差距，有面子的买点玉米，没面子的买点高粱。我们家买不上玉米，只能买高粱。我小时候最低背六七十斤，后来长大了，拿个扁担用绳一盘就担，有一次担了 90 多斤。我觉得拿扁担担 90 斤比我背 80 斤还轻松，背的话单程我要走 5 个小时，担上扁担只用走 4 个小时就回来了。那时候都是早上天还没亮，在家里吃了饭就起身，不到中午就到了通镇，大约走三个半小时。走岔道街下来一直到小李旺村，这一路都有水，渴了就地喝上一点水再走。中午饭有时就在通镇食堂买点吃的，生活困难的就从家里带上点吃的。除了背粮，那阵儿农业社已经分开了，都是自己给自己家背籭籭（高粱秸秆）来喂牲口，从后沟起走 6 里地，也是天不明就起身。我是青年突击队队员的时候，去桑墕的农业合作社送粪也是一早起来，要走 5 里路。送一回挣 3.5 分，送两回才挣 7 分。

农村真的苦，要费这么大劲去背粮。从通镇背粮食回来，脚底下就打起泡，就走不动了。我们有接粮的人，背粮的人走在半路上走不动了，接粮的人会在半路给他接四五十斤，让背粮的人轻松一点。那时没有电话，只能是走之前说定，或者靠默契。比如说，过了通常回来的时间还没回来，家里的人就得去接一接了。我家吃得少，背粮不用全家去。有一次粮具放在土坡坡上，没放稳，父亲去拿，就连他一起掉下去了，腿就摔坏了。后来，我们不光不让他背粮，就是他把烧柴的树枝砍下来也是我们来背。所以我小时候背不动粮他才背，等我大了点以后就不用他背了。

人民生活苦，不能怨政府。政府给了粮，累也是愿意的，一般能背多少就背多少。我们这儿有的老汉一次背 100 多斤呢！我们家当时 3 口人，一口子一个月能分到十几二十斤。粮食都是县上给拨的，如果拨得多就可以分得多，有时一个人能有三四十斤。分的供应粮多了，可以卖，因为有人背不了那么多，给钱就卖。有时候我背不动就去卖，1 斤高粱 1 毛多，卖的钱回来给老娘。我背供应粮背了十几年，一直到八几年，后来就基本不吃供应粮了。现在生活幸福了，不用背粮了，希望以后生活能过得更好！

（郭天禹　采录整理）

中篇　回望

【武国柱】

访谈时间：

2014 年 12 月 21 日

受访者地址：

榆林市榆阳区人民西路公路局路桥三处家属楼 2 单元 402 室

人物小传：

武国柱，男，1933 年生，沙坬上武佩金家族。1948 年在米脂中学读书，1952 年参加工作。1979—1983 年任定边县委副书记、常委、县长，1986—1990 年任地委纪检委副书记，1991 年任榆林市交通局书记、局长，1994 年退休。

一　团结兴旺的村

现在泥河沟的事情我不清楚了，我就讲我小时候泥河沟的情况，都是事实，没有一点谎言。我们村的先民选的泥河沟既是一块宝地，又是一块福地，东是黄河日夜流，西背高山弧形绕。村形村貌像一面敞口大盆，人居住在大盆底的中心，四面都看不见进出的路，像一个聚宝盆。泥河沟在 1946 年以前是个富庶村子，为什么呢？我们村东、黄河西岸的 1000 多亩水地有枣林，地上产粮、空中结枣。村里百分之七八十的人都靠枣树糊口，村民生活较为富足，基本没有外出的。不料 1946 年黄河发了一场大洪水，把水地都推走了。村里一下子由富变穷，连最低生活也维持不了，吃也吃不上，穿也穿不上，年年月月靠吃国家供应粮为生。所以群众说："东是黄河西是崖，不吃供应，粮从何处来！"早晨起来，每家每户，大人背大布袋，娃娃背小布袋，去通镇背粮，晚上黑天才回来。那个情况，真是吃了上顿没下顿。老枣树主要在村里，从我小时候，那些树就这么粗。戏台周围园子里的枣树是最老的，那枣可大了。

村里的卧虎湾绝对是个风水宝地，好着呢。1947 年打仗的时候，我们村的牲口、人都藏在那里。卧虎湾真正是一只老虎，头和尾巴都清清楚楚。武开章的坟在虎的两边，不在背上，在背上的话压不住，这是后来听老人说的。龙须湾与卧虎湾不是一个地方，是相对着的两个地方，一面是龙，一面是虎。

从人口上来讲，我认为过去泥河沟是人口兴旺的大村子，周围没有超过我们村的了，都是小村村。我小的时候，村里有四大门户（沙塄上、湾里、磘里、石塌上），共有 120 多户 700 多口人。当时外出的人很少，全村除李、高两户外姓，皆姓武。

泥河沟向来是对外有名的团结大村。周围村子的人都说："哎呀，泥河沟的人很护村啊！"都是姓武的，都是兄弟，就是团结嘛。历史上有一个大事，武家 10 个村子和大会坪共用一个黄河渡口。渡口在大会坪，他们想独自霸占，欺负得没人敢去了。最后我们村把周围几个村子姓武的几百人集中起来去大会坪，说咱们都是亲近的老乡，不要闹事，咱们谈判。我们姓武的派两个代表，谈好了，收兵回营，这就是我们的团结。还有一件事，武开章在榆林中学地下共产党的身份暴露了，跑回泥河沟在石岩里躲藏。有一个叫武亮德的人是国民党的保长，给共产党员送饭，这样做要是让国民党知道了非掉脑袋不行。武开章的大哥武鸿章就因为武开章参加红军，被国民党杀了，死在杨道渠，人头被挂在佳县城墙上。后来，我们村的武有格老人把他的人头买了回来，可危险了。这两位老人舍己为人的高尚品德，难能可贵，可歌可敬！

农民靠农业为生，良田就是生命。自 1946 年 1000 多亩水地被洪水推完以后，半个多世纪，泥河沟人民缺衣少食，贫穷得苦不堪言。20 世纪 50 年代以后，将近 30 户人家背井离乡去了内蒙古、宁夏以及本县北区。当时很多人哭着鼻子流着泪，不走就要饿死人了！生死离别，人之大哀！

泥河沟有史以来最大的困难就是山大沟深，祖祖辈辈行路难，难于上青天，都是高高的石山，修路也修不好。现在彻底解决了，名副其实的四通八达：东面是黄河、沿黄路，上至府谷，下至清涧；西面朱家坬公路；南面通镇公路，再不能好了。泥河沟人民永远甩掉了肩挑人背的苦累！如今的泥河沟就是说不出来的幸福，老人做梦也想不到。农历四月初八白云山唱戏的时候，年轻人骑着摩托 20 分钟就能到白云山看戏。我说这太好了，儿孙们幸福了！

二 唯有读书高

泥河沟是名副其实的文化大村。我们村重视娃娃念书的传统很浓，自古以来就有学校，所以家家户户的娃娃都能上学，不上学的是个别户。我爷爷武修德常说的“万般皆下品，唯有读书高”，我至今都记得。村中 90% 以上的人都识字，30% 多的人会写字，10% 的人会写书信。当时这样的文化大村全县少有。

我们家是泥河沟唯一的文化家庭，再没有超过我们这个家庭的了。我的爷爷是清代的文秀才。爷爷的舅舅在村里教学，爷爷不用交学费，所以才能念得起书，才能上学。后来他上榆林考试没有路费，背着一筐黄花菜卖了才考的秀才。伯父是佳县完小毕业，父亲武世忠是万镇完小毕业。我的母亲是一位好母亲，家庭妇女，受累一辈子，跟村子的所有人都处得很好，是名副其实的贤妻良母。我的四个姑姑：大姑、二姑不识字，三姑、四姑看报纸、写书信没问题，这两个女子一天学都没上过，都是在家里学的。我今年也 82 岁了，我哥哥武国梁跟我是同家 16 年，我们两个是“四同”，同家、同学、同岁、同一天结婚。15 岁我们俩在通镇完小念书，16 岁一起考到米脂中学。我们考到 28 班，26 班是最高的，当时有 26、27、28、29、30、31 共六个班，这是 1948 年。后来分家了，我就念不成了，不是不愿意念。

我上学的时候，老师就是父亲。不听话的话，父亲就用鞭子打手心。今天教的书，明天一早非得背下来不行，早饭前背不下来不能吃早饭，午饭前背不下来不能吃午饭，晚饭前背不下来不能吃晚饭，什么时候背下来什么时候吃。我 7 岁念书，第一次上学跑出去，藏在奶奶后面。父亲发现我不见了，就拿着戒尺上来找我，提着我一只胳膊到书桌那边。那可害怕了，但我不敢反抗，反抗就是找挨踢嘛。打得疼得受不了的时候，手就缩起来。父亲一脚就把我踹到旮旯里去。其他学生不会挨打，就打自家的孩子。

三　后村孩子王

我们村的人上完地回来，吃完饭，只要闲着肯定去戏楼圪洞那里拉闲话。从我记事儿起就是那样，红火热闹。有时候话不对头了，就吵起来、打起来了。

孩子们不去人市，都是大人去那里，娃娃与娃娃耍。以戏楼为界限，戏楼前面是前村，后面是后村。前村的娃娃头儿是武世聪，后村的娃娃头儿就是我武国柱。后村都是我领导的，别的孩子不服不行。孩子们跟着我出去就平平安安。有我保护着，一点事没有。我哥哥出去就会被打了哭着回来。前村和后村的娃娃经常打架，用石头打，大人不管，基本没出过大事。我与武世聪是死对头，谁都不怕谁，谁都不服谁。十四五岁时，观音殿前的土地刚翻完，很松。我看到武世聪站在那里，就冲过去，但是武世聪躲开了，我的胳膊就摔在地上摔脱臼了。我说："你给老子接好！"然后武世聪就给我接上了。其实当时接好了，但是回家以后，大人又找人给我接,反倒接坏了。后来听别人说武世聪去新疆工作了,再也没见过。现在要是再见面就得拉着手哭了。

我们小时候还玩打棍棍，一个短的棍子，一个长的棍子，在地上挖一个小槽，把短的放在地上，用长的把它打起来，对面的人可以打回来也可以接住，这就是泥河沟的高尔夫。还有打瓦，前面一条线上竖几块石头，后面一条线撂几块石头，把竖着的石头打下就算赢了，这是泥河沟的保龄球。我们也掏过鸟窝，还有跳格、跳圈，画成格就叫跳格，画成圈就叫跳圈。还有踢毛毽子，下面是铜钱，上面有时是羊毛，有时是鸡毛，都是自己做的。男的基本上不跟女的玩，女的基本在家里不出来耍，男的一天到晚在外面玩。

小时候都盼过年，因为能吃好吃的。家里年年三十都炖肉，猪肉也有，羊肉也有，三十早晨吃糕。初一早上起来吃扁豆面，晚上吃饺子。还有枣串串，用干草串起来,每家的小朋友都有。枣串串开始舍不得吃,后来就舍得了。穿着新衣服，戴着枣串串，可漂亮了。再有就是二十三的时候打年火，大人、小孩都围着火堆，在火上烤着吃馍馍，祛除百病。

过去基本上年年唱戏。上面神楼面对着戏台，底下有个石洞，有"作如是观"四个字，戏台挺大的。给哪个神神唱戏，就把哪个神神请在神楼上面。我们村有三个庙，后面有个龙王庙，村口有个河神庙，还有个观音庙，就请这三个神神。请神唱戏一年一次，很不定时。这三个庙我小时候都去过，去庙里不磕头，娃娃就是玩。每年正月初一我的伯父或者父亲，就是大人们，会穿着袍子，一早晨拿着香、黄表，一个庙一个庙地拜神，不让娃娃去。佛堂寺也去，年年四月初二都去，一面担着馒头，一面担着碗团。八九岁的时候，我就在学校喊操：

“一二一，一二一，一二三四。”我个儿最小，但是大家都听我的，指挥着大家去佛堂寺。石佛堂里面都是神像。小孩儿在那里就是看红火，再吃人家点馍馍，都不打架了。

（宋艳祎　采录整理）

【武越】

访谈时间：

2015年7月11日、2016年5月28日

受访者住址：

佳县朱家坬镇泥河沟村戏楼湾24号、山东省济南市书苑山庄

人物小传：

武越，女，1945年生，沙塄上武佩环家族。武开章之女，曾为村庄修路、通自来水、修建水渠、建设开章小学而奔走筹款。2000年第一次回家乡，现居济南。

一 父女两代的乡思

据说，我们家以前是八辈财主。我爷爷是个武秀才，仗义执言，在村里很有威望。村里有了纠纷，经常请他来调和解决。我奶奶是个开明士绅家里的大家闺秀。他们为人特别善良，从来不仗势欺人。我爷爷上面几代都是单传，家里就只有一个男孩儿，在旧社会总是受欺负。后来听人家说，人丁不旺是因为我们家的坟地不好，家里就想换个坟地。于是，爷爷请来了佳县南区的风水先生李友发。他把泥河沟周围的山沟都转了一遍，看到垴坪圪垯有一块叫龙山的地不错，但就怕我们家力量弱，压不住，那子孙后代就更麻烦了。后来，他走累了，就到卧虎湾休息，一看，这个地方就是块风水宝地。当时地的主人不愿意卖，但因他抽大烟，爷爷就给了他大烟，又给了四垧地和好多银元，最终把这块地拿到了。自打那以后，我们家的命运确实发生了变化，开始变得人丁兴旺。我爷爷有了三个儿子、一个闺女。我父亲很早就参加革命，后来当上了山东省委书记。这个小山村算是出了个大人物。乡亲们都说是因为我们家祖坟的风水好。

我父亲从小就在村里读私塾。他聪明过人，学习成绩优异，最后从佳县高小毕业考到榆林中学。当时，那是陕北的最高学府。我父亲很勤奋、上进。在榆中，他向往光明，追求进步，积极参加革命活动，领导学潮。当时从榆林中学走出了很多革命者，像刘志丹、谢子长、高岗、张秀山、贾拓夫、王兆相、杨文谋等，其中也有我父亲。我父亲1925年入党，在榆林地区算是很早的党员。1927年，大革命失败，父亲的共产党员身份暴露后，党组织决定让他回到家乡做地下工作。一回来，他就当上了村党支部书记，负责周围村子的革命工作。晚上他挨家挨户地宣传革命、发动群众、发展党员，开展地下革命工作。白天除革命活动外，就下地干活。他什么农活都会干，直到岁数大了，还坚持在家里的院子里种菜，那么勤快，从来不闲着。多年来，无论住到哪里，他都一定要在宿舍区种上树，领着家里的孩子们天天去浇水。即使在自己身居要职时，他依然是那么勤快，那么辛劳。我认为他的这些优秀品质都是从小受家庭教育培养起来的。

我是在神木县贺家川贺龙的一二〇师卫生部出生的。那时候父母虽然都在延安工作，但很多临产的女干部都被送到一二〇师卫生部分娩。我因为生在5月，所以取名为“武五月”，后来父亲给我改名为“武越”。我出生后，母亲曾带着我回到泥河沟住过一个晚上。这是后来大哥和村里人跟我说的。我当时太小了，根本不可能记得。1945年7月，我父母调到内蒙古工作，我也跟去了。

父亲非常热爱家乡，经常回忆家乡：窑洞的冬暖夏凉，滩地上成片的枣树，滔滔的黄河水从村前流过，勤劳、朴实、善良的乡亲……这一切都让他难以忘怀。父亲说，泥河沟的自然条件很差，除了黄河边有一片滩地，种着枣树，其余都是荒山、石头山和沙砾地。地是不少，但是根本就长不了庄稼。遇上天大旱，连草都不长，更不用说庄稼了。一下雨就容易发大水。黄河一发大水，上游就会冲下来很多木头、成块的石炭和大鲤鱼，大家都到河边去捞。我爷爷不让自己家人去和别人争利，说咱们家过得去，可人家捞的炭和木材足够他们烧一年的。村里没有吃鱼的习惯，捞到的大鲤鱼都沤了肥。那时候差不多年年发洪水，冲下来的东西可多了。

父亲还给我们讲当时他们上学的艰苦情况，有时候到榆林中学上学要走四五天。他和侄子武忠谟两个人租一头毛驴想轮流骑，但是都怕把驴累坏了，舍不得，就只把行李放在驴鞍上，两个人步行牵着驴走，走得脚上都是水泡。很多艰苦的事情从父亲嘴里说出来，就变得很轻松，让我们觉得特别有趣。父亲在村里上私塾的时候，常会在兜里放几把枣，给穷人家的孩子吃。看到穷人家的孩子没有笔，他就把自己的笔给他们。他和小伙伴的关系都很好。

几十年来，我们家吃的饭菜都是家乡的口味。荞面在别人看来不好吃，但在我父母眼里那可是宝贝。有一种吃法叫“搅团”，就是把荞面倒在锅里再倒上水搅拌，弄得黏黏稠稠的，像浆糊一样，再一勺一勺舀到碗里，从中间弄一个圆圈，把醋、酱油、蒜泥等一系列调料放进去，然后蘸着吃，可好吃了。我们全家都爱吃饸饹，原来我们家在新疆时，还有一个饸饹床子，木头做的，又大又笨重，得好几个男孩子去压面才能弄出一锅，每次都把他们累得够呛，但我们大家就是喜欢吃。家乡的口味真是永远都忘不掉。

父亲一直非常思念家乡，有关家乡的一切他都很关心。有了电视以后，只要一听到陕北民歌，他就会开心地坐在电视机前跟着哼唱。父亲一直都很想回老家看看，但是上班时，没有时间；离休后，因年事已高，又患有心肌梗死，根本无法长途跋涉。1954 年冬天是他最后一次回泥河沟，以后就再也没有机会回去了。父亲对于后来不能回家乡感到很遗憾，但只要家乡的人去看他，他都会非常热情地接待。和他们一起吃饭拉家常，询问家乡的情况，关心家乡的建设发展，帮助他们解决困难。父亲对家乡和农民的关心、热爱深深地打动了我们。在他的影响下，我们从小也都热爱家乡。我以前虽然没有回过老家，但我能想象到老家的样子：黄土高坡、窑洞、大红枣和浩荡的黄河。

二 纪念亭与开章小学

我最初是通过大哥武玉书、侄子武治田、武治洲了解村里情况的，并没有和村委会联系过。1998 年 11 月，村支书武世峰通过我侄子和我联系，说想在村里修一条水渠，因为很多枣树长年受旱浇不上水，年年面临旱死的局面，问我能不能找上级领导帮忙。当时恰逢我大学同学调到陕西当省委书记，我便给他写了封信，说村里需要修水利，否则老百姓赖以为生的枣树就都得旱死了，看能不能帮帮忙。老同学也来自农村，对农村、农民一直都非常热爱和关心。他很重视这件事，见信后便批示给省水利厅。省水利厅及时派技术人员实地测绘，提出预算方案，下拨了17.5万元建设经费，把水渠给修好。现在这个水渠还使用着呢。事后，我对老同学说："真是太感谢你了！"他诚恳地说："我身为地方官员，就应该全力为老百姓办事。如果你不给我反映，我不可能知道这么具体的情况。你人在外省还这么关心家乡的事，这也是对我们工作的支持。"这让我非常感动。

从这之后，我就和村里一直保持着联系。当时主要是通过写信，村里虽然有一个手摇式电话，但成天打不通，好不容易接通了，吼上半天也听不见。村里的武孝义在朱家坬开了个小卖部，他那里有个无线电话。他对村里的事很热心。村里如果有急事想要联系我，就得派人骑摩托车到他的小卖部给我打电话。我想要联系村里，也得先打到武孝义那里，由他托人传话到村里。

我一直想回老家一趟，但当时工作太忙了，交通也极不方便，很难成行。2000年"十一"的时候，正好开始休长假。说来也很纳闷，那年我心里就是闹得慌，就觉着非要回老家不可。我父亲生前就和张秀山叔叔相约，去世以后安葬在家乡。父亲1986年去世之后，骨灰暂时放在了济南烈士陵园。兄弟姐妹们商议说："爸既然说了百年之后要回家乡，咱就回去看看。"当时别的兄弟姐妹也都比较忙，我就带着弟弟武味尘和儿子回去了。冥冥之中似有约定，张秀山叔叔的两个女儿也从北京回去了。特别巧的是，事先我们并没约定，却同时回来，还住在同一家宾馆。见面聊过之后，她们俩也说，就是觉得今年必须回来办这个事，我们一拍即合。后来我们一块儿到榆林烈士陵园选了地方，在民政部门的帮助下给两位老人修了墓。

2000年，我们第一次回到了老家泥河沟。回去的时候，差点没把我们颠死，全是泥土石头路，到处坑坑洼洼，走到哪里都是黄尘滚滚、尘土飞扬。到了泥河沟，我发现真的和父亲讲得几乎一模一样，而且比想象中的还要温馨。我虽然没在泥河沟生活过，但就是有一种天然的亲切感。如果我回到村里没有食宿之处，那肯定会觉得这个地方不是我家，我仅仅是个匆匆的过客。但我大哥在这儿，这就是我们温暖的家，我们的根儿就在这儿，就像游子归家，真温暖啊！村干部武世峰、武买保带着我们在村里转，给我们介绍村里的情况。我们一起站在山头上，望满眼的枣林，看黄河奔流而下，真美啊！我们就在那儿规划着哪个地方将来修路，哪个地方再修水渠，信心满满，可高兴了！ 2000 年之后，我再也离不开这个家了。年年清明，我们兄弟姐妹都要回去扫墓，十多年了，从未中断过，扫完墓后，心里才能踏实。前几年我住在西安，离老家近了，有空就想回去，一年要回两三次。

1999 年 7 月，村干部和村民就议论，想要修建一个纪念我父亲的场所。咱们这个地方就是有这个传统。老百姓认为，村里出了我父亲这样的名人，应该为他建一个纪念亭。于是，2000 年开始选址，先定在佛堂寺，后又定在泥河沟。2001 年秋天，资金筹集到位后，便开始设计、修建。村民纷纷义务出工，把纪念亭建了起来。落成仪式是在 2002 年 4 月 4 日举行的，特别隆重。村里出钱安排了山西的晋剧团来唱了三天大戏。唱戏在当地是一个非常隆重的庆祝活动，再加上纪念亭的落成，十里八乡的村民都赶来观看。当时虽然没有电话，但是消息传得比电话还快。那时村里一共才 900 多人，但来参加落成典礼的群众总共有两三千人，山上山下都是人。市、县、镇的领导也来了，母亲老家神木县贺家川镇的亲戚和领导也来了，村里多少年都没有过这么大的场面。当时通信不是很方便，山上山下联系全靠人吼，村干部们的嗓子都吼哑了。我们当时住在侄子治洲在山上新修的窑洞里，后来就把条件好的几孔窑都让给了各地来的领导和重要的客人。我们全家二十几人就挤在两孔窑里，炕上、桌子上、拼起的椅子上都睡满了人。所有的村民家里都住满了人，都是他们远道而来的亲戚。吃饭都是流水席，这边的碗刚刷完，那边又压出一锅一锅的饸饹，人们一拨一拨地吃。哎呀，真是热闹、红火，我从没见过这么热闹的场景。这以后，纪念亭就成了周围一个知名的地标性建筑了。

以前村里的小学在山上，只有十一孔破旧的窑洞，地方狭小，没有校园，况且又在山上，路陡危险。村里一直想盖一所小学。2002 年秋天，我通过别人联系上了当时刚调来的陕西省省长。省长非常平易近人，了解了我们的要求后，和蔼地说："你们反映的农村基层教育的情况，有助于我们了解实际，开展工作。我们会尽自己最大的努力来改善农村教育设施，但这需要一个过程，你们也不要太着急。"后来，他将我们逐级上报的材料批转给榆林市，市里给批了 30 万元建校费。

但学校的选址又经历了波折，急得我天天给村里打电话。幸好那时村里已经有了有线电话，通信条件变得好多了。后来经过村民民主投票，终于定下了校址。工程队用30万元建好了三层教学楼，人家没赚到钱，等于做了贡献。2003年9月，小学修好之后，村里提出想命名为“开章小学”。但那时候是不能随便以人名给学校命名的。乡里给县里打了一个报告，经过很严格的审批手续，县里批准之后，就命名为“开章小学”。父亲生前非常重视教育，泥河沟是生他养他的地方，现在能有一个正规的小学，不断地培养对国家、对社会有用的人，他老人家在天之灵如果能知道，该有多高兴啊！

开章小学建起来后很红火，被确定为乡中心小学。周围村子里的小孩儿都到这里来上学，最多的时候有近200名学生。看见孩子们坐在宽敞、明亮的教室里，我心里别提多高兴了。我隔着窗户在这个班瞅瞅、那个班看看，心里真舒坦。那时候我们年年回去，回去时总给孩子们带很多糖果、果冻等小食品，孩子们特别高兴。后来，随着村里年轻人的离开，孩子们也随父母到城市和乡镇去读书了，学校就成了村委会的办公地点。

三　泥河沟的枣好吃

我虽然从小没在村里生活过，却发自内心地热爱家乡泥河沟。很多人问我，你没在农村生、没在农村长，怎么就那么热爱农村呢？我想，这是深受父母的影响，因为他们对农村、对农民、对家乡的那种深厚感情，从小就感染并影响着我们。十多年来，我一直想尽自己的一切努力，帮助家乡做点力所能及的事情。

刚跟村里联系上后，村支书武世峰就托我给村里的枣找个销路。父亲原来就给我们讲过，泥河沟的枣特别好吃。我们每年从泥河沟走的时候，大哥一家和乡亲们都给我们很多枣。我们分给外地的亲戚朋友，他们都夸泥河沟的枣好吃。枣是泥河沟人最重要的经济来源，看到那优质的大红枣，一斤只能卖几毛钱，我真是心疼，也非常同情乡亲们。为了打开红枣的销路，我想了很多办法。我曾通过山东省供销社的朋友，让他们在广交会上，帮助联系客户。带去的几箱样品，都被客户品尝完了，枣的质量受到了一致好评。台湾还有韩国的客户还打算买枣，但村委会只有一个手摇电话机，联系不上，人家又听说交通极为不便，枣运不出去，就放弃了。我又托朋友联系了上海的一家大超市，人家很看好咱们的枣，出的收购价也很高。我记得能高出村民自销枣的价格十几倍，那可真是大喜过望啊！可后来一细谈，对方说，必须让我们自己准备库房，他们只能是随卖随上货，不提供仓库。这下又把我们治住了，在上海这种寸土寸金的地方，我们哪儿有那么多的钱去租仓库啊？只好作罢。那时候，我满脑子都是想着怎么给老家宣传枣、推销枣，只要有一点线索，就全力以赴地去争取。但鉴于村里的通信和交通状况太差，屡屡联系，屡屡受挫。这更使我意识到，如果不改变村里的基础设施，别的事情都难以顺利办成。

家乡的事真是时时在我心上，只要村里一给我打电话，说需要办什么事，我就会竭尽全力去办。这一是出于自己本心，另外，也是觉得替父母了却心愿，让他们关心、热爱家乡的心得到安慰。我只有一个儿子，2000 年第一次回老家时，我把儿子也带了回去。从此，他也深深地爱上了泥河沟，热情支持我为泥河沟办一切事。我的大孙子今年 7 岁，从两岁起，他就年年跟我们回榆林扫墓，回泥河沟探家。他也很喜欢老家，只要在电视上看到陕北的黄土高坡、窑洞等场景，就会说：“奶奶，那是咱们的老家。”二孙子去年 3 岁时，我也开始带他回老家。我要让他们从小就知道自己的根在哪里。

2013 年，泥河沟被评为“中国重要农业文化遗产”；2014 年 4 月，又被联合国粮农组织列入“全球重要农业文化遗产”保护试点；同年 11 月，又被纳入“中国传统村落保护名录”。喜讯接踵而来，每当村干部把这大好的消息告诉我时，我都激动不已，兴奋不已。我会马上通知兄弟姐妹和亲戚们，大家都非常高兴，非常振奋。泥河沟上千年来都处于贫穷、落后状态。如今，这个偏僻的小山村，就要走向世界了，真是喜从天降啊！我深信，泥河沟的未来不可估量！我们真为自己的家乡感到骄傲和自豪。希望我的家乡，永远保持老祖宗留下来的原汁原味的风貌，留得住青山绿水，留得住代代人的乡愁。

（李妍颖　采录整理）

【武冰旺】

访谈时间：

2015 年 7 月 16 日

采访地址：

佳县朱家坬镇泥河沟村村委会

人物小传：

武冰旺，男，1947 年生，沙塄上武佩金家族。

1966 年进入西安军工厂工作，2003 年退休，

现居住在西安市。

一 军工厂招工在陕北

我的祖先一直生活在这个村子里，到我已经几十代了。小时候日子很苦，我 3 岁的时候，父亲、爷爷全都去世了，家里只靠我母亲和奶奶两个女人撑着。母亲改嫁时还年轻，之后又生了几个，跟我们就不太来往了。小时候，基本上是奶奶给我和哥哥做饭。那时候农村没有收入，家里做饭都要烧柴，不像城里烧天然气、煤气。奶奶是从旧社会过来的，脚缠过足，只能在家里边做个饭，其他啥也不能干。所以，我哥哥就一直在家里弄柴，没有上过学。

原来泥河沟属于大村子，学校公派的老师就有四五个。那时候，小学还在戏楼圪洞北边，有上下两排窑洞。学校有几十个人，连外村的小孩儿都到泥河沟来上学。我小学毕业后没有再上初中，14 岁就参加了生产队劳动。那时候还是以合作社的形式，男人一天给 10 工分，女人一天给 6 工分。我因为年纪小，算半个劳动力，每天和妇女一起去摘蔬菜送到各家各户，只能得 6 工分。

我 18 岁那年，村里遭灾，洪水冲毁了好多前滩的田。往南走二三里路的地方，腰粗的枣树都被连根冲走了。那时候家里边很贫穷，正好赶上兵工厂到陕北来招工。出去参加工作能不给哥哥增加负担，所以我就自己去报名了。我哥一九六六年正月成的家，而我是十月份走的，走的时候大哥心里也很难受。当时是厂里的干部到县里来招工，县里知道消息后就到村里宣传。村里有二三十个人报名，之

后集体到县里面去检查身体，合格就可以去。我用了半天时间走路到佳县城体检，那时候佳县到西安已经通公路。体检合格后的第二天，我们就坐着大卡车，花了两天时间才到西安。最后我去的厂一共招去了 504 个，朱家坬公社去了 14 个，我们村去了 7 个，我是其中一个。到了工厂，分配完集体宿舍，再在厂里培训两个月，我们就被分到各个单位。我工作的工厂在西安市的东郊，最多的时候有 13000 多人，现在人渐渐少了。当时招的是合同工，合同结束后可以转为正式工，我就签了五年的合同。

我工作三年之后，每个月的工资涨到 42 块钱，维持了八九年。工厂里面对工资水平是有定级的，36 块钱是一级工，42 块钱是二级工，这么多年我就涨了一级。那时候的钱比现在值钱，这些钱我计划着花是够的。有的人不够用，半个月就花完了，剩下半个月各处找人借钱。兵工厂的职工很辛苦，我们每周只能休息一天，有时候加班却拿不到加班费。我快退休那段时间还有一项规定：如果没有如期来加班，每次倒扣 20 块钱。我在车间担任班长，工厂的管理特别恶劣，任务多的时候，一天需要干完两天的活儿，比如一天的定额是 100 件，那当天就要干 200 件。有时候我们还需要干三四天的活儿，劳动强度很大。休息时，我经常和同事骑着车子在西安逛，去过大雁塔和临潼的华清池，基本上把西安跑遍了。当时我们年轻都有劲儿，周日早早地从工厂骑车出发，可以省下一笔交通费。

“文革”开始后，厂里两派武斗，工厂不定期地停产，有一段时间工厂大门都封了。我们不干活的时候，就在自己宿舍待着，不敢乱跑，出去说不定就打起来了。年轻人没事就打打扑克，下下象棋玩。工厂恢复生产后，我就赶快上班去了。国家原来是计划经济，工厂是依据国家下达的计划生产。改革开放以后，国家不再下达任务，工厂跟部队签订了合同，部队需要什么就生产什么。

我在西安的兵工厂工作了 37 年，干到 55 周岁就退休了。2001 年，我得过一次脑出血，感觉身体不好，就在家待着。我平常起得很早，到市场上买买菜，上上公园。退休后，我每个月只能拿到 300 块钱，2012 年以后每年能涨一点，直到现在有 2700 块。

二 回乡六次探家亲

媳妇和我是远房的亲戚，以前也认识。她爸爸原来是陕西省公路局的老干部。我们俩在西安熟悉，后来慢慢走到一起。1972 年在西安结婚，当时我 25 岁，就算大龄青年了。结婚的时候很简单，买了几斤糖，在单位的职工宿舍里和同事一起坐一坐。那时单位还没有给我们分宿舍，在她家住了五年之后才分了一套房。

从 1966 年走了之后，算上这次，一共回来 6 次。今年我哥心脏有点毛病，我回来看看。我一辈子都没有怎么在泥河沟待，头一次回来探家是参加工作第二年“文革”武斗，工厂停产的时候，在家一共待了一个多月，大概是 1967 年的阳历 9 月份，一听说工厂要恢复生产我就又去了。当时国家规定，单职工有探亲假，双职工没有探亲假，原来上班忙就没有固定的时间探亲，有时候十来年也不回来。在退休的那一年，我六月份回到村子，等十一过后红枣熟透，就帮忙收了红枣，一共住了三个多月的时间。我更喜欢夏天的时候回来，这里比西安凉快得多。我哥武冬旺比我大三岁，我们没有分过家，我一般回来都住他家。大概八几年的时候，有一次回来，给家里带了保健品和鱼、肉的罐头。那年家里打完枣，带了 200 斤枣回去。小时候，每年白露之后，枣红得差不多了，只要一刮大风，树枝相互碰撞，枣就掉下来了，全村家家户户都提着篮子去自己的枣树下收枣。如果不抓紧时间拾枣，一旦下雨，树上还没等掉下来，红枣就会有裂纹，从里面烂掉，一年的辛勤劳动算是白费了。当时家里主要依靠着卖红枣的一点收入来维持基本的生活。我喜欢吃枣，枣是好东西，小的时候饿了，抓几颗枣吃就不饿了。长这么大，在我吃过的枣里，这儿的枣更甜、味道更好。当时回西安的时候，四箱子枣放在面包车上，到了佳县再坐长途卧铺车回家。回去的时候，亲戚朋友送一箱，跟自己关系好的朋友、同事送几斤。

18 岁出门后，在家待得最长就是三个月，过去联系都靠一两个月给家里写一封信。有时候在外边半夜起来睡不着的时候，会想起童年的时候，会很怀念自己的家乡，会回忆自己小时候很苦很累的生活。

三 愿为村子出把力

我儿子武进是1973年在西安出生的，当时计划生育就生了这一个儿子。我的工资不高，但是养活一个孩子还是完全可以的。1987年儿子小学毕业，我带他回过一次泥河沟村。村后这条小河一年四季都有水，小鱼多得很。他回来的时候，就到小河里玩。泥河沟是我的老家，是我土生土长的地方。想带他回来看一眼，希望我儿子能对老家有点记忆。我经常给他讲我小时候的苦日子，但他听不进去。职业高中毕业之后，他去了西北大学附近的一个单位工作。后来这个单位彻底破产了，他就一直在外面打工，现在在西安的华润万家工作。儿子上班后，忙得礼拜天都没有，就没有时间回来。小孙子现在三岁四个月，聪明得很。现在国家提倡独生子女生二胎，但我儿子他们也不要。

我回村里边看看老的小的，跟我同年的老哥们儿有的都不在了，比我大一两岁的也有几个去世了。和我小时候相比，村里通了两条公路，交通方便了一些。我小时候，村里的小河一年四季常有水，沟里边鲶鱼、鲫鱼、大鲤鱼多的是。很早的时候，我们家院子里有一个养牛用的大石槽。我把逮到的甲鱼放在里面，往里面倒点水，用石盖盖住，总共养了十来只。除了下暴雨的时候，平时的河水特别清澈。现在黄河上都漂着沫沫，比之前污染严重得多，鱼也少得可怜。人们在黄河里用电打鱼，把大鱼捞走，把小鱼打死了，国家也不保护。过去都是靠小河里的水来浇地，河水自己流过来，不像现在需要挖深井。现在河彻底干了，井水的水位也下降了很多，水资源变得少多了，吃水都困难了。

农村的带头人很关键，要为村民着想。不为老百姓着想，那就发展不成。我期望将来国家有人投资农产品深加工，千年枣树也要成为旅游点。关于村容村貌，就是各家有钱了，想建什么就能建什么。我要有钱，也愿意为村子建设出把力。不要钱的话，只要有利于村里的发展，我干啥都愿意。但村里边和城市相比还是差得远,农村的生活还是不行。这么大的村庄没有一个像样的商店,设施还差得远，不管买啥东西都不如城市方便。

（韩泽东　采录整理）

【武孝义】

访谈时间：

2015 年 7 月 19 日

受访者住址：

佳县朱家坬镇泥河沟村寨则上 50 号

人物小传：

武孝义，男，1954 年生，磘里武亨通家族。1973 年到河北承德当铁道兵。1980 年转业后在水保局开推土机。1983 年在佳县供销社工作。

一　哥俩相依铜川打工

我爸爸叫武子良，和子勤是叔伯弟兄。我 1 岁的时候，父亲就去世了。听别人说，当时他在打补窑用的石头，打累了就在岩里边休息，结果被上面滚下来的一个大石头砸死了。我是家里最小的，还有一个哥哥、两个姐姐，哥哥比我大九岁。父亲去世后，我们的生活难以维持。4 岁时，母亲经人介绍改嫁到刘国具乡贺仓村，把我们几个兄弟姐妹也带了出去。在我 7 岁的时候，母亲去世了。农村很讲究家族观念，我们姓武，他们姓高，和他们不亲。毕竟不是自己的村，在那里会受到欺负，继父对我们也不好，最后实在待不下去了。泥河沟是自己的老家，哥哥到了 18 岁要归回，他就把我带回来了。那时候，大姐姐已经订婚，两年后就嫁出去了；二姐给了改嫁的人家，不姓武了。但我们现在也都常来往着。

回到泥河沟村之后，我和哥哥相依为命。刚回来时，连住处都没有，村里就让我们住在前岔上队里空下来的窑洞里。窑的门窗都没了，我们就用石头、木头垒起个简单的门窗。那时候书记是武子奎，他同情我们，村里人对我们也很好，同意把我们算到集体里，粮食、枣树都分给我们。我们最开始是在村里的五队，哥哥每天在队里劳动挣工分养活我。我刚回来就开始上学，但在家里要出去捡柴火做饭，根本顾不上念书，今天去，明天就不去了，相当于报了个名字。这样上了大概一年多，到 12 岁就基本不去了，就好像懂事了，想到要分担。我和哥哥还要背返销粮，我来回走 80 里路能背 30 斤粮食。早上四五点天没亮就起身上路，8 点左右能到通镇。到了通镇花 5 分钱买一份稀饭，有钱的人吃 1 毛钱的饼饼，吃完就背着粮食回来了。夏天的时候晒，我们等到大概下午 4 点，天凉下来才走。背上粮食要走五六个小时，晚上八九点才回到村子。

我 14 岁时，哥哥当作义务工被民兵集体派去给国家建飞机场防空洞。他走后，我就住在武子勤家靠角角的窑洞里。子勤伯伯看我们不容易，就让我们一直借住。哥哥走后，我就单独生活。现在回想起来可不容易了，其他娃娃上学，就我一个跟着大人劳动。男劳力在地里干活，女劳力在村里、院里干活儿。我因为年纪小，就跟着婆姨们一起摘摘瓜，干一些轻松的活儿。直到 17 岁，哥哥回来后，我们就一起到西安的铜川打了两年工。我年纪小，人家都不想要，但哥哥说："要做就一起做，要不做就都不做！"我在打工做窑洞的时候，只能干一些简单的活儿，而哥哥要扛石头，干些更重的活儿。那时候每天挣得不多，一直处于今天有活儿干、明天没活儿干的状态。打工时，我一天能挣 15 分，一分折两毛钱才 3 块钱。打工时也受过气，像盛饭的时候，他们就会给熟悉的、干活中用的人多盛一点、稠一点，而给不熟悉的、不中用的人盛稀的。19 岁的头半年，跟着子勤伯伯出去干活，基本都是我们村的人一起，就不受气了。

二 唯一的出路是当兵

我 19 岁回村时，就成了壮劳力，参加了民兵组织，去补修通镇到朱家坬的公路。那时候，乡里的武装干部领头修路，每人一天 10 分，一共修了十几天。工分是给村里挣的，村里再把分记在个人身上。因为想去当兵，所以我很有干劲，武装干部很喜欢我。当有征兵的通知时，他就介绍我去当兵。先往乡上报，再给县上的人民武装部报，之后还要筛选，到最后村里就我一个选上，相当光荣了。1973 年冬天动身去军营时，我带着红花，村里组织学校的学生们排成队，敲锣打鼓把我送走，感觉可高兴了。我和书记一起去的乡上，在乡上中学也开了欢送会。我是报了名之后，才告诉哥哥要当兵的事。他不放心我，也不愿意我走。但我那时候已经懂事了，就跟他说，我唯一的出路就是当兵。人要为自己的以后考虑，家里没住处，村里没土地，书也没上几年，就是讨个媳妇也不好讨。现在出去见一回世面，以后能有发展。我不怕苦，因为再苦也没有原先那么苦了，人长大了，有双手就不会再吃苦了。哥哥就同意我去参军了。

我在河北承德当铁道兵，被分配在土方基建连开推土机。在新兵连训练了六个月，前三个月是军事训练，后三个月学习施工。整个新兵连都操起机器做护坡，每天特别苦，后来到了老连队就好了。在土方基建连，工作地点都不集中、距离长，分散在铁路沿线上配合着民工干活。我当时和副班长一起被分到离连队有十来里的地方。他是开推土机的，我之前一直都没摸过机器，是要和他学的。学了两天，他就在旁边坐着叫我自己来推。结果一个多小时之后，我就会自己开了。练习推了几天之后，基本就我一个人在地里负责了。开机器可比新兵连那三个月施工轻松多了。那阵儿生活也是好，给我们的食物都是另外招待的，很抬举我们，和小时候比，简直就是在天堂上过日子：生活好、穿戴好，人家又抬举。当兵的六年里，我基本上都是在修铁路。那时候没有电话，只有靠书信和家里来往，问问家里的情况、说说我的工作情况，给哥哥报个平安。因为我们家庭情况不好，哥哥那时候年龄也大了，我就很担心他不好娶媳妇。后来知道哥哥娶了媳妇，我就不再愁了。

1979 年，部队放了一个月的假。回到家以后，别人给我介绍了四五个对象。最后我看上了第二个，也就是我现在的媳妇。她姨姨是我们村的人，给我介绍时说她干活行，人又好。我们之前从来没有见过面，听说她来了，我自己就要去见一面。因为放假在家的时间有限，如果不行的话，我就要到别处看了。那天我到她姨家的时候，她在屋外边摘枣。我就问她说："才来？"她害羞地跑回屋里去了。这是我们第一次见面。我当时第一眼感觉还行，后来在姨家拉话，拉着拉着就说起来了，她的感觉也行了。后来她爸来了，她姨夫就跟他爸说我是个好孩儿，她爸也就同意了。当晚就订了婚，订婚之后，她就回娘家去了。正式结婚是在 1979 年 6 月，是第二次回家探亲的时候。咱条件不好，怕她变心，她如果变心，也不好再找个合适的，所以我那次探亲回来就马上把她娶了过来。当时的聘礼很简单，一件十几块的“的确良”衣服和400块钱的彩礼，都是找人家借的，后来才还上。结婚的时候，又高兴又急。那时候本身生活不好，没摆酒席，没有窑洞，连床铺盖都没有。借别人的窑洞住了几个晚上，就回到了部队。

1980年我转业回村之后，在队里搞柴油机带的磨，加工了两个月的米面，还被推选成了村里的民兵连长，负责派人去参加县上的训练，这是乡上武装部派下来的。后来，县水保局进了一批推土机，我们这几个部队上会开的都聘到乡里去推地。在一个地方待一年左右，一共推了三年，工资每月42块钱，但伙食、烟酒什么的都不要钱，过年过节村里也会给我们送点礼物。因为国家给的钱、派的人帮着村里推地，待遇好了我们就能努力再给村里多推点。后来因为超计划生育，我不以为然，认为多生很正常，但结果被人打发走了。我们这一批有三个都回来了。

三 供销社从红火到停业

开推土机时要买柴油，时间长了，我就和供销社的主任关系比较好。刚好我听说供销社要买个货用的四轮，就和主任说了我的情况。他也想让我到供销社来，就把我叫到办公室问我要啥条件。我说：“你看着给，看着办。”他让我回去准备，说什么时候通知什么时候过来干活。1983年的1月我离开了水保局，3月到了供销社，不到两个月，就好像是命运安排，基本上都很顺利。刚进供销社的时候，每个月44块是固定工资，从供销社出发到县上拉货一次补贴3块。我一个月平均能出去20多趟，所以每个月一共能挣100多块。供销社盈利好了，每年还有奖金，但不是固定的。我当时和供销社的主任关系比较好，本身又兼顾开车和采购两项工作，结果第二年领到的奖金比一年的工资还要高，有2000块钱，而一年的工资只有五六百块。拿到奖金之后，我把钱全部存起来，后来慢慢攒了七八千块钱。自己没怎么花，都借给周围有需要的朋友们了。工作两三年后，我的每月工资提到100多块，到1988年能有200多块钱。我们是村里最早买电视机的人家。1989年，供销社采购了五台电视机，主任和我各买了一台16英寸的黄河牌电视机，花了1660块钱，剩下三台也被供销社其他同事买走了。改革开放初期，在泥河沟村，电视和手机都没有信号，我们就在朱家坬乡看电视。后来供销社的生意渐渐变差，我的工资和奖金都缩水了。

供销社由主任、副主任、会计、出纳组成，再有四个就是售货员，生产、棉布、副食、百货和收购门市各一个。采购是我一个人开小四轮去。那时候有了四轮，回家也方便。进货的时候，供销社会给我一个大体的单子，但是有时候货物会短缺，买不到单子上的商品，我就可以灵活机动调整商品的多少。物品的销量是根据不同时期而发生变化的，冬季烟、酒的销量比较大，平常生活必需品的销量比较大。供销社的价格是不可以调整的，是一块钱就是一块钱，少一毛都不行，少多少卖货的人就要补多少。我当会计的时候，亏损最大的就是羊绒。羊绒本来是很轻的，但当时的老百姓为了提高收入，就在羊绒里加了土等一些杂物，导致供销社在收购羊绒的时候有很大的损失。统购统销时期，村里的枣都由供销社统一收起来卖。供销社在村里收枣的时候，会雇用老实肯干的人一起劳动，雇工结算要看工作时间的长度。泥河沟村是附近地区买卖枣的集中地，远到神木的枣也收来我们村卖，而收枣的价格根据枣的等级而定。在 1960 年代，土产公司统一调度，枣按照大小、成色分等级，泥河沟的枣一直都比别村的好。我小时候，看到收枣的人把装枣的麻袋一垛一垛放着，我们这群孩子就把身子藏在麻袋之间的空隙里，偷着抠枣吃。麻袋封得不是很严，一抠就能把枣弄出来。

当年因为在供销社干活，我能买到一般人不能买到的东西。一些限制、紧缺的东西没有摆在门市上，但我知道会有，采购好了再让别人给钱。所以在村里不光是经济上，政治上的威望也提高了，大家的看法就不一样了。那时候紧缺的东西有烟、缝纫机、手表、自行车，有些紧缺商品，主任批条子才可以卖。1984 年，武埃耀找我买缝纫机，我觉得这事能办到，就同意了。他要买个名牌，但那时候名牌的缝纫机不好买，最后我给他买的是标准牌的。那时候，村里代销点小，有些东西流不到代销点，所以他很感谢我。再比如供销社收羊皮分等级，是和价格挂钩。过去有个皮皮，你自己去就算三等，但让我帮忙卖就不会压价，能算个头等。那时候没有电，家家户户都需要点煤油，用量很大，但代销点没有煤油，煤油又要凭票买，不是你想买多少就能买多少。我没有通过票，直接把油从门市拉回村了。村民直接给我钱，我回去再给供销社钱。村里的人一般都不爱张口，不好意思难为我，挺体谅我的。

1988年之后，供销社就没有那么红火了。改革开放后，国家让供销社自负盈亏。采购棉布、棉花需要一大笔资金，但农民缺钱又需要货的时候，供销社就在村里面统计总共需要的数量，开出票据，把东西全部赊给农民。但1988年以后，供销社的货钱很多都兑现不了，直到现在有些账都没有完全还上来。随着改革开放，个体户越来越多，供销社在和个体户竞争的时候，价格上劣势太明显，所以我们的经营慢慢就不行了。打个比方，采购一批毛线，因为货物的品质有差别，一件商品个体户3块钱就可以进到，而供销社需要八九块钱。供销社和外面的个体户不一样，商品的质量经过层层检验，是讲信用、有保证的。供销社开会的时候，主任也要求我们要保质保量，不能以次充好。我是供销社的采购，在进货的时候就注意把控产品的质量。1990年到1995年，市面上很难买到质量好的东西。人们的素质都比较差，为了赚钱生产残次品，到现在商品的质量又回升了。1991年的时候，我提出“干了这么多年了，工作也很累的，想干干别的工作”，所以四轮开完就回来开分销店。我回到村里很开心，又轻省又在自己家里，一举两得。结果还不到一年，供销社就把我调去搞红枣加工。主任说我责任心强，所以邀请来的师傅由我来负责，也想让我捎带着学这个技术。当时加工熏枣，手艺是从山西那边过来的，用专门挖的地沟，上边支起来架子，再铺上帘子。新鲜的枣要先煮熟，在凉水里一镇，有了纹纹之后，再放在帘子上，用炉子里的柴火一熏，口感又好又有烟味。因为熏枣不畅销，卖不出去，基本就干了一年。之后主任又打算让我在供销社卖货。我不想去，觉得一样卖货还不如回村里，后来当了一年多的出纳。当时供销社已经在走下坡路了。

基本上1993年以后，供销社就关门了，没有了工资，而且也没有什么人去买了，我就只能自己想别的办法了。1994年，村里的分销店成为个人的。大概1997年，我在朱家坬也开了个门市。那个时候，我的儿子武奋龙初中毕业18岁，我就把原先村里的分销店交给他打理。村里面需要什么货，我就从乡里把货运给儿子。店里面的商品种类齐全，经营状况挺不错的。村里分销店的房子是集体的，也不用交钱，只投入两三万块的资金用来进货，开了两年多，到后边生意也不行了。朱家坬的门市投了十几万块来进货，规模比较大，开支也大，但经营状况一般，三年前就不经营了。在2010年左右，我就开了麻将馆。

（韩泽东　采录整理）

【武小林】

访谈时间：

2015 年 7 月 23 日

受访者住址：

佳县朱家坬镇泥河沟村戏楼湾 17 号 1 室

人物小传：

武小林，男，1954 年生，沙塄上武佩环家族。1974 年被村里推荐到绥德师范学校学习，1978 年开始在村内教书，辗转多地后于 1984 年转正，两年后被调到白家堨小学任教，1993 年退休回村。

一 举荐绥德学师范

七八岁的时候，我开始上学，就在咱们村里。小时候，我们村的教育资源在乡里是比较丰富的，有很多老师。但是我们认识不高，对于教育不够重视，家长也无所谓。小时候就念了七册书，念完这七本书，基本就没有书可以读了。“文化大革命”开始后，学校就不开了，基本也不再印书了。我们村还好，班里二十几个同学用借来的三本书学习。三本书还是三个样子，但科目大致相同。上了高年级，全班就一本书。数学题就是每天老师抄下来，学生们再抄。那时候用的课本叫高年级一册、高年级二册、高年级三册。念完高一册，班里年级稍微大一些的，没有读五年级就进初中了。上了初中，不读书也不考试，基本就是在家放羊。

中学念了不够两个半年，农村办起来戴帽中学，大部分学生就回来了。我们乡大概有七所戴帽中学，那时我们村在通镇中学有 23 个人，基本都回来了。农村的老师不会讲初中的课，还要下放一两个正牌大学毕业的公派教师，其他教师就是小学老师。

那会儿生活太艰苦，大家都不爱上学，农村人穷得也念不起书。那会儿还有助学金，少的 2 块，多的 7 块，分为甲、乙、丙、丁四等。比如说家里孩子多的、生活很穷困的就是7块，家庭比较可以的就是2块。每个人把自己的情况说清楚，让班里的学生评断出来，然后老师再根据情况来定，该给多少给多少。基本上每个孩子都有，也有极个别家里很富有的就不给了。我那阵儿一个月3块。回村里的时候，我们班没有采用评断式的方法，28个学生就是每人3块钱。为的是省事，因为大家都穷着呢，所以就这样平均分了。

初中考高中是在村里的戏台上考的，考得很简单，但是我少1分没考上。初中念完，我就去参加农业社的劳动。当时年龄也不大，想得很简单，不能念就不念了。两年后，也就是在1974年，村里推荐我上榆林的绥德师范念书。那会儿也不考试，就是推荐选拔，全公社大概有6个人被选上。当时是几届的人一起选拔，基本都是两年前从通镇回来的，年龄有大有小。到了师范就不一样了，因为那会儿师范重新开始教学。在师范的这两年，基本就是多方面求进步，多少长了些知识。学的是小学教师的知识，就是要被培养成为一个小学教师。师范的老师都很正规，语文、数学、化学和物理等各方面都教得好。初中没学过的知识，现在都学到了。那会儿我年龄也比较大，懂得也多了，学得也很认真。

原来从师范毕业都有分配工作，但是到了我们那一届，政策不一样了。当时就是让学生从哪里来到哪里去，也不分配工作了。我当了八年的民请教师，通过考试才成功转正。起初没在泥河沟教书，先去的是安余良这个小村村。我教18个学生，分在5个班。我教一年级那时就有课本了，数学、语文，我什么都教。连唱歌都是我教，那阵儿流行什么歌就给他们唱什么歌。乡里注重孩子们的学习，每年都有评比。全乡33个生产队的学生集中到一个地方考试，综合评比看谁考得好。那会儿，我一个人同时教5个班，在30多个学校里我们排16名，是个中等，我自己觉得还可以。在那里教了一年以后，我还是到了武家峁，和另外一个老师武世忠一起教了一年，后来我们又一起回到了泥河沟。

二 八年的民请老师

我在泥河沟教了两年半，学生和我关系都很好，都很爱戴我，现在也惦记着我。我在村里下面的六孔窑和上面的十一孔窑都教过书。在六孔窑，我教过一年级的 28 个学生，还有预备班 100 来个学生。下课后孩子们一跑出来，看着红红火火的。我给预备班也不教些甚，就是汉语拼音，带着识几个字。教一阵，唱一阵，再跳一阵，这就行了，太小的教多了也不行。当时，六孔窑最右边一孔窑是预备班，左边的是一年级，有一孔是老师休息的地方，还有供销社卖货人的住处、仓库和门市。第二年，我就跟着二年级去十一孔窑教书。因为去十一孔窑的路不好走，所以预备班还是在下面的六孔窑。十一孔窑比六孔窑好，那个窑又大又高，不挤了。

我回村里任教的时候，初中和小学加一块有 180 个学生，共 11 个教师。年级越高，学生人数越少。预备班只要人家愿意把孩子送过来就都收着，年龄差不多的就上一年级。有一年，我教的班在村里评比排第三名，奖了我 5 块钱的书。当时第二名奖 7 块钱的书，第一名奖 10 块钱的书，奖励没有钱，都是给老师用的教学工具书。得到这个奖的原因，一方面是踏实的学生，我会教得特别认真；另一方面对于不同的学生，我有不同的管理方法。

我对学生要求比较高，学习的时候必须认真，必须提高学习时间的利用率。课本上的字都要会写。我平时考查的方式就是随便翻开书，问哪篇课文第几行第几个字是啥，别的我什么也不提示，这些孩子就能答上来。后来，这些孩子长大后，有的和我说，多亏当年我那么教他们，现在他们还能至少识些字，要不什么都不会。我教过的大部分字都会写，对他们的生活很有帮助。

我们教学都是两种话教，一种是拼音，另一种用土话解释，要不然理解不了。这样的状况也就是在一年级的时候，到了二年级以后，就能理解意思了。老年人对用普通话教有意见，说我教的孩子们都是在编字，农村都是这个样子。现在外出打工的人回来不说土话，老人不会像以前那么大意见，但是也不会太高兴。现在上百岁的人都去世了，稍微年轻一些的人比较理解，认为这个做法对着呢。

我教过的一个学生曾经念过七个一年级，因为根本不学，管也不听，没办法。我还记得班长武四军，他现在在西安。他可调皮了，是班里的头头。我就让他当班长，管住了他一个，就都管住了。那时候，大人在生产队劳动，中午吃了饭还要去劳动。但是武四军不回家，他爸妈就不能开锅，要是提前开了锅，他回家就闹得不行。后来，我们有个婶子跟我说了这事。我没直接说，就在班上提了一下：

"咱们有学生表现不好，父母劳动回来还得等你回家开锅。"后来，他就改了。后来别人跟我说："小林你能行了，四军只有你能管住。"班里也有学习很好令我印象深刻的学生。一个是武智明，比较聪明，不调皮，平时用功学习，学到的知识也就会了。一个是吕如平，以前在王家砭中学当政治部副主任，现在在景北县中学当老师，教书很全面，文理都行。

当时学生都回家吃饭。那会儿，穷就没法说，吃得很不好。在 1977 年，一家人做饭放不了一碗粮食，都是菜放得多。吃了这个饭走路，饭在肚子里就咯噔咯噔地响。学校里，年级高的有单独的桌子，年级低的就三五个人挤一张桌子，写字也写不成，只能你写完了我再写。

在泥河沟教到二年级以后，我又到了刘家沟。我的外公、外婆就是那个村的，但是老婆在泥河沟，星期天我就得回家来。那会儿已经分了地，所以自己要种地。即使在大队的时候，老师也有自留地要种。1983 年从刘家沟离开之后，我被调去了桑塌，那就方便了，也住在那儿。教学生，就像放羊一样，你认真一点，孩子们的成绩就好一点；如果不管，那就教不成。这跟挖粮食、担水不一样。我常讲，在山上有草，你挖一筐子，背回来才能喂羊，所以知识都是一点点积累起来的。在桑塌待了一年，我的第二孩子出生。因为计划生育，就不让我教学了。因为没别的可做，自己只有两亩地，我就回村拉船，拉了几个月赚个运费。

1984 年我通过转正考试，1985 年就正式有了工作。转正考试要求教师有 20 年教龄或者是师范毕业的学生，包括中专毕业的学生。当时每年只招 20 人，全县有 1000 多人参加考试。我从 1977 年开始考，人家组织我就报名参加。我考了很多次，1984 年认真复习考上了。现在还有没转过来的，有人后来就不做老师了。当时考语文、数学和政治，以及一门专业课。专业课有体育、唱歌、画画等。我体育还可以，推铅球在所有参加的人中是第二。转正了，说不来有多么高兴。咱们这儿转正的人不是说挣多挣少，是给老家面子，人家很能看起。转正之后，我到楼塌教书，一个月挣三十八块五。

三　印象最深白家墕

在楼墕，我带的班考了全学区第二名。白家墕书记在去上坟烧纸的路上碰见我，想让我去白家墕教书。我本身不想去，因为我文化水平有限。白家墕是个大村子，村里文化人多，事情比较复杂。咱知道自己的本事，所以留在小村村里省事，但后来还是把我调过来了。

当时白家墕书记的媳妇也在教书，家里的娃娃五六岁了，又在外面做着生意。她既要教学、工作，又要回家做饭，家里琐碎事可多了。所以她在教学过程中，有时迟到，有时早走。人家其他老师都是该来来，该走走。当时我们每一个老师都要带一个班。我就批评了她两回，说你不来你学生没人管。这样一来，教了一年半就不让我教了。实际上我正教在劲儿上。

在白家墕，我出力出得多，我一生中的高峰就在这里。1986年到白家墕，我教得很认真，因为人家孩子基础好。可就是调皮，老把老师们追着全村跑。有一个调皮的学生叫白四爱。这个学生抱着石头打老师，出了村还追着打一个女老师。但他不敢打我，顽皮的孩子我也不怕。顽皮的人脑子聪明，只要把方法用好，就很好管理，教一阵儿就服服帖帖。笨人，就不会顽皮。我带的是四年级，另一个老师带的是五年级。有一次乡里唱戏，五年级的学生有三个就去看戏了，这个老师问我怎么办。放学的时候需要站队，他就问了一句谁没请假跑去看戏。那三个学生很傲慢，自以为是。然后我就随便手一挥，就挥出一丈多远。也就这一次，老师和学生都怕我。

在白家墕，我带8个学生。当时都是一个老师包一个年级。那时候是五年制，我从四年级下半年开始带，一直到毕业。我记得中途班里一个孩子订婚了就不念了，一个随父亲到了宁夏。剩下的6个人，两科平均分是149分，名次很好。我要求他们早上7点到9点朗读半个小时，上数学课。上午9点到11点上语文课，下午3点到5点上副科课。我还要求晚上6点到8点上晚自习。这样在管理上我比较严格，在教学上我尽我的本事教，学生们在学习上时间也充分。在这里，我把学生思想教育过来，学生学习很努力，上晚自习都没声音。这是我教学当中最认真负责的阶段。虽然受了累，但是有了成绩，很有意思，心情就好了。

1987年后半年，我回到了楼墕。后来我先后到郑家坬、土沟和上何教书。在农村，除了把学生教好，和家长关系弄好，最关键是和队干关系好。和队干关系不好，教再好也没用，所以我就不爱教了。我在师范念书的同班同学是佳县教育局局长。有一次在佳县遇上他，我说我不爱上课了。他就把我调到通镇中学做保管员，管理学生的食品；1993年下半年，调到王家砭中学直到退休。退休回村，一是照看老人，二是负责给村里抽水，就是用戏楼处的抽水设备把水抽到寨则上，供应全村的饮用水，再一个就是担任出纳。

我24岁开始教学，根本就想不到这么有趣。既教文化，又和猴孩儿们打交道，说不来的有意思。再一个就是教各年级课程的时候，把以前学的教给学生，自己从中又学到一些知识。这些知识包括课本知识和社会知识。我教过的学生，甚至是打过的学生对我都没意见。我们村我教过的二三十个学生跟我关系都很好。人一辈子没有白活，有一定的成就感。如今虽然退了，但还在村里帮忙着呢。两任书记武南耀和武正生对我都很满意，说我做工作细致。我对泥河沟的想法是，第一是做好顺水坝，第二是把村里的学校办好。有个学校，家长就不用把孩子往外送，省钱又安全。

（高凡　采录整理）

【武正生】

访谈时间：

2015 年 7 月 10 日、2016 年 1 月 13 日

受访者住址：

佳县朱家坬镇泥河沟村曹柳圪台 118 号

人物小传：

武正生，男，1960 年生，沙塄上武佩金家族。1975 年就读于申家湾中学，1982 年毕业于榆林师范学校，1991 年转入朱家坬乡政府工作，2015 年当选泥河沟村党支部书记。

一 最苦的日子是高中

我农历十一月二十二日生于泥河沟村，8 岁开始上小学，最开始在后圪洞，原来叫后村。二年级的时候，我在下面的六孔窑上学。六孔窑是在 1968 年左右建成的，我在这里读完了小学和初中。最开始读小学的时候，一个班有 12 个人，最大的比我大三岁。上了初中，就有 28 个人。没上学之前，我就跟父亲走街串巷，到了二年级才到村里开始学习。当时小学只有语文、算术这两门课，教点字儿，主要是《毛主席语录》。老师中有一个叫武鹏的，是武岳林的父亲，还有武占格、武义光。我小学时，在学校旁边小便，有个同学就拉着我见老师。我不好意思，气坏了，就拿个石头把他脑袋给打了。我们当时的班主任叫白本治，他就让我在教室外面站了一周。武南耀来劝他别和娃娃计较，这才了事。

我上学时，早晨 7 点上学，下午 4 点就放学回家，早上 4 节课，下午 3 节课，每节课 40 分钟。每天早上 7 点上到 11 点，夏天下午从 3 点上到 5 点，冬天下午从 1 点钟上到 4 点。一般早上第一节课是朗读课，第二节数学，第三节是自习，下午上语文，这时间多少年都没变过。那时，孩子们都背着家里的小书桌去上学。以前十一孔窑这儿还有一个初中部，初一在那里上。旧的六孔窑洞那里曾经也有初一、初二。当时的初中是两年制的。

我们家里总共5个子女，3个弟弟，1个妹妹，我是老大。我感觉自己的童年很苦。记得9岁的时候，我父亲推磨，因为我母亲在家做饭顾不上，所以我就帮父亲撒面。后来我长大之后，父亲就让我推磨，推得非常累。那时候我可小了，冬天也没有个手套，手上就长了很多冻疮，但是照样还得干活。这个事情我印象深刻。我母亲在地里干活没办法回来做饭，我放学就得赶紧回来做饭。家里的粮都是从通镇背回来的。有时父亲带我去镇上背粮食，光着脚不穿袜子，走一路回来把脚磨得都是泡。那个时候，家里面还养着羊，我还要喂草、捡树皮、收菜、担水。总之，十一二岁的时候，我就已经负责家里面主要的家务活了。

我1975年在佳县申家湾上了两年高中。当时主要是机遇好，村里面推荐娃娃出去上学，全村有11个名额去申家湾中学上学。到现在，我觉得生活最苦的时候还是高中。说来难过，这个中学直到1977年还是一个凳子坐两个人。当时资料非常紧缺，国家统一分书。一开始，两个人只能买一本书，我们共同买了一本数学书。第二年，就可以一人买一本书了，我感到很高兴，但是物理、化学又是两个人买一本书。那时候啥也不懂，为什么文化程度低？我高中没有学过一首古诗，没学过一篇散文，就是学《毛主席语录》和“农业学大寨，工业学大庆”了。那时候，书里就写张铁生、雷锋那些人了，只学过一篇《卖炭翁》，别的就没有了。再一个就是没有书，其实我可好学呢，常盼望能看到书，谁家有个画画书了，就赶紧借来看。像《智取威虎山》《红灯记》，有些书名也听说过，但是借不到，因为这里根本就没有这些书。

那时每天半工半学，一大早就去上学，午休完就去劳动，劳动还不给算工分。当时下午给学校种点地，把公厕里的大粪掏出来给地上肥。学校的地很多，可是种完了还要给周围的邻村种地。那阵儿过得可苦哩。劳动的人一起吃大锅饭，就吃大白菜。上面长了好多虫子，都能在叶子上面铺一层了。煮白菜的时候，水上面漂一层的虫子，我们饿得把那个都喝了。因为当时吃的东西很紧缺，饿的时候还吃过熬锅水。熬锅水就和稀饭差不多，黏糊糊的，就是水烧的时间长了，有味了。因为比白开水稠，所以比喝白开水强一点。当时就饿到那个程度，喝熬锅水顶饱，和《平凡的世界》里面写的是一样的嘛！

那阵儿在高中念书，每个星期休 1 天。所以星期六下午五六点放学前，我们就请假早一点走。那时候还没有沿黄公路，要走 23 公里山路，晚上才能回到家里。到了家里，吃罢饭就睡觉，第二天天一明就走，回家也只是晚上睡一觉。那阵儿为什么回家呢？实际上是没钱了，在学校没有吃的了，饿得不行，回到家里拿点窝窝头、炒面，再就是拿点钱。我一次回来就拿 5 块钱，那阵儿在学校一星期花 5 块钱就够了。我记得在朱家坬乡里做干部的时候，曾经写过一篇《炒粉条》，主要是写生活的困难。我和武文强的爸爸武治洲以及另一个同学是从一个村出去上高中的。治洲和另一个同学的生活条件比较好一点，可以吃 3 毛钱一碗的炒粉条。到了城里，我们都饿了，他俩人就去吃炒粉条，我 5 块钱不够花，所以就躲开了，下去吃 2 个窝窝头。1 个窝窝头 5 分钱，这样就把钱节省下来了。那时候，家里没钱了，就跟村里人借，谁有 5 块钱就先借 5 块钱。有一次回到学校，我发现 5 块钱没有了，心里想这可毁了，一个礼拜的伙食费没了，没钱了可咋办呢？路上有个人捡着了，交给学校的书记，说是路上捡着的 5 块钱。归还我之后，我可感动呢！

二 靠讨吃也不当农民

1977 年，我回乡参加生产劳动一年，在村里耕地、放羊。耕地在对面那个山。我那时候可瘦小呢，每天担上一担粪去耕地，从早耕到下午 5 点才回来吃饭。就这样劳动了一年后，才开始当民办教师。那时，我下定决心这一辈子不要再受苦了，不当农民、不下地，就是靠讨吃也不当农民了。因为当农民太苦了，成天两头不见太阳，一早出工直到黑夜才回来，又累又饿，根本没有一点娱乐的时间。那时候，我可爱下雨哩，下雨的声音好听。看到下雨，心情就好，因为下雨天不用干活，就盼着下雨天。可是那阵儿天不争气，晚上下雨，白天晴天。到现在，我对雨还是很有感情的，就爱听雨声、看雨落。我下雨常不打伞，雨淋到身上，感觉相当好。

那阵儿国家没有考大学的，1977 年才开始出现高考。我们班先是有 65 个人，后来剩下五十几个人。三十几个男的里，就我一个考上了中专，女的考上了两个。1978 年 1 月至 1980 年 7 月，我在泥河沟当民办教师，教了两年半。最开始是在六孔窑教书。1979 年 2 月，学校搬到了十一孔窑，我在那里教到了 1980 年 7 月。1980 年，我参加了高考，考上了榆林师范，在那里读了两年。巧的是，就高考那天没吃的了，已经断顿了。考试那天，母亲去通镇供销社买粮食，家里面锅里的水都烧开了，就等着把米下锅了。母亲把米背回来之后，赶紧就把米下了锅做饭。

1982 年从榆林师范毕业之后，我在前何小学教书，1983 年我去白家墕教书。离开的原因有两点，一是那里偏僻，二是当时前何小学闹鬼。我本来是不信鬼的人，因为那件事，我就觉得好像是有鬼的。我当时 20 多岁，一个人睡。晚上 12 点，我睡得迷迷糊糊的，“哒哒哒”的响声把我弄醒了，声音持续了很长时间。在整 3 点的时候，这个声音正好停了，把我吓坏了，就不愿在那儿教书了。1983 年 8 月，我转到白家墕教了半年。因为我不爱做饭，所以要换个地方，后来就调到朱家坬乡的乡办中学，教的是语文。1984 年，我又调回泥河沟村，在十一孔窑教了半年。之后，我又调到朱家坬乡小学，先是当教导主任，后来又当上了副校长。再后来，我又到垴坪圪垯教了五年。一直到 1991 年，我仍然在教育界工作。但是当时农村条件比较差，社会上对教师有歧视，所以我想要离开。后来，我就开始做生意，卖红枣、卖面，直到 1996 年。我记得 1982 年下半年的工资是每月 38 块，当时一斤枣就已经四五毛钱了，一年以后转正了每月工资 44.5 块。当时社会上对教师不尊重，认为教学是责任。农民更认为干部比教师更有权力，领救济款、找工作、批地基找干部，教师只能教学生。

1984 年，我 25 岁的时候结婚了，当时积了大概有 100 多块钱吧。那阵子，老师工资不算高，供销系统、粮站工资比较高。乡干部和教师的工资一样，但是教师的工资是死工资，干部还能白吃白喝。这样一来，农民就觉得教师不如干部了。到 1992 年，教师工资才逐渐比其他人的工资高起来，因为国家出台了政策调整工资，不让社会歧视教师，所以教师地位开始提升了。

三 开章小学的撤销

十一孔窑那会儿是学校，直到 2006 年才弃用。我在十一孔窑教学的时候，主要教两个班的学生。我最开始给小学四年级当班主任，教语文和数学，又给初二带过数学、化学和物理。那时候，学校有 7 个教师，只有 1 个公办教师，剩下的都是民办教师。我们这 7 个人又给小学上课，又给初中教课，有什么课就带什么课。我高中毕业实际上什么也没学到。要给娃娃们上课，可是自己什么也不懂，就得晚上看书，第二天早上给娃娃们讲。小学当时有 6 个班，从幼儿班到五年级；初中有两个班，初一、初二各一个班，一共有 100 多个学生。幼儿班的学生多，有 30 多个，可是麻烦着呢！幼儿班的娃娃从 5 岁到 7 岁，我们就教识字、拼音。我带过半年的幼儿班，因为原来带幼儿班的老师走了。带幼儿班很麻烦，跟娃娃们好好说话，他们不听，一吼他们，又都哭了，我真是没办法。

我媳妇也是教师，她教书相当认真，手把手教别人写字，调皮的小男孩儿都特别听她的话。她从 1979 年开始教书，教了 30 多年书，直到 2012 年退休。我媳妇原来在娘家村里教书，结婚后先到武家峁教书，也在朱家坬教过，后来 1989 年才调到泥河沟，在这边教了 22 年书。我和我媳妇是经过别人介绍认识的，当时聊了不到 20 分钟就把终身大事定下了。我们两个人一见过面，介绍人就分别问我们对方合不合适，我们都觉得合适，就这样把婚姻定下了。女方当时要一个大木柜作聘礼，我就说："你愿意来就来，不愿意来就算了。"我不愿意拿东西换媳妇，别人就劝我"你们弟兄几个一起弄一个柜子"。我说："我不干！"这不是也娶回来了嘛！

当时是因为十一孔窑的条件很不好、很不安全，那边有个崖很危险，操场就在房顶，小孩儿稍微不注意就会掉下来，所以在 2006 年左右建的开章小学。那阵儿我已经到了乡政府工作。在十一孔窑的时候，还有 100 多个学生，但是到开章小学就只有七十几个学生了。学生每年少一点，后来就剩一两个了。虽然乡里有明文规定，大村的学校是不能撤的，但是后来家长不同意孩子在村里上小学，把孩子都带走了。外面的教学条件要好一点，村里只教语文和数学。以前黑压压的学生坐成一片，老师讲课还能有一点信心。现在一个老师教一个学生，都要打瞌睡了。老师和一两个学生干瞪眼，教着也麻烦，所以就不想教了。另外，老师们也都上了年纪，都 50 岁多了，教一会儿，歇一会儿。家长看见老师不耐烦了，教书也心不在焉，自己就把孩子带到外面去了。

开章小学从建立到学生全部离开，不到十年的时间。开章小学建好没几年，从幼儿园上到二三年级，一个班就剩一两个学生了，再大就出去了。现在，经济条件好了，人们的眼界也活了，都打工去了，慢慢就把孩子也都带走了，开章小学也就撤销了。

（郭天禹　采录整理）

【武子军】

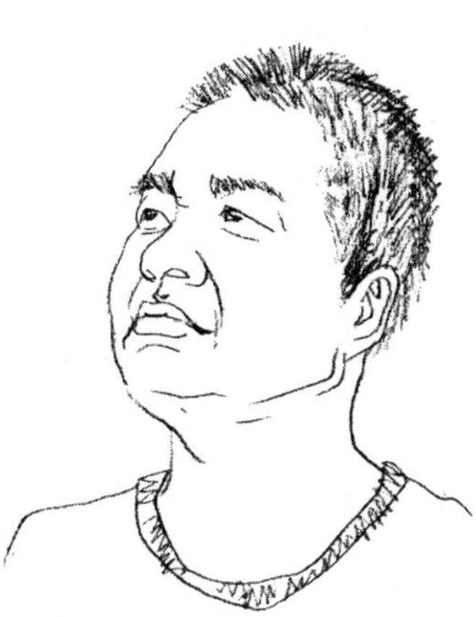

访谈时间：

2015 年 7 月 20 日

受访者住址：

佳县朱家坬镇泥河沟村后湾 45 号

人物小传：

武子军，男，1971 年生，磕里武亨通家族。1991 年就读于西安市机械技工学校，之后在西安重型机械厂下属企业高压阀门配件厂工作。1996 年返回榆林开始创业。2011-2012 年主持编纂磂里家谱。

一 为糖馍馍抹水泥

我是农历四月二十五出生的，属于磕里家族。我父亲叫武有会，是村里教冬书的老师。冬书是说学生不用全年念书，就只在冬天念一段时间的书。我大伯伯武有章在村里很有名，是泥河沟村的一条好汉，十里八乡都知道他。他身体不好的时候，躺在病榻上经常给我妈妈说："你要好好伺候我，只要我不死，没人敢欺负你们。"过去纯粹是打闹的社会，不像现在。他性格刚强，打架很厉害，村里面有大事小事都找他。我三伯伯在抗美援朝期间牺牲了，那时他在部队担任侦察连连长。

我小时候家里很困难，父亲带着我二姐去山西的寿阳县，准备把她嫁到那里，然后全家再搬过去安营扎寨。但他看到二姐在寿阳的生活并不是很好，想到自己把女儿养这么大，舍不得把她嫁到那里，最后又把她带回来了。现在她在榆林，有房有车，生活很不错。当时全村范围内都存在去外地定居的现象，迁居的线路有山西寿阳县，有陕西延安、黄龙县和内蒙古五原县等等。

1975 年和 1976 年是饿人的年份。当时家里只种了几棵枣树，不像现在这么多，吃了上顿没下顿。我们家里人多，总共有兄弟姊妹八个，饭就更不够吃了。吃的饭特别稀，锅里煮高粱、小米的时候，放特别多的水。我小时候经常在盆子底下捞米吃，但总是汤汤水水的什么也捞不到。到了夏天，我天天游泳，吃两口稀饭就钻到小河里面浮河，等饿了才上岸。因为当时年纪小，特别饿的时候就走不动，回不了家。10 多岁的时候，为了填肚子，我在地里面偷别人的生豆角吃。要是时间不紧，我就用柴火把小铁桶架起来，从河里面舀一瓢水，把豆角放在里面煮熟了吃。家里也吃过返销粮，需要从通镇往家里背，但是我年龄小，没有去背过粮食。

我六七岁的时候，参与过村里“闷咕噜”和倒虹（道洪）的修建。村里面灌溉的水都是从“闷咕噜”里引过来的。倒虹把小河的水位抬高，让村庄里面的灌溉水能到达田地，就是一个连通器。因为 70 年代的技术不够，做不出来能让大人进去的管子，小孩子爬进去之后都没有转身的空间。当时，村里其他的小孩子都不敢进去，我就拿一个手电，推一大盆水泥进去抹缝，就是把两节管道之间的空隙连起来以防漏水。我当时已经熟悉怎么进去操作。因为倒虹是一个 U 形的结构，所以我一开始是斜着爬下去，然后直着爬出来。当时和我一起做工的还有一个小孩，我俩从两头并进。每糊一盆水泥，我就能吃到一个糖馍馍。糖馍馍就是现在我们说的月饼，里面带馅儿，外面包的是面皮。我在武国朝家的大院子上的幼儿园。他家的位置就在现在开章小学门外左手第一家。当时，我们幼儿园有三四十个人，总共就一个班。我们幼儿园就一个老师，叫贺桂兰，为人比较严肃。我们在幼儿园的玩具就是橡皮娃娃，在附近村子算比较先进的。虽然我很调皮，但老师让我担任班级的小班长，所以我就有权力分发橡皮娃娃。谁跟我关系好，我多给他一个，要是关系不好的人就不给他发。小孩们都很听我的话。

当时小学是五年制，小学的前两年，我是在六孔窑洞上的。我一年级的老师有武小林、武世忠。武世忠是个有钱人。他当时有抽大烟的癖好，但是在学校不能抽大烟，他就用樟脑丁代替。我经常看见他用铁丝在小铁炉里面鼓捣。我还记得他每次抽烟的样子：用烟枪深深吸一口樟脑丁的气，然后把烟枪在讲桌上磕两下，每次吸完还要咳嗽两声。有一次，他发现我在观察他抽樟脑丁，就冲我大喊：“往回走！”我就走了。当时他是我们家的邻居，经常跑到我们家来抽大烟。他用的洋烟枪是铜和木头做的。我家传下来一把洋烟枪，现在在榆林放着。

小学三年级的时候，我搬到十一孔窑去读书。泥河沟村里的学校校址特别多，除了六孔窑和十一孔窑之外，武买保家原先也是一个小学校。我的小学老师还有武义民、武义旺、武世竟和杨彩霞。

二 捞鱼遇洪险丧命

我们村自古被叫作“汉道”，主要发展航运，但是陆地上的交通闭塞，只有人走的路，最多就是驴拉车或者拉拉车能行驶的道路。从包头到靠下游的府谷、神木这一带，顺着黄河一路都是航线。我们村就是一个渡口，叫“红石碛渡口”，是黄河上特有的名字，附近的河岸上有很多红石碛。佳县渡口就叫“佳芦碛”，佳县城上游的渡口叫“桃花渡口”。沿着顺水坝往下游走，能看到石头混乱排布的石阵，里面夹杂着红色的石头，那就是红石碛。由于红石碛的存在，我们村渡口的水位线每天都在变。黄河上的老艄公最害怕的就是红石碛，因为它很容易把船打破。我在十一孔窑念书的时候，听说红石碛打烂船了，大家就都到渡口去看。1976 年的洪水是我们村失去生命最多的一次，算是比较严重的天灾。当时我只有五岁，胆子比较小，不敢到黄河边上去看，就站在村口远远地望黄河。当时从黄河拉上来许多遇难者遗体，我帮忙用拉拉车把遗体往村里推。武子魁是我们家族的一位退伍老红军，走路的时候一瘸一拐。村里人把他的遗体拉回来之后，就放在观音庙下面的窑洞里。当时，观音庙只是一个窑洞，没有上面的庙，庙台是后来才搭建起来的。每天晚上都需要有人照看武子魁的遗体，村里安排我爸爸负责这项工作。有天晚上，村里面放电影。我要跟我爸爸去观音庙，他不让我去。他刚动身去观音庙，我就悄悄跟在他后面。原先村口那条河上没有桥，上面放的是蹑石，人踩着石头过河。河水比较大，我刚跳上一块石头就掉到河里，裤子全湿了。我爸爸回头问我干啥来了，我说想跟他一起来但心里又很害怕。后来，村里专门给武子魁开了追悼会，缅怀我们村里重要人物。

贺桂兰老师的丈夫武闰月也在那年的大船难中丧生了。丈夫去世之后，贺老师就再也没有找另一半。船难死去的人，还有武高升的母亲、武毛仁、武毛女。武毛女当时是我们家的邻居，长得挺胖的，在村里当老师，但是没有教过我。

小时候，我经历过一次大难。有一次我在河里捞鱼，上游下大雨导致河水水位猛增，凶猛的洪水瞬间把我冲到一边。我急中生智爬到身边一块大石头上，水位越涨越高。最后我蹲在大石头上很小的一块地方。河岸上有个老太太对我说:“军军，你现在能出来吗？”我说现在水太大了，出不去。武世进一看水再大我就要被冲走了，赶紧拿了一条长绳抛给我，让我缠在腰上把我拉过去。可是水太急了，即使把绳子缠在腰上，也不能把我拉上来。后来，他又给我扔进来汽车轮胎的内胎，让我爬到里面。现在的轮胎都是真空的，但是原来的汽车轮胎里面还有一层内胎，充完气后，可以当救生圈。这时候，岸边的人看到我的腿上缠了一条蛇，但是他们不敢告诉我，蛇后来缠到了我的胳膊上。我当时已经慌了神了，根本没看见。他们让我换换手，想让蛇被水冲走，但是我不敢换。后来蛇没了，我就套上轮胎的内胎，被拉了回来。

上岸以后，我妈上来就朝着我的屁股“啪啪”来了两下。那时候我还光着屁股，红手印子两天都没有消。我妈害怕我被吓得“魂儿”跑了，就和我姐每天晚上去我当时要被冲走的地方给我叫魂儿。叫魂儿要两个人去，等天稀缺，星星上来之后，连续去3个晚上。拿着槲子，里面放一把笤帚，再放点吃的，上面盖一块红布，念叨：“军军回来了，军军跟着妈妈回来了。”回来之后，让我把馍馍片儿吃了，就完成了。

黄河发大水虽然是灾难，但对泥河沟来说，也是一种财富。小时候，我跟着我哥哥，看见黄河上游打雷了，晚上也不回家，就睡在黄河附近的几个烂窑里，等着发大水。第二天可以捞柴捞炭，还可以捞鱼。那时候，我们一年基本上不需要买柴和炭，黄河发大水的时候捞几次就够了。有一年黄河水特别大，推下来一个六七米长的松木棒。我看见之后，就一个猛子扎下去，很快就追上了浮木。我一看，特别粗，一直到通秦沟我才把它控制住，拖到岸边。一个人根本抬不动，我又叫了几个人。我就把它捐给了观音庙，修了庙前的大梁。去黄河里捞东西是很危险的，一不小心，就可能送命。

三 回榆林创业发展

我在朱家坬乡上初中，读了两年，初三在通镇上，高中在榆林上。高二那年，佳县来了一个西安技校的招工团队。被录用之后，我在西安市机械技工学校念了三年书，之后在重型机械厂下属的高压阀门配件厂工作。我在西安上学期间，做得挺不错的，不存在分配不到单位的问题。其他同学都被分配到一线去了，我被分到二线，在财务室上班。我们厂属于国家二级企业，主要做出口贸易，生产法兰，产品出口到马来西亚。当时厂长叫黄经济，个子不高，带一副眼镜，手上经常拿着一个大哥大。我就在他身边工作。

我 21 岁的时候，跟在西安一起上学的一个同学谈恋爱，最后结婚。我爱人的姨夫在省政府工作，是乡镇企业管理处的处长，视察过我们工厂，对我印象比较好，也挺看重我，就把我推荐给家里人。他们家人商量说把我带回家里看看，之后就在他家定了亲。我爱人的母亲去世早，我就没有见过丈母娘。她怀孕的时候，我在厂里请了两个月假，把我妈接到西安，在家照看她。我妈当时 60 多岁，不适应西安的气候。老人说西安晚上实在太热了，一晚上都睡不着，在这边照看儿媳妇容易把自己的命搭进去。一九九三年农历五月二十日，我爱人回到佳县城后的第八天，我儿子就出生了。我在财务室工作两年多后，被调到负责西北五省销售外线的岗位。由于工作太忙，没工夫回家，我和爱人两地分居。后来，两个人都受不了这种生活状态，于是我给厂里提出辞职申请，回到榆林工作。我从十七八岁到西安，总共在西安待了七年时间。我虽然在一起上学的这拨人里面不算差的，但是回到榆林之后，觉得自己的发展受到一些限制，很大程度上是因为我结婚比较早。和我一起参加委培的同学总共有 40 多个人，只有我们这一对结婚了，而且我回老家最早。

当时我想着自己创业致富，花了一两万块钱买了一辆旧车，到冬天贩卖红枣。我上学时认识的一个同学在山东烟台一个制锁厂工作。1994 年我给他送了一车红枣，大概两万多斤，一趟就挣了四五千块钱。这在那个时候不是个小数目。尝到甜头之后，我打算再做一次买卖。当时，我爱人他们村的红枣比泥河沟村的便宜，我就从他们村买了一车红枣，想着在西安有很多熟人，肯定又能赚一笔。但是，这批枣没有晒干，到西安之后气温太高，一车用纸箱子打包装的枣全都发霉了，一个都没卖出去，全部倒掉了，总共亏了 11000 多块钱。

1995年，我和村里的武爱耀合作，给黑龙江伊春市的朋友送过一车枣，挣了不到1000块钱。从佳县到哈尔滨，温差特别大，柴油和发动机的机油都冻住了，整个油管道都不能正常运转，我们的车在路上走一段就会停下来。我们卖完枣往回返的路上，途经绥化时遭遇了劫匪。当时在公路旁边有一块警示牌，上面写着“前方施工，请绕道行驶”。我们顺着另外一条路往里走，刚走到市郊，从后面开过来一辆面包车把我们挡住，说他们的车被我们剐蹭了，向我们索要赔款。我还在车后面的卧铺上睡觉，听见外面吵吵嚷嚷的，就探出头来看。只见从面包车上下来好几个高头大汉，每个人的头上都戴着虎皮帽子。我心里一想坏了，这帮人肯定是来打劫的。卖枣赚的钱都压在卧铺下面，本来一车枣就卖不了多少钱，要是在这儿被打劫就赔大了。我下车问他们说：“大哥，你们管事的人在哪呢？”他们说在车里面坐着呢。我走过去一看，车里面果真坐了一个人，一句话也不说。我心想一定要报警。趁他们围攻我们同行另外几个人的时候，我顺着车赶紧跑，拦下一辆出租车就上去了。出租车司机问我要去哪里，我说去就近的派出所，我们的车被别人劫了。让我惊讶的是，出租车司机拒绝拉我，让我下车。我心里特别着急，说你怎么能不拉我呢，我们外地人在你们这里遇到危险了。最后，他把我拉到派出所的门口。我还记得派出所的名字叫奋斗派出所。那天恰好是礼拜天，只有一个值班民警。一开始，我给他说我是从榆林过来的，他不明白。后来我说到“延安”的时候，他理解了。我记得我们车旁边有一个大酒店的广告牌，这是唯一的线索。他赶紧呼叫一个警察支援。等我们三个人赶到现场的时候，劫匪们已经离开了。当时卡车驾驶室里只放了1000块的加油钱，我们只损失了这些。可能是因为劫匪看到我们当中少了一个人，认为是报警去了，心里比较虚，只要了1000块钱就仓惶逃跑了。

车走到天津的时候，有一天晚上我梦见了我爸爸。直觉告诉我，老人家不会是去世了吧？果不其然。我们回到佳县之后，在康乐旅社小住。我一个人睡在炕上，隐约听见住在隔壁的老头说话，讲一个小子拉了一车枣到东北去卖，他父亲去世了，可他到现在都没有回来。我一听就发觉可能是说我呢，赶紧到隔壁问个究竟。老头一开始不说话，后来告诉我，父亲病重了，让我赶紧回家去。我问他我爸爸是不是去世了，他说不是的。走出旅社，我在路上碰到我们村的老书记武世峰。他和我爱人娘家在一个村。他一见我就对我说，你爸去世了，赶紧回家。当时我心里太痛苦了，连夜赶回泥河沟。我家的房子在前村，我爸住在后村的曹柳圪台。回村之后，我带着爱人一路哭着去我爸家。一进屋只看到他的遗体，就再没见到最后一面。我爸去世那一年，我儿子 3 岁。

回到泥河沟村之后，我买了一辆农用车给村里拉砖、拉沙赚钱。村里有人修窑盖房子，我就出去拉沙子，在浅河滩用铁锹一铲一铲把沙子装在车后面，跑一趟 80 块钱。佳县有砖厂，我再用夹子一块一块把砖头装上车，拉回来卖给村民，一车砖头能卖 100 多块钱。也正是因为如此，那时候我在村里的人气特别好。看村里人都在修房子，我也掏 4000 块钱买了一块地基，重新盖了四间小平房。后来，我的农用车渐渐就变成了客车。我没有驾照，我的车也没有档位，相当于无证驾驶的“黑车”。从泥河沟去通镇，我规定车票价格是每个人两块钱，老年人免票。我在车后面拉两根绳子，人就坐在两根绳子中间，紧紧抓着绳子。车上总共能坐 40 多个人，都是人挤人坐着，非常危险。当时的路也不是柏油路，是“台阶路”。就像去佛堂寺的那段路，中间是水渠，两边是路，一路上就那样跳着下来。2002 年，我掏 132500 块钱买了一辆客车，运营从佳县到榆林的线路。那时候，这笔钱特别值钱。我买的是当时最先进的齐鲁大巴车，定制航空座椅，气动自动门，而其他人都是小面包车。榆林有很多地痞流氓，经常拦住客车收“管理费”。刚开始运营的时候，我就和榆林的地痞打了一架。后来佳县的客运公司给我排了固定班，每天下午 1 点从榆林到佳县，每天早上 8 点出发去榆林。他们都能认得我的车牌号。

因为村里教育质量下滑，这一年我带着儿子离开泥河沟村，让儿子在通镇的完全小学读书。搬家的时候，一辆拉拉车就把全部家当搬走了。我在通镇的一个朋友接济我，把他家一孔窑洞租给我们住。住了一年之后，我觉得这样的生活不能持续下去，就把爱人也接过去给我们爷俩做饭。自打这个时候起，我就离开了泥河沟村。

2005 年，我看中零售行业发展前景不错，投资 30 多万元在榆林市开了一家

500 多平方米的超市，由我爱人打理，经营状况挺不错。2007 年，我把这个超市转让出去，又开了一家 1000 多平方米的超市，直到现在都在经营。这一年，我在佳县的方塌镇开了一个农业示范园，我担任执行董事。园区有很多株枣树、大白杏树，属于科技示范栽培物种。此后，我又投资 100 余万元成立了一个生态合作社。它是佳县规模最大的合作社。林场紧挨着榆佳高速公路，里面有树林、草地、湖泊，环境特别好。挣了钱之后，我把老家的窑洞重新装修了。

四 礤里家族“大总管”

很多年轻人像我一样走出村子打拼，长时间在村外生活，对过去老辈手上用过的东西都不熟悉。为了展现磘里家族从老祖先到现在台阶式的发展，让后人对家族的传统有所继承，和谐各家里面的关系，我们编写了家谱。在家族里，我是大总管的身份，是“领事儿的”。武南耀和我把家谱编纂委员会组织起来，大家按照家门的分支彼此分工，分头访问老人们，收集过去老一辈用过的老物件，采集名字、照片和个人简历，一起把这件事做了起来。家谱编写的时间，前后总共一年多，在 2012 年最终完成。

家谱印刷出来之后，我们在泥河沟村举办了一个礤里家谱的开谱仪式，请来了佳县县长等领导。我们拉来五门礼炮，摆放在村口的位置为仪式助兴，场面非常隆重。开谱以后，族人对这个家谱都满心欢喜，没想到能做得这么详细，写了老祖先的很多事。我们后来人应该向先辈学习。从我心里来说，这件事是很有意义的。后来，村里人逐渐对家谱重视起来。在武南耀的主持下，武氏家族又做了一个大家谱，范围包括周围的七个半村子。

自从立家谱以来，我们更加重视“坟会”和“抬喜份”的老讲究。每年到清明节的时候，谁家有娶媳妇、生娃的喜事，就要给祖先抬个喜份子，把在外面打工的、上班的都叫回来庆贺。去上坟的时候，谁家抬喜份，谁家给所有人管饭。买一个猪头，买些凉菜烧酒，大家在坟头分着吃猪头，吃贡品，要是天冷了就回到家里吃。没有喜事就办坟会，家家户户在坟头上填一点土，插上五彩纸，就像现在扫墓的时候送花篮一样，填土也是图个吉祥。仪式之后，大家把带来的凉菜、贡品、猪头肉等食物铺在地上，围坐在一起享用。

我现在有一个儿子、一个女儿，两个人都在北京发展。我每年过年过节的时候，都回村看望母亲，看望乡亲们。孩子放假的时候，我也把他们带回村待一段时间。2014 年，我们泥河沟村发生了重大变化。今年在新一任领导班子的大力宣传下，我对村庄的前景充满了向往。

（李禾尧　采录整理）

【武三卫】

访谈时间：

2014年7月6日

受访者住址：

佳县朱家坬镇泥河沟村湾崖地7号

人物小传：

武三卫，男，1972年生，沙塄上武佩金家族。1988年就读于乌镇中学，1991年保送陕西师范大学历史系，1995年毕业后被选调到定边县公安局工作。

我叫武三卫，生于1972年3月，父亲是武占格，母亲王春英，兄弟姐妹六人。泥河沟是我的故乡，我的父辈们在这里生活了一辈子，我在这里长大。我的儿子也是在这里出生的，经母亲悉心哺育，到了上幼儿园的年龄才离开。对我而言，泥河沟是哺育我们三代人的地方，我对这里的感情是深厚的。父母健在，家就在，泥河沟永远都是我的家。

不过，泥河沟给我的印象也只能是概念性的、模糊的。1985年上初中后，当时年龄小、个子小，从通镇中学到家里有40里的山路，背着干粮步行确实是件很艰难的事情，所以回家就很少了。1988年到了高中，乌镇中学离家更远，那时候交通也不方便，每学期只能回一次家。1991年到西安上大学后就更不用说了，坐班车得耗费两天时间，一般都在甘泉县过夜，第二天早上四点半出发，中午才到学校。所以总的来说，我自从上中学后就很少回家了。参加工作后，一年也回不了一次，特别在通高速公路之前，坐车从定边到佳县也得一整天。母亲在我刚工作不久来过一次。那时，她坐二哥的拉枣车，整整摇了一天一夜，又路遇沙尘暴，感觉很失落，说把我送到天边了。因此，我在泥河沟的生命印记都是童年时期的。童年是美好的，就如我对泥河沟的印象一样美好，自由得像小鸟，想怎么玩，就怎么玩。

一 明券石窑细考究

窑洞几乎是我们唯一安身立命的场所，吃饭、睡觉、学习无一例外，甚至我们的洋芋窖也在里面。活的人住的是石窑，去世的人则是在山上的黄土地里挖一个小窑安置好埋进去。因此，我们的记忆最深处就是窑洞。

我们家的院子原来有三孔窑洞，爷爷在土改后离开了老家，所以三孔窑洞分别属于我家、二爸家、三爸家。三爸海元在兰州工作，我们家八口人，他家的窑洞也就一直让我们占用着。后来在我们渐渐长大的时候，父母又修建了一孔新窑。院子西侧有房子，南侧有驴圈、马棚，东边有羊圈、柴草房。石头大门，大门的木头牌匾上刻有“耕读传家”四个大字，大门外有全村最大的一棵榆树，需两个人方可抱住。大门加大树，我家的门前自然天天有人纳凉拉话。后来，大门、南房都在刨榆树时打塌了，当然本身也风化得差不多了。窑内石板都不平整，据说是土改时把我们的窑分给贫农后被硬刨成那样的。

在我小时候，听到父母之间最多的发愁的言语就是券窑。四个儿子都呼呼地长大，都得娶媳妇，就两孔窑，往哪儿住啊？父亲经常出去看地基，但泥河沟没地，一下子能修好几孔窑洞的地方还真的难找。但迫于生活，父母还是决定在院子里现有的地基上先修一孔，同时不惜一切供我们上学。

1980 年代初，我们村有中学，二姐就在那里上的初中。大姐什么时候上学、在哪里上，我几乎没有记忆。大姐在申家湾上高中，直至她毕业，我才好像意识到了上学。印象中，大哥在天水很快就高中毕业了，父母在夜间说他要回来补习，但后来没有回来，说爷爷把他安置到了建筑公司。也就是在这个时间，父母决定券窑。

券窑，也就是明券石窑了，在我家现有的地基上，这可是一件大事。我的印象中，父母和我们都在那里干活，但我小，可能玩得多，没感到累。记得开工后，亲戚邻家都来帮忙。大舅、大表哥、二表哥都是石匠。我就是个提泥包的娃娃，在券窑的时候都没感觉到受苦，只是一个印记。当时和小伙伴们玩的时候，前后村应该家家都去过。在泥河沟被联合国粮农组织评为“全球重要农业文化遗产”所在地之后，我才逐步对我们村的古窑洞群落做了细细的回味。

听老人们说，泥河沟整个村落有四大门，沙塄、磘里、石塌、湾里，但它们是啥意思，真的没考证。究竟谁家是哪一户，我也不清楚，只有红白喜事时才知道谁家和谁家是一门的，但村子里谁家的院子我还是知道的。智慧家的老院子在我们的邻家，那个院子好。石坡、石大门、石台阶，院内五孔正窑，东房、西房、南房，标准的四合院。厕所在西南角，粪坑在墙外，上面也箍了窑洞。蹲坑的地方在窑顶，老家称之为“跌茅”，悬空的，很高。东房、西房、南房的房顶都有“瓦獸”，据说有点功名的人家才可以有“獸”。永飞家的老院子，那是泥河沟富裕阶层的代表，也是石坡、石大门，大门是窑洞式的，与智慧家的大门相比有点小气，但院子都铺了石板。六孔窑洞，三孔靠后，另外三孔靠前，不在一条线上，应该是根据山的走势修建的，而且不是一次成修。院外有一个大地窖，也是石头箍起来的，应该是泥河沟最好的地窖了。爱民家的老院子，也就是我们共同的曾祖父们的院子，三孔正窑，三孔偏窑，明柱抱厦，灰砖大门，很有特点。由此也可以看出，土改时为什么我的爷爷和大爷爷会被整改，不过最后被鉴定为中农，有点冤。农朝家的老院子，据说是中过举人，晚辈们都说是二先生家的老院子，是那时全村最有势力的代表，大门和门窗都有一定的研究价值。除此之外，义民家的老院子，标准的窑洞四合院，是地主家的院子。侯赖家的老窑洞也有特色，印象中在一排窑洞的中间，有一孔是专门的通道。沿台阶而上，才到了他们家，通道上面有房子。

总之，在我看来，泥河沟的宝贝是枣树，但古窑洞群也值得修复保护，对于研究黄河文明，特别是陕北和晋北的历史文化有一定的参考价值，甚至会有一定的地位或代表性的价值。也许，沿着泥河沟人类住宅及家族分化的轨迹去探索，会找到更有价值的历史文化遗产。

二 “奶菜”：沉重劳动的诗意美化

“奶菜”，听到我说这个名字，你千万别把它当成蔬菜中的“奶白菜”或小白菜。恰恰相反，当你知道真实含义后，你可能认为是脏臭的、污秽的。不过对于我们地地道道的农民而言，是真实的、平常的，是躲不过的日常劳动。特别是在我们泥河沟，这是最普通的劳动，是和我爸爸妈妈们一样的劳动人民把一种沉重劳动的诗意美化，是一种积极的心态，是特殊的诠释，代表着他们对劳动的情感和生命的体验。那么，什么是“奶菜”？简言之，就是我们农民担大粪给庄稼施肥，给菜“喂奶”。这个解释有点意思吧！每年夏天，到我们村千年枣树园就可以看到，我的大爷大叔大婶、哥哥嫂子们担着一担担大粪，晃悠晃悠地走着，去给庄稼施肥。如果你问他去干嘛？他会回答你去“奶茄子”或“奶黄瓜”或“奶荚荚（豆角）”。

对于这种说法，我作为泥河沟土生土长的农民的儿子，多少年来并没有领会其真实含义。担大粪，从童年直至在通镇上初中、乌镇上高中，这是我们劳动课经常会遇到的课程，因为学校师生们吃的蔬菜是在自己地里种的，有点自给自足的感觉。我把它当成一项平常的劳动，也没有细细体验和感悟。这是我们1960年代和1970年代出生的农村学子的必修课程。这些年，大棚菜、化肥菜、饲料猪、圈养羊吃得多了，偶尔回到老家吃老爸老妈用大粪奶的菜，黄瓜甜丝丝的，西红柿你也别担心放到锅里煮不烂，那个味道之纯正，无以言表。蒸豆角，我也可以吃一大海碗，味道郁香。说不清道不明，味蕾的记忆一下子就激活了童年时光。

前些年，我去东北地区的辽宁盘锦，正值春播时节，看到黑土地上堆放着大量的化肥袋子，黄白相间。我问朋友，你们种的真的是有机大米吗？他说是，但我们自己家吃的都施农家肥。中午到他们家吃饭，米饭真的有一股异常的米香。这是在食堂和平时自己家买的大米都没有的香味。朋友也大气，我回来以后，给我们一行人在车上托运回了1000斤自己家产的有机大米。

去年秋季，我和小斌到佳县朱官寨乡的同学家做客。第一天天黑了去的，没吃到农村饭有点遗憾。第二天又专程自己开车去，同学老婆又是要炖肉，又是要喝酒。我一概推托，我说打心眼就想喝碗小米粥。他家熬出的小米粥，上面满满地漂了一层米油油，喝到嘴里，香到心里。由此，我才慢慢意识到了真正的农家食品为什么会那么香，那是因为真正用农家肥培育出来的粮食才会有纯正的香味！不过，我所去过的关中平原、东北平原、江汉平原、珠三角的农村和老家的又不一样。在这些地方，好多农家没有真正意义上的厕所，就是土墙围起了个圈，挖了个土坑，大便好像任意随风化干而去，小便都渗到地里去了……真是一个难以启齿的问题，但这实实在在是与我们老家的农村有点不同的生活细节。由此看来，“奶菜”是我们村，也许也是黄河中游陕北山石区沿河而居的农民特有的施肥术语。

在我们老家，你可以遇到农民担一担猪粪，或者羊粪，或者牛粪。如果你问他去干什么，他回答说去给什么什么庄稼“上粪”去。如果你问担大粪的人去干什么，他说是“去奶什么什么庄稼”。言语之间，你可以体会到我们农民对农家肥的不同态度和情感。毕竟，人类的排便要比猪、牛、羊少得多。这种态度和情感的区别，应该与当地的自然条件也有一定的关联。

我们泥河沟是个封闭的地方，三面环山、一面水，在悬崖绝壁之下有一片开阔的平地。枣树遍及沟沟岔岔，千年枣树群落被联合国粮农组织授予“全球重要农业文化遗产”。但这里与陕北的其他地方一样，人均耕地少。加上土地贫瘠，特别是山地是“胶泥夹石炮”，黄河滩地自然就成了泥河沟的“白菜心”，成了全村人的生命之源，是赖以生存的最重要资源。在滩地上，枣树郁郁葱葱，在枣树下面混种着白菜、韭菜、茄子、豆角、土豆、玉米、绿豆、南瓜、红薯、花生……反正人类在这里需要的农作物好像都可以找到，不是成片，只是基本能满足自己家食用。加上山地种的高粱、谷子、黑豆、糜子等农作物，在改革开放之前，泥河沟是一个比较完整的自给自足的小农经济圈，也是一个完整的生态圈。我们家就很少会买东西。也正是土地资源的稀缺、劳动条件的艰苦和自然条件的恶劣，迫使我们村子的农民在这有限的土地上谋求最大化的生活资料，用于养家糊口；同时也迫使他们必须学会精耕细作，特别是瓜果蔬菜，是我们生活的命根子。所以，“奶菜”一词的创造是符合当地自然条件的，是农民对劳动的一种感情——既有对自然环境的敬畏，又有对庄稼的深厚情感。如果你还理解不了我说的这份情感，那就直接想象成“给庄稼喂奶”。这样，你就可以想象到我们农民对庄稼精耕细作的用心程度和附着在劳动里的感情。“奶菜”就如同妈妈给孩子喂奶这样亲切和神圣，也体现出了村民的勤劳和生活的艰辛如同抚育孩子一样。

担大粪，在文学作品里是很少有描述的。在近年的报道中，有习近平总书记在延安梁家河插队时担粪打坝、修田造地、建沼气池的描述。除此之外，路遥的《人生》中，有一段高加林寻找大粪源、担大粪、拉大粪的描述。不过，在他的笔下，高加林掏大粪是屈辱的、卑微的，是一种与城里人落差很大的复杂心态，是受城里人他同学克南的母亲奚落的。在泥河沟，我感觉这是正常的、释然的，就和小说里顺德爷爷和巧珍一样的正常和释然。

大粪在泥河沟是干净的，是我们村民生活的重要物质基础，是瓜果蔬菜茁壮成长的“婴儿奶粉”。来了我们泥河沟这个小山村，可以看到每家的厕所都是用石板和石条砌成的仓式厕所，每家的厕所都放有茅桶和茅碗，那是为了不让大粪渗流。夏天施肥的时候，每家的厕所都被刮得很干净。我还发现生于斯长于斯的老辈们有一个惊人的事实——分家的时候，老辈们好像都要新建一个厕所，也许是为了生活的方便，但粪源也应该是一个因素。就此而言，担大粪奶菜，是我们的先祖必须的生活课题，是基本的劳动技能，这种课题一直延续到现在。如果要说青少年时期给我烙在心里的生命印象，这个是比较深刻的。它与我们在黄河发洪水时捞柴、捞炭，以及游泳、背猪粪、收谷子、打场、滚铁环、摸鱼、掏鸟窝、拔黑豆一样，都刻印在我们的童年记忆里。因为这个事实，它不仅仅局限于压红了我稚嫩的肩膀，而是它与每年冬天早晨6点多随父亲背猪粪上山给我的肩膀“焊”进去一条深深的绳印，至今回想依然是火辣辣的……不过，我们这一代人的童年生活是健康的、正常的。“未曾清贫难做人，不经打击永天真。”现在回想起来，大粪似臭不臭，担大粪是很平常的。你担一担大粪过村时，绝不会有人捂鼻子，或有其他厌恶动作。有人甚至把担子放得稍远一点，坐在人群里拉一会话才去干活，既休息了，也乐呵了，没有一点拘谨和不自然。要放在城里，那还不翻天？

“奶菜”在这里被赋予特殊的含义、特殊的使命。细细分析，我们的祖先是在这里怎么生活下来的，尤其是在“闷咕噜”这个泥河沟版的都江堰建成之前，车会沟水用不上，黄河之水除了会带来灾难、洪水和柴炭，还有什么？这里种植庄稼，靠天吃饭，完全受季节和气候的影响。天旱雨涝没收成，但先人们必须生存，即使在滩地也得担水浇灌。于是，给滩地的庄稼特殊的待遇，用大粪奶菜，是必然的选择。在每年春末夏初，瓜果蔬菜都长得大点了，农民们奶第一茬菜，在豆角、茄子、西红柿等庄稼的根部不远处，用锄头挖个小坑，然后用茅碗把稀稀的大粪倒进去，待渗入后再把土盖好。这样既抗旱又施肥，一举两得。对于白菜、菠菜等生长稠密的蔬菜，则大水漫灌，大粪随水而流，直接施肥。

在泥河沟，你会发现水地与关中平原、东北平原、华北平原、宁夏平原、江汉平原的都不一样。大平原的菜畦都特别长，但我们这里菜畦特别小。这里固然是小山村，没那么广袤，但主要应该是千百年来的经验所得。“屁股大”的小菜畦，正好适合用一担水浇灌，发挥一桶大粪的肥力；也正好适宜种植各种不同蔬菜，满足一家之需。这种布局，应该是先人们的智慧，如同他们选择枣树当成生活之源一样。尽管这个智慧不怎么高明，但应该是最适用、最恰当的。一畦地、一担水、一桶粪、一种蔬菜、一种光景、一户人家，最终形成一个村落。千百年来，周而复始，一直延续到现在。

泥河沟的枣树，同样是用大粪奶大的。每年秋季打枣后，树木处于冬季缓休期，加之冬季不种蔬菜，农户家的大粪就积攒得多。爸爸就带我们在枣树根旁挖个坑，把担的大粪倒进去，待三五日渗下去后埋住。这样大粪水在严冬冻结，在第二年春天慢慢消融，既保好了枣树地的墒情，又长了肥力。在我小的时候，正好是人民公社后期，每家都有点自留地、自留树。这些树就会享受“吃奶”的特殊待遇，其他树只能在春天时施以羊粪、猪粪等农家肥。“吃奶”的枣树是不一样的，我妈有句话总结得很到位，“叶子黑洞洞的”。言下之意，就是灌了大粪的枣树肥力大，长得有劲。每到深秋，特别好辨认，打枣子之前叶子发黄的树就没有享受特殊待遇。打枣子之前叶子依然黑洞洞的，枣子也糖心了，那一定是冬季灌过大粪的枣树。改革开放后，地树包产到户，谁家的枣树“叶子黑洞洞”就成了谁家日子过得好的风向标。那些懒散人家的枣树也罢，庄稼也罢，到秋天黄啦啦的；那些勤劳人家的枣树或庄稼都黑洞洞的。黄啦啦的，家境就不太好；黑洞洞的，日子过得就相对殷实。

“鱼儿离不开水，花儿离不开肥。”大粪“奶菜”“奶树”，是农民的劳动智慧，也是经验总结。“大粪不臭菜自香”，如果你把劳动看成吃苦，看成脏臭，那你可能永远没好日子过。一个人对劳动的态度应该在很大程度上决定自己的幸福感。热爱劳动，热爱生命，热爱家园，热爱我的父老乡亲！

三 “浮河”：黄河逐浪的生存本领

我说浮河，你不懂。浮河，简而言之就是游泳。我们泥河沟多数男人都会。不过我们在黄河里游泳与在游泳池里游泳是不一样的。游泳池里的水是死水，不流动，干净、清澈、透明；黄河之水是活水，流动、浑浊，泥沙俱在，看不清水下。因此，浮河与游泳区别很大。在游泳池里，花样比较多，自由泳、蛙泳、蝶泳、仰泳，甚至自由泳也脸在水下面，划几下才换气。浮河则不可以，黄河水浑浊，所以游泳时头部必须在水面之上，甚至要将颈部都露出来。水性好的，可以把大半个胸部露出水面，保证呼吸，保证看得清周围。浮河大多是自由泳的技法，踩水是基本功，狗刨式也可以，概念大概如此。不过游泳与浮河的本质区别在于——浮河是我们沿黄河居住人的一项生存技能，至少在我们这一代人之前，也包括我们这一代的大部分男人；游泳则是一项纯粹的体育运动项目。

作为泥河沟人，很多人不知道是什么时间学会这项本领的，我也不知道是怎么学会的。在我们小的时候，也就是 1970 年代末 1980 年代初，泥河沟的夏天是充满欢乐的。中午，泥河沟黄河边的前岔湾到二道栈，我们一大帮混小子光屁股、赤脚丫子在石头林里乱跑，沿河而上走一两里路，然后在水流比较湍急的地方跳进去。那时候，水流量要比现在大得多，二道栈那里都有浪，有时有二三尺高。我们在那儿逐浪嘻戏，然后在前岔湾的回水湾里游回来……我们这一代人中的男孩子对此都有特别深的印象。

泥河沟有特殊的自然环境。车会沟之水与黄河之水在这里交汇。一个小山村有两条河，这是天成福地。村民们称黄河为“大河”，称车会沟为“小河”。我们小的时侯，小河里的水也特别大，可以满足不同年龄的人浮河。我的记忆深处有后河的“马马石”、“闷咕噜”、前岔湾、光大湾。场地不同，前来浮河的人也不同。泥河沟不同年龄的人都会去适合自己的浮河场地。前岔湾、光大湾水池小，适合小孩子和刚起步的孩子们玩耍。但是后来因为建黄河大坝，在那里崖上放炮取石，松动了崖石，经常塌石头，所以我们就去得少了。除了光大湾有村里的女人和女孩子在夏天晚上去洗身子外，别的地方都是男人和我们男孩子的天下。

这几处浮河的地方，“马马石”这块石头大，因此这里形成比较大的水洼地，适合 10 多岁的孩子们玩。因为这个地方在村子中心，小孩子光屁股不讨人嫌。站在那块大石头上，胆大的孩子把鼻子一捏，纵身跳下去，孩子们称这叫“打淹盹”(潜水或扎猛子)。因为下面有石头，水又浅，不能头先入水，只能脚先入水。

“闷咕噜”水最深，水面最广，至少有一亩半地的水域。水底是一个锅形，中间深，四周浅。因此，孩子们在“马马石”浮不成河时，便多数聚集到这里来了。这里水域每年随着洪水的大小交替变化，洪水大则冲得大，洪水小则变小。下面还有泉水，所以这个地方的水位不会下降，蓝蓝的。“闷咕噜”就是在车会沟拦河打的石头坝，把河床抬高，在山腰里修了一条水道，水道的那个小洞洞旁边开一个口子，水大时灌溉村里的滩地用不了，就在这里分流，把水引到村子的滩地灌溉。如果小河遇到雨水多时，由此产生的落差会形成一个比较湍急的小瀑布。其他地方相对小，都有大石头，洪水下来时候遇到石头阻挡，形成激流和回水，冲走了旁边的泥沙，形成一个水洼地。“闷咕噜”的水有多深？我们真的不知道，最深处应该有几米吧，反正我们一个猛子扎下去，从来没够着底。这里适合各种年龄的人浮河。夏天中午，太阳晒得水温温的，这里就成了“泥河沟的深圳大梅湾”，免费浴场，人多时像下饺子。但大人们很少，因为他们白天都上山锄地或干别的体力活，中午在家里睡觉避暑，下午太阳西落时还得继续劳作。

浮河时，多数孩子会在这里享受大水冲背的神仙境界，美不可言。有的背上背个葫芦——这个东西家家都有，背上它就可以浮起来，和救生圈是一个道理。我小的时候，已经有了汽车里胎。我们趴在气嘴上使劲地吹，一直吹得腮帮子疼，然后用木塞子堵住，就成了最牛气的救生圈。这东西少，只要有它，就红火了，一群孩子围上来“打水仗”，互相用掌击水给对方，你把他拉下来，他把你拉上去。坏点、力气大的男孩子直接把它压得翻过来，小点的孩子就会呛水。最有意思的是，有些小孩子水性也不错，看到我们大点的孩子跳水，他也学，但他小又跳不起来，直接平身子扑下去，摔得肚皮红红的，出水后呲牙咧嘴，很搞笑。反正夏天的“闷咕噜”是充满快乐、充满笑声、充满打闹的地方。这种嬉闹一直会延续到下午上学的时候，孩子们才意犹未尽地离开这里。在黄河里浮河，那是年龄大一点孩子的事情了。前面所说的，赤脚、光屁股在乱石林里的沙子里跳行，脚丫子被石头垫得很疼，被沙子烫得很疼，但这点小疼痛真心挡不住去黄河里逐浪嘻戏的热情。

我们小时候都很自觉，到上学的时候就回去了。其实还有另一个原因，就是饿得游不动了。浮河特别费饭，我们小时候吃的是粗粮、蔬菜，游一会儿肚子就空空了，所以多数孩子在上学前还得回家吃点饭。到了夏天，母亲做饭都是用大铁锅，因为我们家有三个小子每天要出去浮河。母亲做饭用桶量，一般满满的一桶水，熬大半锅“和菜饭”。中午吃一半，剩余的我母亲晾着。我们浮河回来后，再狼吞虎咽地吃一通，然后快乐地去上学了。吃晾凉的饭，根本就不需要碗，用铜勺子直接往嘴里倒，一口一勺子。所以，“和菜饭”到现在依然是我的最爱。

为什么说浮河是我们黄河畔人的一项生活技能？这主要与交通及环境有关。我们村在沿黄公路和通乡公路开通之前，是一个封闭的小山村。出门就爬山，向西走 40 里路到通镇，向南走 40 里路到佳县城，向北 25 里到神木县万镇，向西北走 30 里才能到朱家坬乡里，而向东过了黄河 15 里就到了山西临县的第八堡镇，到这些地方步行是很远的。记忆中父亲去通镇背公粮，早上 4 点多就得起身，晚上 10 点多才能回来。所以赶集去购买生活必需品，我们最佳选择就是去对面的山西第八堡镇了。

要去第八堡镇，有两种办法，一种是坐船过去，另一种浮河过去。对面山西的河畔也有泥河沟的土地，要种地、锄地同样得过黄河。坐船大都是在天气凉、水温不够游泳的时候。端午过后到农历七月前去山西，大部分成年男人都会浮河过去。早年，爸爸浮河到山西，都是靠羊皮筒子，类似于宁夏沙坡头的羊皮筏子，只是单个的，把东西装进去，然后放到水里拉到对岸。后来有了汽车里胎，这就是最好的工具，再加上塑料筒，羊皮筒子就逐步被淘汰了。塑料筒子一般选择红颜色的，一边安装一个木塞子，另一边开口，把衣物等东西放进去。然后在木塞子那儿用嘴吹气，鼓起来放进河里，大家都叫它红桶。红桶漂到河里，远远看就是一个红点。上游来的，也有本村的，有的去佳县，有的去第八堡镇，有的去亲戚家，我们小时候经常看到。还有放木筏的，用于做家具的大批木料从上游漂流来，就好比《闯关东》电视剧里一样。还有艄公、船手，逆流而上就是“伏尔加河的纤夫”，顺流而下则比较简单。生活用品好多是靠这些人从府谷、山西等地运回，他们必须得会浮河，而且水性要特别好。

不过，有句谚语："淹死的都是会水的。"浮河，尤其在黄河里，有时会付出生命代价。我就差点被河神爷爷请走，幸好我们村的武文生把我救出来。建设的弟弟没我幸运，他在黄河的中滩外浮河时再也没有回来。1976 年那场翻船事故，黄河吞噬了几十条生命，给泥河沟带来了最大的灾难。在这次事故中，出了名的水性好的人在翻船之际，急于跳水逃生，结果被不会水的给抱住溺亡了。浮河，是我们童年的快乐，但危险和灾难也随之并存！

这些年，受气候和上游的无节制开发影响，黄河水量小了很多，小河的水也很小了，泥河沟的浮河场所也就剩下"闷咕噜"了。加之村民外出打工，村里都是孤单老人，在黄河里逐浪嬉戏的童声趣事已成为回忆。我们偶尔回去，也只能在大河里去洗洗，很失落。浮河，也许不会再现，真心怀念！

四 遇良师保送大学

犟，性子硬，好像是我们这里男人的通病。这个脾气，让我尝受到无数的甜头，也让我吃了不少苦头。参加工作后，同事们说你们佳县人都犟。我以为这是自己的事情，后来随着年龄的增长，还真的发现佳县人有犟脾气。"一方水土养一方人"，看来人的性格形成也会与当地的水土有一定的关联。就我们泥河沟而言，出门就是石头，山是石头的，路是石头的，窑洞是石头的。家里的地是石板的，柜子是石板的，锅台是石板的，锅盖是石板的，炕皮也是石板的。久而久之，人也就和石头一样，既坚硬又不会变通，性格都和石头一样坚硬。

不过这种性格的人，就如同我们券窑的砂石，可塑性很好。这种性格，既在日后的生活中给我们带来了奋斗的动力和耐力，又给我们带来了阻力。从这里走出去的人，大都有这样的经历和体会。一旦与外界接触，遇到好的师傅，即可塑造成型，成为有用之才。就如同我们这个小村，在石头、黄土、枣树、河流四要素的优美组合下成为"全球重要农业文化遗产"所在地。从这里走出去的人，比如我们的武开章、武国柱、武永飞、武南耀、武继军们，这些人或政或商，或文或学，都有一定的成就，同样都有石头一样坚硬的性格。

我与农朝、王平、彩珍、继军应该是恢复高考后我们村的第三代大学生吧。第一代是飞飞、贺飞，第二代就是永飞们，第三代就是我们这一批“70后”了。之后，我们村的大学生就多了去了……就我个人而言，实在微不足道。在1995年陕西师范大学毕业后，我正好遇到了国家教育改革，基本不包分配，首次考试进入公安队伍中，被选派到定边县工作，一直到现在。我个人没什么成就，说文不文，说商不商，可以说“文不成武不就”，朽才一枚，实在不足挂齿。但泥河沟在我的身后还有一大批年轻的大学生在不断地走向工作岗位。我把我的经历与家乡人分享，如果有点借鉴，也算为泥河沟做点贡献。

走出大山，不放羊、不锄地、不扛镢头，这应该是我最原始的学习动力。小学三年级，我在清明过后不久就浮河，加上下雨天跟父母在山上点谷籽，得了伤寒，头疼得天天在家，一直到现在都有病根。过了有两周吧，一到学校就感觉学校真好。那时候老师也好，有正生等老师在，教得也好，我就喜欢上了学习，小升初居然考了个全乡第三。在通镇上初中，我发现通镇怎么那么大，还有大馒头吃，那可是在家里想都不敢想的好事。班主任魏文治是爸爸同学的儿子。我爸专门嘱咐只要调皮就收拾，我不敢造次，只有好好学，第一学期期中考试居然得了年级第一。写信给爷爷，爷爷又给我寄来20元钱，从此学习有了动力，一直到初三保持着好的学习势头。初三下学期，突然来了大批补习生，但我和他们不相上下。他们的目标是上小中专，我的目标是高中。那时的我真害怕考上小中专，回农村教学。中考完考了高分上了高中，被分配到申家湾中学。我听佳县的姑姑们说那里学风不好，自己就跑到教育局招生办，调整到乌镇中学。其实，我们是农村的孩子，要是有点小关系，我是可以到榆中读高中的，但我那时压根不知道有榆中。

上了高中，飞飞、贺飞两兄弟被大学录取，就成了我的榜样。但真正让我横下心学习的是永飞暑假从医科大学回来，穿一套阿迪达斯足球短袖，足足让我羡慕了好久。现在想起那种心情，都让我激动。我就和他请教了好多，才知道西安多好，有政法学院、交大、师大、公路学院。那时候我该高二了，文理分科。他说，想当官最好学文去。高二开课，我学的是理科，目标就是公路学院。过了一个多月，我初中的语文老师刘尚贵调到乌镇了，他又让我学文，我就转学文了。期中考试，居然又得了第一名，成绩一直好到高三。正好乌镇中学是省级重点，有保送的机会，我就被保送到陕西师范大学历史系。人的一生，遇到喜欢你的老师和你喜欢的老师很重要，他会改变你的人生轨迹。魏文治、刘尚贵就是我的恩师。

读大学，我们那时候就业就有限制了，历史学不好就业。我就自学法律，从大三开始玩命地学法律，目标是中国政法大学的研究生。大四时，我读了很多论文，专业课居然都过去了，但英语没有过关，最后落榜了。公安系统第一次在大学生中选拔后备力量，我学习法律以及考法大的经历，让我再次轻而易举地被公安厅的领导看中，被选派到了定边县公安局。那是别的同学想都不敢想的事情。说到这儿，我要是稍微有点背景的学生，那时候可以到更好的地方去，也许人生又是另一番风景。自身努力很重要，但能有好的机会还要自己把握，在机会降临时，动用社会关系会助你实现人生的理想。

到了公安局，人生才算真正地开始。我真的很喜欢这份属于男人的职业。那时的执法环境好，社会不仇官、不仇富、不仇警。一到岗，当晚就有一起抢劫杀人案，我就被安排到了刑警大队，一干就是五年，和战友们一起破了800多起大小案件。自己主办的大案中，判决了10个死刑。2000年，我被提拔为办公室副主任，2004年被提拔为指挥中心主任，2012年12月又到县政府的双创办兼职了个副主任一直到现在。在工作中，我的经历是“在理想中前进，像黄牛一样工作”。虽然我在仕途上不会有多大的进步，但我不后悔。在办公室的工作经历中，领导教会了我很多，我也学会了很多。很多领导的做事方法和风格也浸染了我，使我受益匪浅。在我身上也许不会见效，但对下一代的培养也许更会有益。

我把我的这点经历讲述给我的乡亲们，就算献丑，自揭伤疤。如果有参考，也算我对泥河沟做点贡献吧！

（孙庆忠、高凡　采录整理）

【武琳】

访谈时间：

2016 年 1 月 9 日

采访地址：

佳县朱家坬镇泥河沟村村委会

人物小传：

武琳，女，1973 年生，磘里武亨通家族。曾在村中念小学，后外出到通镇念初中，到榆林念高中，后到西安学习工民建专业，并自考法律本科，与同学一起参与开章小学的设计。

一　浮水背书不输男

我开始上学时，不喜欢学习，成绩也不好。每天走进教室都是大家“哇哇哇”的嘈杂声音：“春天来了，小燕子要飞回来了。”感觉教室如同蛤蟆坑，吵闹得让人心烦，所以我经常请病假到外面疯玩。每次听着铃声数着几节课，等到第四节课结束，我就背着书包回到学校，跟着放学的队伍走，回到家和父母讲：我放学回来了。开始的时候，父母没注意，觉得我每天按时回家是个好孩子。后来，老师发现我天天到这个点肚子疼，于是就派两个“大学生”来抓我，结果发现我在枣树底下的水壕玩水，于是就把我押送回去，给我父母交待清楚后离开。他们翻开我的作业本，发现什么都没写，我这才露了馅儿。

我有一张三个人的照片，其中有一个叫武世忠的老人当过我的老师。现在回想起来，如果不是他，也许我现在也不会有出息。他特别会激发孩子的灵感，不会让我们天天写字、算算术，而是玩很多游戏。我记得有一种棋子游戏，通过扔骰子往前走，这步到西安，下一步到北京天安门，比谁拿的红旗最多。武世忠老师通过类似这样的游戏，在学前班培养我们对学习的兴趣。我特别喜欢玩游戏，运气好，经常赢，老师也常夸我。我开始爱跟这个老师学习，听他讲课，每天也学着他的板书写字。他还教过我们画画、唱歌。我们家很多孩子都被这个老师教过，他改变了我们姊妹几个的命运。实际上，这个老师并没有从头到尾帮助我们，关键是他给了我们信心，让我们有兴趣一步步地好好学习。有一次讲课时，老师写了密密麻麻的一黑板字，有五六道作业题。我就把这些题全都抄下来了。有个留级的学生就问我："你题抄下了没？"虽然已经抄下来了，但是我当时并不懂题目啥意思。就在这种懵懂的状态下由这个老师带着学，我才有了后来的发展。

老师对于我们这么大的孩子很重要。我一直很幸运，虽然两三年换一个老师，但是老师都很好。有一段时间，我的老师是现任村书记武正生，他教我们语文，而且管理得很严。最后，他带的这个班里有 6 个人考上正规大学，算是人数比较多的一年。在这个班级，还有一件趣事，当年我们班 19 个学生中有 18 个选我当班长，我却因此哭了一鼻子。我对武正生老师说："哪有女班长呢！"他和我说："女班长怕啥？你当也得当，不当也得当，以后还有可能当女县长呢！"我不想当班长，后来被老师硬生生地安排担任副班长。有一回正班长生病没人喊起立，老师就进来说："上课。"我喊："起立。"就在那一瞬间，感觉当班长真好，我真后悔把机会让给别人。这一前一后就是人想法的改变。

上完小学后，我去通镇上寄宿制初中。晚上睡的大炕特别挤，这面睡七个孩子，那面又睡七个。有时候开玩笑，晚上一个人翻身会把其他人也带动起来。第一天晚上，同一个炕上的 14 个女生谁也不想看谁。我以前没怎么出过家门，一下和这么多人一块睡觉很陌生，所以特别想家。恰巧那几天操场上的广播还放着程琳的《在那遥远的小乡村》，这更加深了我这种情感。现在看来，也许这就是乡恋的基因。刚上初中时，我不爱和别人拉话，显得特别不合群。后来，我通过体操比赛的相互配合，使关系逐渐融洽。同时，一个人有特长就会引起别人的关注。我玩得痛快，学得也特别好，总让人羡慕。我上课的时候特别专注，不用多思考就能回答老师的提问，让老师没有一点"成就感"。中学每天早上有 15 分钟背诵课文时间。有一次背诵《岳阳楼记》，我能用这 15 分钟背熟整篇课文。早读结束后，老师请同学来背诵。他把我"左邻右舍"点了一遍，结果都背不下来。点到我同桌时，我心里想老师为啥不让我背？结果虽然我在旁边提醒着，但他背得仍然磕磕巴巴。

最后老师就叫我起来，我一气呵成地背完。老师说我背诵像和尚念经没有一点表情，没有理解课文，只是机械地背出来。虽然老师没表扬我让我特别失落，但是我依然很自信地保持这样的状态，学习成绩越来越好。我从未感觉到学习是一件苦差事，在玩耍的过程中完成学习任务，何乐而不为呢？

我在中学，每个周六都要回家住一晚上。家里没有钱，父母很节约。在他们影响下，我也不敢乱花钱，甚至舍不得吃饭。早饭一个馒头，两个女孩子掰开吃。虽然还想吃，但是为了少花父母的钱，只好少买。中午就是一勺子酸菜和一个馒头。晚上两勺子稀饭和一个馒头。每到周末，都要步行40里山路，就为了好好吃两顿饭。那时有个顺口溜："沟三里，卯二里，上个梁上又五里。"这条路就是走后河上到老驴坡，和原来的背粮路线差不多。有一天，父亲为了让我吃得好点，就做了顿面。我不懂应该先喝水后吃饭，就记着母亲常说："汤水不伤人。"我吃完面条又喝了碗面汤，觉得缝缝上渗点水路上就不渴了，但走回学校的路上，肚子疼胀得难受。

到了初三，老师就劝有些人留级。一块儿学习的同学如果觉得机会太小，会复习一年再考。同样，我们那个班到了初三就有退下来的学生，甚至还有留几届的。我们管他们叫初五、初六，这些学生跟我在一起根本没法比。人的学习就是越顺的时候就越好，各方帮助都很多，越不好越容易进入恶性循环。后来考到榆林高中，我学得不是很好，考得很不理想，最终进入大专，到西安建筑科技大学念的工民建这个专业。那时，回顾我上学时的梦想，简直反差太大了。我的同学有的去了西安交大，一起聊天感觉真是自卑，所以我又自考了一个法律本科，一方面是希望借家人的力量改变职业，一方面也是觉得自己连个本科都没有算什么水平。自考每年只有一次，我就像喝一杯中药，一口气咕噜咕噜喝下去，不去慢慢品尝。我要么不干，要么一鼓作气。那段时间，同事请我喝孩子的满月酒我不去，连过年也没回家。我给自己定下目标：必须在30虚岁之前全部考完，三十而立。为了考试，我杜绝了一切社会活动，必须做一个正常人眼中的不正常人。我唤回青少年时的斗志，心想一定要把目标完成，最后一气呵成用最快的速度考取了这个法律本科。从离开村子到去外面上学，随着年龄增加，工作负担越发沉重。现在想想四十而立也没什么，每一天不要在意"立"的速度，应让每一天都比昨天好，而不是急于求成让中间夹生。我对家乡的思念越来越少，甚至顾不上想，也很少回村子。

我们家里三个女孩子，一个男孩子。村里面的人觉得我们家男孩子少所以就弱势。家里本来就重男轻女，老人常说家里女子太多，所以我不喜欢女孩子的东西。我刻意地喜欢男孩子的东西，男孩子玩的东西我都必须会玩，女孩子玩的东西我也玩但不是很投入。男孩子玩的“弯弓射大雕”那些东西，我样样精通。像滚铁环、打“妞儿”，我玩得比男孩子还好。但是村里在游泳这个事上的偏见特别明显，男孩子穿个裤衩就跳进水里，女孩子就不行。女孩子也没有游泳装，去了别人都会笑话女子还去浮水。这也挡不住我对水的热爱啊！每年我最喜欢的就是佛堂寺唱戏那几天，村里面的人都去看戏而我可以自由地浮水。这个难得的机会对我来说就相当于是解放了。我把家里装化肥的塑料袋，装入空气拿绳子扎起来，蓬蓬的，拿着这个去浮水，还把汽车轮胎当类似游泳圈的东西。有的人说游泳要学，但是我觉得只要待在水里面自然就会了。不是说我有多标准，而是说让我待在水里面我肯定能浮起来。我觉得当女孩子特可怜，尤其是农村有重男轻女的偏见，感觉自己是煎熬中走过来的，忍受着不公平的待遇。但是村里唱戏不定时，天旱的时候，会给“神神”临时组织一场。我心里就想其他人都赶紧走，这样我好赶紧玩水。那种焦急地等待的心情现在还记忆犹新。村里面没有人管我这个，虽然觉得我这样“大逆不道”，但是我学习特别优秀，别人就会忽略。这就是如果一个人有亮点、特别突出的地方，别人就会忽略一些小问题。

二 家风勤俭腰杆直

人家常说最好的教育不是父母有多高的学历，而是人在做事天在看，看父母这样的榜样如何做事。我父亲在生活中非常努力。在我上学那几年，家里饥寒交迫，父亲一直做生意，那时叫“投机倒把”。他曾在延安被抓过一回，坐了十几天牢房还挨了批斗，那年我家非常困难。一般家里用炼的羊油做饭，而羊油很容易凝固，即使是夏天也是硬硬的一块。我们家的日子差到最后只剩一小块羊油，就怕它熬不到过年。炒菜的时候，母亲就拿那块羊油在锅底上溜一圈，倒上一瓢水，就算有油花花了。就这样一直撑到过年家里把喂的一只羊卖了 17 块钱，这才够过年开销。有一次，父亲带着我们背着筐去山头上找酸枣补贴家用。上山的路上，父亲不小心踩到一个碎石头，哗啦一下滑了一跤，还好被一个大石头挡住没跌到悬崖下面去。我们姊妹几个赶紧把他扶起来。他翻起身，拍拍身上的土，神情非常镇定。他遇见什么事情都镇定自若，不给我们带来任何影响。有了这样的记忆，我总觉得农村的生活真的很不容易，自然在心中种下了种子——离开农村。

父亲勤奋，我们也就跟着努力。他从来都没有和我们说好好学习这样的大道理，而是言传身教，也不会吼我们。我们姊妹几个都学习很好。他说只要我们愿意学习，他就愿意供，不愿意学也不强迫。父亲大事小事都有自己的规划，而且每件事前后规划得特别详细、认真。过年的时候，家里的犄角旮旯都要清扫到，就连柜子上打的铁把手都要拿醋擦干净，用做鞋底的麻把镜子、桌子擦得净净的。父亲平常的花销都要记账，每到年终的时候都要清账。这不是为了苛求别人还钱，而是自己和别人一定不能有糊涂账。你如果没有钱，可以转到来年，借归借，给归给。“君子之交淡如水”，不要在财务上有任何纠葛。父亲做人腰杆挺直，遇见大事十分淡定，不会因为求人办事点头哈腰。他当村长时，因为之前几届村委会要的修公路经费并没有达到预期的效果，人家不愿意再给这部分钱。有一次，父亲登门去武国柱家，要修佛堂寺下来的公路。武国柱就招呼他先吃面，他就正正地站在那里说：“今天这个事办也得办，不办也得办，我来找你不是来混饭吃的。”他就是这样，习惯有事论事不扯别的。他曾教育我们要有目的地做事，不要在朋友交往上花很长时间，当有人请吃饭的时候，能拒绝就拒绝，不要鼠目寸光因为一顿饭和别人有太多这些往来，这都是浪费时间。朋友不是靠这样的方式维系的，一同做事情的才是朋友，做好自己自然就有了朋友。

我们家还受到一个人的影响，就是我的曾祖父。这个人在我的记忆中只有父亲给我描述的部分：他勤俭节约，从一个打工仔开始一点一点积攒家产。他有创业的意识，绝不会停留在给别人打工的状态。他的外婆是山西人，也许受晋商的影响，他有一点本钱就想着去赚钱，甚至去黑龙江那边贩莜面。听奶奶说，他勤俭持家，有一年过年做了一双新鞋，他在春暖花开的时候穿这双鞋干活，他特别珍惜这双鞋，宁可磨得脚起老茧也不磨新鞋，一到那种不平坦的石头路就光着脚走，一到地里干活就把鞋脱下放在一边。他对子女管教得特别严，在饭桌上必须长辈先拿起碗筷，晚辈才有可能端碗。吃饭的时候不允许拉话，静悄悄地只能有吃饭的声音。碗必须端起来，不能放在桌子上扒拉着吃。坐的时候必须端正，女的两腿必须并起来，就连奶奶大着肚子烧炉子时也得并起腿。走路的时候必须抬头挺胸，稍不注意后背就可能被曾祖父敲一杠子。

一个人致富是有原因的，看他照片都有一种独特的气质。曾祖父家里成年养着食客，看他的衣服就知道家里是有一点基础的。但是当年家不敢修得夸张，一是舍不得投资，二是不敢太张扬以防露富。我们邻居家修的明柱抱厦非常豪华，我们没有势力，甚至不把钱放在同一个地方，这可谓是“狡兔三窟”。我们没有背景，即便有钱，土匪也敢进去抢。我的大老姑姑在我的曾祖父9岁的时候救了他。土匪从二门翻进来，我的二老爷爷被打得惨死，我的曾祖父住在院子的这边，听到外边的惨叫声，趁着放哨的土匪恰好离开这片墙，让我大老姑姑送出院墙翻了出去，逃到沟沟渠渠里去了。

我们家祖居地的地皮是我曾祖父买的，这个地方曾经是个“武先生”的。这个“武先生”是一根筋，我曾祖父买地皮给了他600大洋，他却又反悔，后来因此打官司我们又花了很多钱。曾祖父修建了湾崖地前面的六孔窑。听母亲说，那里曾经是杏树园、桃树园，整个就是一个树木丛林、世外桃源。杏掉下来，黄黄的，好吃得不得了。曾祖父当时在村里还有几处院宅，但是遇上了“土改”，院子被那些日子过不下去的人占有。我们家被赶着住在别人家的羊圈、猪圈里，当时人们就这样理解共产主义社会。为了让人报告私人财产，甚至动用一些刑讯，有的人忍受不了甚至投河自尽。曾祖父为了避风头，跑到别的地方去。村里阳条那个地方有一片自己的地，下面埋着一罐他自己挣的银元，他不会轻易交出去。即便桑塌那边有人知道我曾祖父有银元，他们也不会去偷。他逃走前，还多次叮嘱我曾祖母不要说出那罐银元的位置。我曾祖母受尽折磨，即使这样她也不说。但是她只有一个儿子，就是我爷爷，人家拿她儿子来威胁，她只好把这一罐银元交待出去。最终，他们给我们留了一小部分维持生活。我们这一代也许就是继承曾祖父的精神，现在生活过得还不错。

三 重返枣源续初心

当把那些本本考完，在外漂泊一段时间后，我就开始想回家，我总觉得丢失的东西就在村里。家人都不在村里，所以我回来得也少。正是因为工作进入一个平台期，我从 2013 年开始每年都要回村一两次。2014 年，我在微信上看到一篇孙教授写泥河沟的文章，因而开始关注农业文化遗产。我认为农业文化遗产就是对古老基因的保护，如果没有这个原始的基因，其他的东西会越来越模糊。这个基因对人们的灵感和发展都有很大帮助，应该从这里面去寻找线索。研究一个群体，无论是植物群还是动物群，就如同人们热衷于对“昆仑化石”主题的考古，看当时的人怎样顽强经过那个生态期，对后来的人有什么启示，是个人的心路历程对后人的一种启发。我认为农业文化遗产在这个方面有重大影响，给有限的生命周期一些启示。不管是耐风寒还是抗自然灾害，古老的枣树千年的树龄体现的是顽强的生命力，对所有的生物群都有很重要的启示，给人延伸出来重要的想象空间。

我对这个村子还是有眷恋的，骨子里认为这里是自己梦想出发的地方，始终记着初心就在这里。遇到任何瓶颈的时候，一定要回到初心。当一个人走到一定阶段走不动再也无法扩大时，你就想找到曾经的动力源在哪儿。我特别留恋这个地方，因为这里能焕发自己的动力，这里是我梦想出发的地方。我人生所有的火花都是在这个阶段诞生的，我对乡村的热爱、对未来的幻想、对人生的理想，甚至是心理素质的沉淀，都在泥河沟这个村子中成长起来。每当回村一段时间，我就会找到最开始的状态。我为什么要去奋斗？什么力量促使我去奋斗？哪怕没有全球重要农业文化遗产，我的状态还是会停留在“90 后”蓬勃向上的状态中。虽然我常住在榆林，但是感觉那儿修了个空中楼阁，只有泥河沟才有真正家的感觉。做梦是需要一个起点的，没有起点该怎么办？人都是视觉动物，看得到才会想得到。如果这些古朴的东西消失了，人又如何做梦？唯有这些视觉的冲击，才会产生美好的梦境。如果视觉中只有钢筋混凝土和人为建造出来的公园，没有古朴的东西，怎么去做梦啊？

我从 2013 年开始经常回到村子，发现年轻人越来越少，只剩下一些孤寡老人。

看到这番景象，我有一种触目惊心的感觉，是村庄老了，还是我们老了？我再也见不到熟悉的情景。曾祖父留下的那片院子，原先是那么的漂亮，现在塌墙破院，上面还不断地有石头落下，窑洞上的岩石像要塌下来似的。原来院子里青石板一块接一块，现在已没有整块的了。破碎的场景就像那首诗一样："故乡快成为黄忠。"那种杂草丛生、悲哀凄凉的场景，激发起我对古老村庄的保护的愿望。所以现在我看到村庄遭受一点破坏都特别难过。破坏村庄就如同破坏古老村庄的基因和我对它梦幻的想象。人们盲目地追求经济发展，把这些原生态的东西破坏了。就像我们家阳条那个地方，栽上枣树很不合适，红枣本应该栽种在贫瘠的土地或者容易水土流失的地方。现在连山的枣树让人很压抑，感觉被包围了似的。我期待未来村子更注重绿化，保留原生态的东西。十年来，每年都是被动地遭受自然灾害，一到枣红这个节骨眼就开始下雨，人们只能无奈地等着枣烂到地里去。所以无论以什么样的理由发展经济，都要首先保护好村中的风貌。

村庄不论怎样发展，一定要抓住自己特色的东西。我们这个村子的特色就是枣园，将来不管经济发展到什么程度，都不能丢掉红枣，尤其是河滩里和古枣园里的红枣。无论是未来经济发展还是外人来参观，古枣园都代表我们村的灵魂和形象。首先，要保护这两片古枣园，这是老祖先留下的赖以生存的东西。不管未来这个村子是否发展旅游经济，都需要维护好这个核心。现在的农耕文化濒临灭亡，山上本来是种高粱、绿豆等杂粮的，现在都种着枣树，这就是模仿的悲哀。农民看到枣卖得好，就千篇一律栽枣树。王家砭那边那么好的地都栽上枣树，太可惜了。栽上枣树后，再想种粮食可难了！在县上领导的推广下，大片庄稼地改种枣树。这样只会出现两种情况，红枣丰收或者红枣没人收烂到地里。肥沃的坝头和梯田都种上枣树，使得这里根本没有种粮食的地方，最终导致农民的经济来源只有枣树。这样太脆弱了。我们小的时候，家里面种了各种各样的杂粮，即便是饥荒年也不会饿肚子。

村子给予我许多。这么多年来，我为村子做的大事，也就是修建开章小学。村里的人知道我是学工民建专业的。当时的书记武国雄为了节省设计费用，找到我帮助设计开章小学。武越老人虽然没有在村里住过，但她非常关心村里，也为村里修学校拨来资金和桌椅板凳。她除了争取到修小学的钱，还找来 40 多万解决村里资金问题。从那时到现在，她为村里要来工程款 70 多万，都是人家凭自己的努力给村子争取来的。这笔钱对于农村来说，真是不一般。当年，武越老人第一次回村子时，村民们夹道欢迎让她非常感动。后来，武越老人慢慢和我父亲交流，感觉应该回来好好关注一下村里面的事情。开章小学是我的一个同学李云做的建筑设计，李云找他的好朋友雷光平做的结构设计。最开始设计了一套在寨峁上修建的方案。那个设计的是整个一长排楼房，最多是二层的，包括水电等生活设施。后来由于多种原因，决定到下面来修，前面的那次设计就作废了。两次设计都是他俩做的，他们花了大量的时间投入到这件事情上。当时还不像现在有电脑能做设计，都是手画、手动计算的，所以工程量很大。

村里面修建的小学通过类似现在说的招标方式，选择了一家价格适中的施工队来做的。中标的施工队承包价 29.5 万，这个价格几乎没赚钱。对于这个工程，每个村民都很重视。为了自己的儿女能上学,他们自愿到施工地点当“安全监理”，将小学当作是自己家的房子 . 施工队没有偷工减料的余地。建筑设计是出外形方案的，结构设计师核算需求及相应的钢筋水泥。我中间没回来过，前后都叫我的同学回去。两次设计变更给了我的同学一共 5000 块钱，预算是由我的另外一个同学义务帮忙做的。以前没有电脑模型核算大概的数量，都是靠人工计算。做预算的同学忙了整整一周，最后还没有经费给人家当作报酬，我都很不好意思，只好把家里最好的枣挑了两筐筐给人家。

看着自己亲手和朋友设计并修建起来的小学，用了没几年就荒废不用，真的是很心痛。我觉得故乡很有可能成为“故”乡，记忆中的东西一点点地被摧毁，再过一些年有可能成为被遗忘的地方。去往我家的那道坡，整个是石板坡，现在因为发洪水，四分之三已经被土埋了。我总感觉会不会过若干年，我们整个家都被埋了。很多在城市里的人厌倦了城里的生活，好像是被上了发条一样转转转。在城里，老是感到有污染的东西，包括环境的污染和农作物的污染，总感觉吃不到绿色的东西，吃的食品都有很多添加剂。对于这些，我也有一种失落感。我为什么要回到这个家？就是找梦想、找希望、找充满寄托的东西。我清楚地记得，我们小时候看着那个西红柿怎么由青变黄。春天的时候，树底下种的全部是菜，睡觉时能听到蜜蜂嗡嗡地叫。那种与大自然零距离接触的感觉多好。很多人回到乡村，就是因为在外感受到太多不真实的东西，没有一点朴素的东西。回来以后哪怕穿着烂布衫，也是我当初的那种感觉。

现在我只有一个想法，希望从村内出发做一个本地产业的推广。全球重要农业文化遗产，对我来说就是一个很好的切入点。泥河沟就是产品源头，从这个源头形成红枣完整的销售链。互联网是一个手段，本质是为了服务于产品销售和推广。借由“朋友圈”这个熟人圈直指消费群体，形成一个 PDCA（计划、执行、检查、纠正）的循环，让买产品的人知道自己购买的东西从哪里来。毛主席说过：没有人喜欢静静等待，即便是 80 岁的人做事业也会感到年轻。我感觉这样一个探索过程就是在寻找自己的价值。

（孙兆琦　采录整理）

【武永存】

访谈时间：

2015 年 7 月 20 日

受访者住址：

佳县朱家坬镇泥河沟村紫柏崖坬 123 号

人物小传：

武永存，男，1976 年生，沙塄上武佩环家族。1992 年外出神木打工，1995 年起跟村里人合伙辗转多地做红枣生意。

一 攒钱一年看庙会

我农历三月初三出生于泥河沟。记得小时候，我家是村里最穷的，日子最苦的时候吃高粱壳做的窝窝头。后来家境好点了，能吃玉米窝窝和红薯，我当时感觉这些东西太好吃了。那时候粮食不够吃，要去第八堡用粮票买粮食。我们村还有供应粮，是通镇粮站供应的玉米，一口人三五十斤。供应粮一直吃到我十二三岁的时候。

我家山上的枣树很少，在庙墕那里有些，在小斌家门口有三四十棵，估计总共也没有 100 棵。这些枣树只能打十来麻袋，大概 1000 来斤枣。小时候，我家的地在大洼上，我、我爸和我们雇的人一起去那块栽树。如果下大雨，那里就会变成很深的泥地，腿陷进地里，走都走不动。现在那地一年能产上千斤枣，我几年不去，就不要了。

原来我在六孔窑上学，之后换到了十一孔窑。那时候买一支铅笔 5 分钱，我一天不写啥还老费笔，家里没有钱的时候，还要向别人借钱买笔。我七八岁的时候，放学回来要捡柴。十二三岁要担水，就在沟里的河沟口、“闷咕噜”和小园子沟担。我家的位置基本是村里最高的，去学校要走 1 里多路。当时我不爱学习，又加上家里穷，上到三四年级就考虑不读书了，就想去做生意。

我小时候常在马马石、“闷咕噜”浮河，和很多小伙伴玩耍。十几岁的时候，我从惠岩寺浮下来完全没问题，几公里用半小时就可以了。我浮完河回家，能吃五碗高粱做的稀饭，觉得那可好吃了。小时候河水可大了，河里有乌龟，还有很大的鲇鱼，大概有四五斤。我们主要是在四五月份捞鱼，因为那个时候水干好抓鱼。我浮河的时候，能抓很多鱼。有一次，我弄了好几十斤。在我十二三岁的春天，有一天我跟武宝平在小河里抓鱼，还做了一锅鱼，结果被宝平他妈给倒掉了，因为她觉得我们把鱼给糟害了。冬天，河水都结冰，小河沟里都是冰坡，我们就在那里坐冰车、打面包。

当时佛堂寺庙会特别重要，周围几十里的人都去。人太多了，多得我都挤不动，老热闹了。我们小时候过年，能跟家里要个一块五毛钱，那钱攒着一年都舍不得花，都盼望着在庙会这一天花。那里卖啥的都有，有冰棍，有麻花，还有一种用荞面做的碗团。一个碗团几毛钱，可好吃了，一般还吃不到。当时，上了几岁的孩子就可以自己去庙会，不用跟爸妈一起。我早上 8 点钟吃完饭就去佛堂寺，在那里待着一天不回来。慢慢地，我在庙会上有了认识的人，就和他们拉话。有时候，我晚上还去看戏，也就是去凑凑红火。

二 神木打工贴补家

1992 年 3 月的时候，我和村里的六七个人一起出去打工，去神木的砖瓦厂掏土。我干了一个礼拜，这七天里有三四天都在下雨。崖太深太高，因为害怕下雨崖塌把我压坏，我就没有再干。后来我自己又在神木的店塔找到一份工作，没回家就直接去了。那份工作是修火车道护坡，我负责在工地搅拌水泥，干了半年多。我们村还有武青生、武高存等人在那里干活。那时候有两三次，我们为了挣 6 块钱，白天、晚上都在干活，一直都不睡。因为家里面太穷，所以才这么累。外面的人看不起我们，我们无论怎么干，老板都嫌我们干得慢。后来，我感觉出去打工没有一点出路，到秋天的时候就回来了，在家里干活。不过，挺高兴的是，去神木打工我挣了 800 块钱。

16 岁这年，轮到我们家是纠首。本来是要打醮的，但没有请到和尚，就选择唱戏。当时我们村和桑墕村一起办，他们也出钱。那阵儿，在肚子里没生下来的也要出钱，每个人要交1块钱。我记得当时去收钱的时候，一家有几口人就收多少，有的收不上就过一段时间收，有的是唱戏的时候收。这一年，我还参加修坝，用手推车拉石头，修了十几天。当时如果要挣分，一天就是10分；要是挣钱，一天就是五六块钱。那时，家里养了五六十只羊，一年没多少收入，就是累点忙点，但是相比以前生活要好点。我回来后，因为政策安排，还在西山峁乡政府、县政府弄垒石造田。那是为村里造的，每个队都要轮流过去，前后弄了四五个月。

我17岁那年，参与修建了佛堂寺附近排山水的涵洞。这项工程是武子勤承包的，具体位置就在沿黄公路分开的地方。那个涵洞我修了很长时间，一天挣十几块钱，受了很多的苦。这年的春天，我哥哥从西安拉回来被子，我背去高川卖，那一次赚了几十块。秋天的时候，我去山西临县买了100个用柳条编的，用来晒面、谷子、花生的簸箕，再用四轮车和船运了过来。我在泥河沟周围二三十里的地方用担子挑着卖簸箕，十来天赚了1000多。那时候太缺钱了，打工一天只能赚六七块，我一下子赚了这么多，心里比现在赚个两三万还高兴。

18岁的时候，我又去神木店塔打工，在草垛山建一所学校，和上次不是同一个老板。我在那里打了三四个月的工，也就赚了1000来块。回来后，我从泥河沟到山西第八堡贩过炭，不过只做了一段时间。这年秋天的时候，我哥被四轮车撞了，我爸崴了脚，家里只有我能放羊，我就放了100多天的羊。因为是秋天，我早晨起来还要去收拾地里的庄稼，十一二点才回来放羊。

想想自己的生活，变化还是很大的。15岁那年冬天，我买了一辆自行车。学会骑自行车的那天晚上，我高兴得睡不着觉。我上坡推着车走，下坡才能骑着走。我用这车来带羊皮、羊肠、猪肚等货物，没多长时间就挣了500多块。我刚结婚那阵儿，买了三轮车，用来做生意或去通镇赶集。2000年生女儿的时候，我买了摩托车，那感觉又不一样了。

三 走南闯北跑生意

家乡泥河沟产枣，我就想着做红枣生意。18岁那年的冬天，我哥去西安卖枣，我当时帮过忙。正式跟我哥做生意，是在我20岁的时候。当时我和武爱耀、武文耀，还有我哥武埃存，我们四个人一起合伙做了七八年生意。当时合股的时候，我们四个人的份额是平均分的，我没钱就跟别人借了5000块入股。合股的时候，我一年能挣一两万块钱,最多时两三万块钱。当时我们四个做的时间长了,股资也大了,在一起赚了不少钱，所以后来我们就自己做自己的了。当时不识字，连个白条都不会写，就是胡做。后来慢慢地有程序了，可以贷点款，写点不正规的条子。

那时候，我们在内蒙古、甘肃、辽宁和宁夏都卖过枣。听司机说哪里有卖枣的地方，我们就去哪儿卖，就是没有目的地地胡串，走到哪儿卖到哪儿。那时候拉一车枣，大概有十几吨。我们去的时间没准，有的时候要去一二十天，有的时候几天就卖完了。我们主要是冬天卖，农历五月以后就不卖了。那阵儿我们做生意的条件也不具备，所以销量不大。那些年，一个月能卖三四车货，一年可以卖几十车。一车大概有15吨枣，一年差不多能卖200吨。卖枣的地方枣子贵，晒干的枣2块多一斤，好一点的3块多一斤。

1995年10月份左右，我跟武治洲去山东东营卖枣，因为他哥在那里上班。那时候，枣子价钱高，赚了1万多块钱。当时我们没卖完，又拉到别的地方卖。1996年，我去河北邯郸卖枣，因为武海朝在那里有个亲戚。那次，我们赚了17000多块钱。有一次半夜一两点，我在山西拉枣，运枣车的绳子开了，枣丢了不少。我们一晚上找不到人帮忙，后来终于看见有一家人，就敲开门，雇了一个三轮车去运枣，花了很多钱。还有一次在上高寨收枣，当时下了大雪，黄河都结冰了，我们包了三四个车都没来。后来有一个车来装枣，但是路不好，车一歪就倒了，我们几个人需要把枣全部卸下再装上。那天晚上又冷又要受这个罪,我几乎累得掉眼泪。这一年我20岁,在村里结了婚。我媳妇是郝梁沟的人,武治洲老婆是她的亲姑姑,是他们介绍我们认识的。我那时候害羞,说成就成了。我结婚花了两三万块钱，全花在吃的、喝的上。结婚第二天中午，请全村吃了顿羊肉。彩礼没收多少，才几千块钱。1996年的时候，我有了儿子，四年后有了女儿。

2004年，陕西枣在沈阳卖得不好，我们就主要卖山西枣。在山西柳营，我们两个人和山西的一个人合伙做生意。第二年，我们就开始加工黄河滩枣，主要工序是把枣烤干，一共挣了20来万，我和我哥一人10万。后来我和我哥在沈阳做，我卖货，他收货。过了一两年，我侄子也参与进来了。两年后，我大概32岁时，那一年老家下雨，枣都烂了，我们就开始卖新疆枣。刚开始做新疆枣时，在太原卖了1万来斤，赚了3万块钱。在沈阳，我卖的价钱更好。2010年，枣子品质不好，我们没赚多少钱。但是2011年卖得不错，那年赚了几百万。我们近几年在新疆拉枣，一年三四十车，一个车7万来斤，一年就卖1500来吨。现在我在新疆收货，我侄儿在沈阳卖货，我哥在家里管理。最近我们一直在沈阳卖，沈阳市场比较好，所以近六七年我们生意好了一点。

我们卖的枣主要是等级比较高的枣，再进行一些简单加工。我们这个村是大村，但是村里没有一个好的地方建加工厂。再加上加工枣需要20多个劳动力，但是村里都是老头、老太太，没有年轻劳动力。所以，我们想在村里做加工厂也没有办法，最后只好租用别人的场地，我们出烤费。

2006年，我为了孩子上学搬去榆林市，但是没有迁户口。他们之前在泥河沟开章小学上学，当时儿子12岁，上五年级，女儿6岁，上一年级。因为我没上学，所以我要让孩子上学。这样他们可以懂事，还可以改变面貌，说话都不是家里的土话了。2007年，我们在榆林开两元店，卖头饰、首饰等生活用品，我跟我侄子赚了四五十万。二〇一五年正月初二，两元店被火烧了，我们也就不干了。现在我们在往水果超市那个方向发展。在朋友的介绍下，我们在沈阳加盟了一个果蔬超市，实际上是我侄子在做这个生意。这个超市有380多平方米，刚开始一天销售额有10来万，后来平常一天的销售额也有四五万。我们感觉生意不错，就又开了一个500多平方米的店，现在一天能卖10万左右。我们这两年的生意还比较可以，这个家族能赚到一两百万，内部也没算一年要分多少钱。

这几年，我经常回村，在泥河沟住的时间比在榆林还长。出门在外的十几年，哪里都不想，就想泥河沟，想家。我觉得我们村成为全球重要农业文化遗产地太好了，我出去心里面都常记着呢。在外面的时候，我通过微信和武小斌聊天，了解村里面的信息。全球重要农业文化遗产的名号让全村人人都有积极性，我也愿意为改变泥河沟的面貌、为建设泥河沟做贡献。我希望我们村可以发展成旅游区，让外面的人都知道泥河沟。到时候，村里人都会为这个感到自豪。我们可以卖点土特产赚钱，让村里人都过上幸福的生活。

（王嘉雪　采录整理）

【武龙】

访谈时间：

2015年7月12日

采访地址：

佳县朱家坬镇泥河沟村湾崖地15号

人物小传：

武龙，男，1977年生，沙塄上武佩金家族。18岁从通镇中学毕业后，随父亲到陕西省水电工程局工作，制作过钢筋，开过大车，还做过个体批发生意，现定居咸阳。

一 浮河山西去偷杏

我是农历二月十六日出生的。我记得小时候玩的东西很多。我玩过滚铁环，是村里的铁匠用料给打的。我们拿个棍棍钩着大铁环往前滚，人跟上跑，看谁的滚得远。我还玩过弹球、打面包等游戏。那会儿不好好念书，大家就把书本撕成纸，做成打面包的东西。小的时候，我比较乖，不撕自己的课本。一个和我关系特别好的小伙伴，他不爱念书，我就撕他的来叠。我们那会儿还玩过一个游戏叫“打把把儿”，要有一个长的棍，一个短的棍。我们一手拿着短的，另一手拿着长的，用长的打短的，最后比谁打得远。

小的时候，我们夏天就到河里浮河。小河里的水不停地流。那时候水很大，不像现在没水了，河都干了。我和两个本家哥哥还一块儿游黄河，游到对面偷吃人家的杏。有一回我记忆特别深刻，当时我正上小学三年级，他俩个子高上树去摘杏，我就在下面看着汽车履带（当作游泳圈），结果我们被逮住，回不去了。大人们着急了，也不知道我们三个去了哪儿，就问别的小孩儿，知道我们游到河对岸去，有可能被人逮住了。我爸在外工作，没办法过来，后来是我哥哥的父亲游过来找我们。因为河对面的人和他在赶集的时候认识，也算是临村的人，就放我们回来了。我妈妈气坏了，那是她第一次打我。除了那次，我妈妈再也没打过我，我小时候还是比较乖的。小时候，黄河水很大，危险得很。家里就我一个男孩子，之后就再也没游过去了。那个年代，人们都饿肚子，看着好的东西都爱得很。我们家有棵杏树，村子里也有娃娃来偷着吃。

除了浮河，还记得小时候村里放电影。乡上给每个村子轮流放一两个晚上，一个村子一个村子挨着放。那会儿没有电，更没有电视，只有点煤油灯。村里也没有什么文化活动，一看到放电影的来，我们就特别高兴。放电影的时候，在前面挂一块白布当屏幕，用汽油机把电发出来，接着一个放电影的设备，两个大团子转着就把影像打出来了。影片多是《地道战》那种战争片，一个多月会来一次，一年得有七八回。电影就在开章小学外面那片空地上放，晚上村里人都没事干，一放全村的人都过来。

我去过村里龙王庙和河神庙，墙壁上有画画。我没有跟着父母去过，就是平时跟着小伙伴去看一下，但不多去，进去一看啥都没有。我对佛堂寺记忆最深，每年农历三月十二会去。佛堂寺离村里四五里路，那时候刷刷地、跳跳地就上去了。农村没有啥娱乐的,唱戏可是个好事情。还记得每回刚开始都是唱《打金枝》，大家都去看，周围村子的也都去。那会儿是为了玩儿，不是为了看戏，就是凑个热闹，看那个拿刀枪，看着红火，听不懂唱个啥。我小的时候，村里也唱戏，一年至少有一次。唱戏的地点就在戏楼，所有人都在里面，然后两边有人敲锣打鼓。现在想来，那么小的戏台，人们还在里面唱戏，真是不容易。正月初二开始，过完年村里就开始转道打醮。转道一般都送礼，我也跟着转过。那会儿大家都转过，每个人都可以转。人们就在炉瓷坡，也就是现在放羊这个地方来回转，然后再去几个庙里转一转。

还记得小时候，枣树看得特别紧，用犁把枣树下面拨平，要是有人来偷枣就能印上脚印。那会儿人穷，看着啥能吃都偷着去吃。我家枣树在滩里、川里、山里都有，不算小枣树，见利的枣树也有五六十棵。我们这个地方不出粮食，像麦子这些不种，都是把枣卖了换钱然后再到外面买。咱们这个地方地不行，山上的土地太少。我们家枣子最多卖过四五千块钱，这也不算多的，多的上万、两三万都有，他们都是人口多、枣树多。我们村大部分人都是靠枣，农民就靠枣树生活。

在清明节，我们会捏人人，拿面捏成鸟、蛇等。意思是说把蛇吃了，一年你见不上蛇，不怕蛇咬。面人人中间串一个红枣，再串一个面人人，晒干、烤干，当作干粮，去哪儿带上，咬上咯嘣咯嘣，可好吃了。枣熟了啥时候最好吃？就是下过雨之后。现在想着真是好吃，因为我们村的枣确实好吃，比别的村都好。我家里除了枣，还种了黑豆、山药、洋芋和绿豆等，但是产量不好，就是种点儿自己熬小米稀饭、豆豆稀饭，够吃就行。吃肉一般只能过年吃一顿，平时舍不得吃。那会儿家里都穷，没钱。过年吃顿炖羊肉，其实也就是菜里面烩几片肉，再吃顿饺子，这就算很好的了。那会儿真可怜。我们七几年出生的就算可以了，在我上一代就更苦。我们这一代就算把最苦的日子过了，现在越来越好了。

过年的衣服是平时穿的，也不做新衣服，主要是有好吃的，再就是要两个压岁钱，都是很高兴的事情。这是小时候爱过年的原因。初一吃饺子，正月初六是小年，正月十五给神打火把，正月二十三给人打火把。然后是二月二龙抬头，这个时候开始理发。农村正月是不能理发的，理发对舅舅不好。大家都等二月二才开始理头发。然后是清明节，接下来是端午节。常说六月六西葫芦，这一天是要吃西葫芦炖羊肉的，老家话就是西葫芦熬羊肉。再就是八月十五中秋节。然后就是十月一送寒衣，这个就是给老人上坟，天冷了给老人送几件衣服的意思。再然后就是腊八吃腊八粥。等过了冬至，就是腊月二十三，送灶王。不过，现在大家都不送灶王了。

二 与父亲学校会面

我从 1984 年开始在泥河沟上幼儿园，也就是“预备班”。最早是在原来的六孔窑，一年级后就搬到寨则上的十一孔窑。因为家近，有时候下课，我还跑回家喝水啥的。预备班时，我的老师是武世忠（武国柱的父亲）。小学时，我的老师是武海潮。那会儿，老师有公派的，也有民请的。我们上过语文、数学、体育等课程。体育课就在十一孔窑的屋顶上，每天早上跑操锻炼，跑上几圈子。那会儿穷，教室的黑板就是在墙上刷的黑色，桌子也不够用，有的年级都要四五个娃娃挤一个桌子。小学上到六年级，那时候就不是五年制了，之后我就去通镇上中学。

我的学历就是初中，我不爱念书。

我上初三时，有一次我爸回家路过通镇，就去学校找我。到了教室，他没找见我。问我们班的同学，同学就说我不爱在教室里待，应该是上街转去了。我上了初二就不太爱念书，跟着几个同学耍，基本上是考一回试就被落下一大截。班主任看着调皮的也不爱说，你们爱干啥干啥去，只要不出啥事儿就行，就好像是放弃了。我爸就去找了班主任，了解我的学习生活情况。班主任带着我爸，结果看见我跟同学正在寝室煮桑叶丸子和挂面呢。我爸进来跟我说了几句话，让我好好念书，就回去了。那会儿，我看见我爸走了，感觉鼻子很酸。确实家里把钱掏上了，我还不好好念书，觉得对不起我爸。那是我爸第一次来学校找我。我跟我妈说过不喜欢念书，跟我爸就不敢说，因为我害怕我爸。他过年才回来，在家里最多待一个月，平时都在外面，见面少。

我们这儿一块儿上通镇中学念书的有五个人，分在三个班。有个女的叫武改霞，她跟我都分在一班，二班有武钢和武海余，三班有武海卫。村子里都是一拎拎娃娃一拎拎娃娃地玩儿。小时候，武海卫和武钢跟我关系最好。现在我们关系也很好，相当于弟兄的关系，一起做生意。

三　谋生辗转居咸阳

我爸武谋耀 17 岁就到西安当工人。他年轻时不喜欢上学，喜欢玩牌。有一次被我爷爷骂了之后，他就自己浮河到佳县。当时西安有单位在佳县招工人，他就跟上到那里工作了。上完中学之后，我 18 岁就跟我爸出去打工。我爸的单位是陕西省水电工程局，现在叫中国水电十五局。他工作的地方在陕南洛阳，那会儿是在修大坝，我去学着制作钢筋。当时才出去学，倒也不觉得辛苦。一天工资 25 块，一个月下来就是七八百块钱。第二年，单位上培训司机，我喜欢开车，就报名去了。最开始跟着师傅开 5 吨的货车，也算是实习生。师傅带了半年，第二年我就在单位上开汽车了。当时工地在西安市周至县马兆村，就在那儿修黑河水库大坝。那个水库是给西安提供饮用水的，西安现在喝的水都是我们给引过来的。我们就是专门负责拉沙、石子和鹅卵石。车倒下 40 公分厚的沙石，然后一层一层地压起来。

头两年开20吨的自卸翻斗车，后来又换成40吨的工程车干了四年，一共六年就把这个工程干完了。黑河的工程一结束，我就跟着单位去了湖北，去三峡大坝支援、抢险。当时三峡大坝有个缺口，水很大。我们的车可以拉大石头，就把石头倒在河里堵那个口子。我们那时候穿着救生衣，就害怕倒车倒空，连车带人掉进河里。那时候年纪小，开着那车，穿上武警部队的衣服，感觉可神气了。

后来我就买了拉货的车，自己搞批发生意，批发小食品，赚中间那点差价。我干的这两年，挺吃苦的。从西安批发市场运到内蒙古鄂尔多斯和其他的旗，总共1000公里路。那会儿路又不像现在都是高速，都是那种二级路，高速路不到100公里。路不好，低速要跑将近30个小时。自己也年轻，都没舍得住旅社，更别说住宾馆，一眼不合地一口气就开上去了。进一回货肯定要拉得多多的，高高的。在这期间，商家要啥货，我就抱进去，出来再整理货，可辛苦了。那时候，收入比在单位上班要多，开大车按趟算，一趟挣一块八毛钱，一个月能挣1000多块钱。干了两年，家里面人说快回来吧，跟上单位最起码饿不着，就是不愿让我自己干。我就不干了，把车卖掉，回到单位。现在我还在水利工程局，有时请假出来自己单干。回到单位又给人开车，一直开到现在。在这个期间，我就跟上单位参与南水北调工程。在河北邢台，我跟朋友一起买了挖土机，干了两年多。总的来说，挣不多也饿不死。

2000年的时候，我结了婚，生了一个男孩。儿子出生前，我就把户口转到了咸阳。孩子今年14岁了，和我一起住在咸阳。我带我的家庭回来过三次，前年回来一次，去年回来两次。今年想回来更多次，等孩子补完课，就带妻子一起回来，顺便看看岳父母。一个是避暑，另一个就是把老人都看一下。

我18岁离开家，每年还不停地回来。那时候，爷爷奶奶在老家，一年中途不回来，过年跟上我爸回来待半个多月。村里建开章小学、开章亭，我因为工作地点远就没有回来。后来爷爷奶奶也出去不在村里住了，回来就少了。通过微信、电话，我和小斌经常联系，沟通村里的大事好事。原来我们弟兄很少见面，毕竟我在单位，很少回来。这几年有了自己的机械，在延安也不远，开车回家的次数比较多。我在微信上得知了我们村古枣园被评为全球重要农业文化遗产，评上这个对村里发展肯定是希望大大的。孙教授去年来泥河沟三次，外面的人都这么热心，我们得更努力。这次从外面回来的人很多，将来的话还要回来更多的人，都推动泥河沟发展。现在都特别重视泥河沟，好多在外面特别忙的都回来了，因为评上全球遗产确实是不容易的事情。到时候，我们能出力的出力，出钱的出钱，共同把这个事情做好。

（高凡　采录整理）

【武飞】

访谈时间：

2016 年 1 月 10 日

受访者住址：

佳县朱家坬镇泥河沟村庙湾 1 号

人物小传：

武飞，男，1981 年生，石塌上武亨坐家族。1996 年起到神木打工，跟随师傅学习装修手艺。现居住在神木。

一 从调皮顽童到装修大工

我在 1981 年出生，家里兄弟姐妹七人，我是最小的。当年正好赶上了国家计划生育，我属于第一批超生范围，一直到七八岁都还没有户口。我妈刚生下我，就做了结扎手术。父亲武占余今年 79 岁了，他从十几岁就开始串附近村子做小生意，所以在地里不是个行家，到现在都不会种地。虽然现在交通发达，但他还是会走个三五十里路到附近村子贩些袁大头、洋钱。我记得小时候，父亲贩鸦片，过去半斤或二三两，拳头大的一个疙瘩就几百块，可值钱了。我们家也小面积地种过洋烟（鸦片），都是用来防病的，少弄一点治感冒、发烧可灵了。在当时的形势下，国家不允许个人倒贩这些东西，但还是有人买。他还贩一些樟脑酊、粮票、布证，有人拿别的东西给换。后来，他让人在神木给逮住判了两年。

小时候，我们是没受过罪的，粮食都是买着吃。别人吃粗粮的时候，我们就能吃上小米面这样比较好的粮食了。最苦就是我父亲坐两年牢的时候，男人不在，母亲一个女人拉扯一大堆孩子。家里种地的活儿都是我妈干，很是辛苦。我们兄弟姐妹的排序是我大姐、大哥、二哥、三哥、二姐、四哥。从我大哥、大姐开始，一个比一个小两岁，四哥比我大八岁，基本上一个没利索呢，一个就又生下来了。不过生我的时候，大姐已经嫁出去了。那时候，每家都生得多，十六七岁的女子就都嫁出去了，过了一二年就生个小孩。我亲外甥就跟我同岁，我农历五月二十六的生日，他农历十月的。五六年级的时候，他一直跟我一个班级。那时候，这种岁数差很少的情况很多。他们家曾移民到河对面壶口的山西吉县，又在我 10 岁左右回来，在这边一直待着。他们村最高就只有四年级，而我们村从幼儿园到小学六年级都有。大人不放心小孩学习，所以就带小孩回来念了。

我 8 岁开始上学。村里孩子多，年纪比我大或小一两岁的，都一起上幼儿园。过去有的是民请教师，费用靠村里人均分，还有一些是上边政府公派的。村里老师比较多，基本上一个班一直都由一个老师来教所有课。我们的老师就是现在武正生书记的老婆曹会琴。她管得很严，学生表现不好了，就用一尺长的柳条打手指头尖那里。我们不怕父母，但是怕老师。过去家长都愿意老师管孩子、打孩子，不然都说不是好老师。之前为了种地到山上边去的人，为了娃娃们念书就都搬出来了。当时村子里虽然没到七八百人，但是孩子有很多。计划生育后，人数一批一批地变化，后期上学的人数就比较稳定了。我上学的时候，学校一共有 11 个班。最开始在十一孔窑最边上那孔上课，后来因为学生太多了，就把学前班搬到了戏楼。在戏楼上了半年以后，六年级学生毕业走了，又赶上六年制改成五年制，一下子少了两个班，我们又搬了上去。小学毕业考初中的时候，我没到录取分数线，家里花了一二百块钱才进了初中，一个班 93 个学生。后来班级聚会还有女生说，当时晚上在宿舍里睡觉的时候，一个炕上分两排睡 10 多个人，半夜起床去上厕所，再回来的时候就没睡处了。但我住在伯伯家，条件是比较好的。在第一学期还有两个礼拜就要期末考试的时候，我觉得自己学得不好不想念了，就从通镇走回家。父亲把我骂了一顿说：“你不念了，以后后悔的是你呀还是我呀？”但我已经没有心情念书了。

我到 16 岁就不念书了。那时普通人只能挣三四千，我爸一年能挣万八千。他在神木赚钱时，认识了一个我们村子的师傅，希望我跟着他学装修手艺。师傅年轻时调皮，我在村里也很调皮，一般人管不住。父亲就想看他能不能管住我。后来师傅说我太调皮，我跟他几个月就不跟了，开始到别的地方当大工。因为我是那种做得不精又多少懂一些的人，当时别人挣 20 多，我就挣 10 多块。手艺人不像生意人那样有风险，后来手艺成熟了就继续和师傅干，他把他的老关系户推荐给我。等到离开师傅自己打工时，我租了个小房，白天干活到中午下班就赶紧回去弄点吃的，有时候午休时间都没有。我出门到外面以后，只要回到村里就不想出去了，在自己家里面怎么待都舒服。

我 26 岁才结婚，算是晚婚了。村里很多人都是靠别人介绍对象，但我是自己谈的。我当时处对象算是迈得开步子的。我们村在男女观念上很封闭、很落后。过去的村风好像就是老人不喜欢你带上女生，自己的媳妇有时候也别扭呢。我记得二哥带着媳妇回来在村子里面手拉手走一下，六七十岁的老头儿就看不惯，老一辈说这样的风气不行。武占其的老婆是呼市人，大城市人穿裙子很正常。村里那时候封闭得不行，看见穿裙子的都不行，老头说了好几天。十里八里的邻村请一个女教师，连半年也用不了，女教师就成这个村里的媳妇了。咱们村子来个女教师，只要有个男的跟这个女教师走得近一点儿，就有风言风语。在我们村，找对象是家里大人的事，大人出面给你介绍对象是正常的，自个儿去就不正常，村里一直有这种想法。所以，从来都是从我们村里嫁出去女子，没留住一个媳妇。

二 浮河、滑冰与池塘炸鱼

“闷咕噜”是一个大水池子，我们都在里面打水仗。泥河沟的小孩都是自学游泳。用绳子把几个大葫芦瓢串起来，小孩子在中间就会漂起来，时间长就自然学会游泳了。学校的老师怕有危险，是不让我们去游泳的，但是我们这批小孩里没有溺水死的。夏天的时候，我们常从黄河这边游泳到山西那边。河对面有一个沙场，沙场后边有一片杏树。我们小孩就去摘杏子，等花生熟了，就偷花生。当时，就是跟山西有一种敌对心理。到了冬天，我们就滑冰车。有一次，我和小斌几个人滑冰车，没注意冰面上有个裂缝，滑着滑着，“哗啦”一声小斌就掉下去了，靠着两个手臂支在窟窿上边才没掉进水里。我们赶紧把他拉上来，捡柴火给他烤火取暖。过去后河河面没有现在这么宽，过了漫水桥还有一片地，我们就在后河那里打沙仗。冬天的土是冻的，打着很疼。以刻着“枣韵千年”的石头为界，自然形成一个地域分界线。村里小孩分为两派——前村和后村，一般都是前村孩子打后村，围绕着老村跑。后村孩子因为打不过前村，就怄气往冰上边扔沙子，前村小孩在河面上坐冰车就划不动了。

当时村里大人吸的烟都有过滤嘴，我就发动10多个孩子到处搜集抽剩的烟头，再偷家里的钱去买纸，自己卷烟吃。有时黄河发水后有树根漂来，树根中间会有空隙，小孩子就点燃假装当烟抽。点燃后一吸就会冒烟，但味道特别呛人。小时候，走到哪里都有三个小孩抬着我闲串，看谁家外边晾着馍馍就偷着吃。白天偷吃了好吃，晚上就再来偷。吃不完的馍馍就放在千年枣树的洞里，以后再回来吃。看到好看的石头，也会放在树洞里边。晚上天黑干不了别的，等农历十五月亮正亮的时候，我们就在六孔窑堆着的木板里玩捉迷藏，还来回爬着钻狗阳洞。狗阳洞就是为了通风用的风洞，过去的孔比较大，一直能通到河涝子那里，当时主人家还不让我们钻。过去在后河上，有块地种着豆角，我们捞点小鱼、青蛙，从家里拿鸡蛋、挂面，偷家里装牛奶的铁罐和调料，再偷黄河船上的柴油，最后找个地方烧东西吃。我们主要还是以玩为主，不是为了充饥。现在的小孩没我们当时玩得高兴，动不动就搞个电子游戏。我们这一辈搞得最早的电子游戏就是俄罗斯方块。六年级的时候，同学在城里有亲戚的就买一个。那种游戏机就是长方形的，上边是屏，下边是按键。村里就只有一个，那时候一件东西一村人都能玩遍，什么东西都可稀罕了。现在小孩要是说："爸爸，你看这个！"爸爸就给买了，不需要像过去一样借了。现在东西太多，小孩没有过去那种对一件东西都很怀念珍惜的情感。

我小时候，到了六月份，黄河都发大水，这几年不发了。山上边的柴草一下雨就会被水推走，聚到一块再从山上边顺水流下来。捞河柴要用舀子，其实就是一个棍，不够长的话，再另接一根木棍。它的头儿是弯的，用烧红的铁丝在头儿上钻孔，把铁丝串成一个呈笊篱状的环，再用细铁丝串成网。黄河发大水的时候，把府谷和神木那边的炭都冲了过来。水到村里边就成了潮，一会儿"呼噜噜"涨上来，一会儿"呼噜噜"退下去，最后把河炭和鲇鱼都留下来了，家家户户都会去捞。大人拿个耙子"啪"一拍，把鱼拉起来。小孩拿个棍子"叭"那么一打，把鱼打蒙，鱼就不跳了，带着鱼赶紧跑回来。夏天的水，一两秒就能"呼噜噜"地涨上来，再不跑就得被水冲走。我们这儿不会吃鱼，基本上就是清蒸。一下雨，大河、小河的水都是浑水，只有井里的水是清的，用辘轳把井水担上来，就着毛涩毛涩的南瓜叶子把鲇鱼那层黄黑黄黑的滑皮给除掉。之后鱼皮就是白的了，开膛破肚把鱼肚里面的东西都挖出去之后，再把它全部剁成三指宽的块儿。那时候把高粱秆缝起来做锅盖盖的片片儿铺在锅里，即使水烧干了，鱼也粘不到锅上。

我有段时间都不念书了，就用炸药炸鱼。小米刚打回来时带着皮，用碾子一碾，再用簸箕一簸，皮就随风下来了。把硝铵拌到小米皮里用锅一炒，就成了炸药。如果没有小米皮，用碎的干木柴也行，一炒之后威力就会提升几十倍。过去，我们这儿家家户户都有炸药，窑洞的石头就是用炸药炸的，盖窑用的地皮也是用炸药炸出来的。过去供销社只卖日用品，买不来硝铵，我们都去河对面的第八堡镇买。现在国家禁止，买不来硝铵了。炸鱼是有危险的，大人都不让小孩炸鱼，我们都是偷着玩。找一个玻璃瓶，里面先放些细小石子，再弄点儿干土。把硝铵做的炸药一点一点放进去，再把雷管放进去，最后再弄点儿干土。填得快到瓶口的时候，再弄点看着干乎乎但是发潮的土，这样子扔到水里水渗不进去，最后导火索留出一指长的一个头儿。哪个池塘里有鱼，就点了往那个池塘里扔。扔进去以后，玻璃瓶会慢慢往下沉，鱼看到有东西就会往跟前凑。过个几秒钟，“咣”地一炸就把鱼给炸晕了，全都漂在水面上。池子都不深，我们就赶紧跳进池子去用手捞。当时在池子里，像20厘米长的鱼太多了，用筐子装也装不完。因为人太小，鱼太多，来不及一个一个开膛破肚地弄，就把鱼外边的鱼鳞一削，一锅煮了，大家一起喝鱼汤。根据自己的喜好，往鱼汤里加调料，调料都是自己家的。我们这儿，辣椒、花椒都有。弄到鱼之后，就去看看谁家的树上有花椒，摘一点。过去的人对自己东西的看管意识很重，一般不让别人弄，我们都是偷着摘。这个鱼都是自己吃，不能让父母知道。父母要是知道了，根本不让拿炸药瓶去弄这个，毕竟炸药是有危险的东西。

三 “我就是泥河沟走出来的人”

我过去对家乡的留念很深。从1996年出门到现在都20年了，现在在外面成家立业，回家就是探亲和给父母尽孝道。父母并不希望你回家时非得带上好吃的、好喝的，只要在家住两天，他们就很高兴。有时回家甚至啥也不做，都由老人做，

80 岁的伺候 18 岁的，但是他们还是很乐意。毕竟他们觉得自己老了，还能给走出去的年轻人做点事情就很高兴了。人自古以来都是从上往下考虑，都是父母为子女想得多，少有从下往上考虑的。历来只有逆子、不孝子，没有父母不要孩子的。除非那个孩子做得太坏了，坏到够用枪打了，父母实在不能忍了，但父母也是嘴上狠，实际背着人偷偷地流泪。我们村总的来说在“孝”这方面做得还是不错的，没有完全不管父母的那种人，有些不听父母话的，也就算不孝了。这种事情一般都是即将结婚或者刚结婚的年轻人干的，大家都是越活越留恋父母。年轻的时候，我们也调皮着呢，有时候会跟父母顶两句，父母让干活，高兴了给干两下，不高兴了就不给干。现在慢慢就不这样了，毕竟他们也年龄大了，尤其到父母走了的时候，更后悔。现在有些人出门工作，远离家乡，实在没时间回来看看，等到自己父母去世了，想回来的时候，家里边冷清清的，后悔当时父母在的时候家回得少，会有失落感。好多人都是这种心情。现在我们村的年轻人都是只要有空就回家看看，我父亲就特别希望常常看到孙子、孙女。

我老婆是神木万镇人，她以前很少回我们这边。这几年我总带着她回来看看，她也觉得确实是我们这边好。但是回村子以后没有收入，连学校都没有，孩子没法念书。我们村子好多走出去的都是为了孩子念书，但他们出去后也没有本事，找不到工作，没有收入，就算出去打杂工还不一定有活儿。这里出去打工，第一个点就是通镇，不为别的就是为了孩子出去念小学。要不就是老汉在那儿，老婆在家；要不就是老婆在那儿，老汉在家。要有个人去给孩子做饭，时间长了，也就慢慢适应了外面的生活。

大城市的人现在可能不喜欢喧喧闹闹的环境，更喜欢在农村，但是对于农村人来说，在这里太安静，在外面只要有钱啥也好做，所以就想往外走。人就是这样嘛，熟悉的环境待久了就想换一个，我们在外面也待久了。在自己村里面相互都认识，见面能聊到小孩、老人。但你跟外面人聊，可能你说的消息我不知道，我说的你也不一定知道，认识的只是一小圈人，再多了就不认识了，话题也就少了。过去，比如说两个人走得近，一个结婚或给孩儿过满月就叫另一个去。要是俩人不咋熟就不叫了，叫了也不一定来。现在出去到榆林，只要是泥河沟人，只要能知道联系方式，有什么事情打个招呼，都会过去帮忙。

但凡我回来，我的两个孩子也都尽可能跟着回来。一是农村青山绿水环境好；二是比较安静，有助于孩子们学习。在城市里，小孩想和个泥、挖个沙，也没个玩处，到处都是水泥和柏油马路。还有就是孩子太小，大人不放心，现在城市里面啥人都有，不一定就把小孩偷走了、抱走了。再有大人对小孩越是约束，小孩越觉得是对他自由进行限制。所以，带小孩回农村老家，就是让小孩能够玩好，给小孩一个空间，玩玩水、抓个蝌蚪，也给大人一个释放的机会。

我儿子今年才8岁，上一年级。你如果问他："你是哪的？"他就说："我神木的。"有些故事要慢慢跟小孩讲，太小了给他讲也讲不懂。我现在给他灌输的思想就是"你是佳县朱家坬镇泥河沟村人"，不管走到哪儿知道自己是泥河沟人就对了。我对于神木算是客，那边就是有家，就是钱财万贯，也不如泥河沟，到啥时候也不能不要我自己的故乡，我就是泥河沟走出来的人！就是这个简单的道理。

（韩泽东　采录整理）

【武小斌】

访谈时间：

2015 年 7 月 24 日

受访者住址：

佳县朱家坬镇泥河沟村湾崖地 14 号 4 室

人物小传：

武小斌，男，1982 年生，沙塄上武佩金家族。1997 年在通镇汽车修理铺打工，1998 年去呼和浩特贩枣，2003 年在蒙牛公司工作，2006 年买车拉煤，2009 年开始在榆林经营烟酒批发店，2013 年回村开办沙场，2015 年任泥河沟村村委会副主任。

一 调皮学生受罚挑水

我出生于农历三月初五。小时候上幼儿班，最早是在戏台那里。那时候就学拼音、算术，我到现在拼音都不会。一个班 50 多个孩子，咋教啊？老师在里边教，我们就在外边玩。50 多个学生都那么小，她根本管不了。戏台后边有个门，像我们这些最淘的小孩就从后边溜出去，成天不上课，到河滩上逮鱼去，能逮到很大的鲇鱼。逮到之后，提个桶，要不就拿个洗脸盆，从戏台后边的门进来，或者从梁上爬上去，把鱼弄到教室里去。我记得有一次，我和武艳强、武军存一起逮鱼，从河上逮了七八条大鱼。我们那时候也不吃鱼，逮到了就去玩。鱼死了，就扔了。我在幼儿园待了一年，就到上面的十一孔窑上学了。我们一个班有 30 个学生。

我印象最深的有两件事情。一个是七八岁的时候，有一天我在“闷咕噜”游泳。我兄弟武艳勇比我小四岁，也去那里游泳。但他不太会游，要坐在车履带做的像游泳圈的东西上。小孩嘛，他坐在上边就要来回动，一不小心就掉进水里了。刚开始，我们还没注意到他，到发现的时候，他淹得就剩手了。比我水性好的武海龙就游过去把他给救上来了。我们这儿有个乡俗，被救起来的要给救人的送东西，他们家就给了武海龙两包挂面。像我们这个年龄的孩子，差不多都会游泳。只有艳勇到现在都不会游，因为他不敢了。那个时候，“闷咕噜”的水特大特深，不像现在水小，这种事情经常发生。再一个就是我念四年级的时候，冬天十一月份，大家都去坐冰车。本来在小河里边坐，坐着坐着就到黄河那边了，因为黄河那边地方大。黄河水有流动，边上的冰严实，但到中间可就不严实了。当时，我整个身子都掉进冰窟窿里，只有胳膊在上面架住，幸好让别人给拉上来了。我整个人都湿透了，但不敢回家，因为大人会打得不行。所以我们就打野火，所有的小孩都在那里捡柴火，把衣服脱下来烤。最后烤得棉袄、棉裤都烂了，尤其是布鞋的鞋头，烤完了都是黄色的，开了个口，就不能穿了。

上二年级之后，我就不敢调皮了，上课就要听了，但听也听不懂，心都在外边呢。那时候山上没有水，老师多，用的水也多。我们几个调皮的学生每天早上不上操，要到戏楼圪洞那边的井去挑水，俩人抬一桶水上学校。好像是从三年级开始，一直挑到六年级。反正谁要是违反了制度，就要去挑水。你今天调皮了，就明天罚你，老师还用木棍打手。

小学时候，打面包、弹玻璃珠，基本上我最厉害。在十一孔窑，老师管得严，我们就下课的时候在院里玩。院子的地，第一次是用水泥打的，后来不知道是水泥失效了还是怎么回事，地面全部都裂缝了。学校就把水泥掏空，用砖再铺。学校院里的砖都是我们搬的。这个应该是在我二三年级的时候，全校的学生放了学就去搬砖。每个班都是老师指挥，几个礼拜就搬完了。我们班的武保卫搬砖还得了个劳动模范奖，因为我们搬 3 块，他能搬 5 块。

除了语文、数学之外，我们还上思想品德，老师就教书上的东西。音乐课几个礼拜才上一次，就是几个班在教室里一起唱歌。体育课不咋上。这个时候上学是上全天。夏天四五点放了学，时间还很长，我就跟上比我大一点的两个孩子去河滩、前岔那里放羊。一个人拉两只羊，大的孩子就给我们讲孙悟空和曹操 80 万大军的故事。那个时候，家家户户都有羊，还要给猪挖草。我爸当时是贩牲口的，所以留在我们家的羊不多。有时候我们家没羊了，我还要跟着他们去，听他们讲故事。我们家那时候在村里边的条件就算好的。我爸是铁匠，打铁能挣点钱，还在船上当艄公，也能挣些钱。我记得我只吃了一年窝窝头，平常就吃“黑面”馒头，其实还是白面，但那是加工厂剩下的料，所以发黑。中午是喝稀饭，有时候下午回来就饿了，就偷着吃别人家的柿子和黄瓜，晚上能吃上饸饹面。那个时候，家家户户中午都喝稀饭，但是在地里干的是体力活，都饿得不行。

上完六年级之后，我就去了佳县中学，上了一个礼拜。亲戚说怕我混坏了，因为佳县有我以前的同学，认识的人挺多的。我表哥就把我带到了申家湾职业中学。那是佳县第一所职业中学。我在那里念了一年，天天跟人家打架。申家湾中学把我劝退了，我就去了通镇中学。那次，我们班一次性劝退了 10 个，其中 7 个都转进了通镇中学。所以其实还是申家湾中学那一拨，后来还是打架喝酒。在通镇中学念到初二被劝退，我就不念了。在通镇中学的时候，花钱就多了。那时候住宿舍，一个月家里要给四五十块买饭吃。学校有食堂，但我好像从来没有在学校食堂吃过，都是在外边吃，一般都吃羊肉，钱不够了就赊账。上完通镇中学，我在外边欠下 2000 多块饭钱，我们班最多有欠 8000 多的。最后 2000 多块是我爸去还了，还完还打了我一顿，因为 2000 多块在农村来说是个非常不小的数目。

二 打工之路寻找商机

1997 年，我已经 16 岁了。堂哥武占伟联系我去当时通镇最大的汽车修理铺，学习修汽车，给人家当徒弟。从正月十六到腊月，我在那儿修了一年的车。那个时候很苦的，每天早上 5 点多就要起来给修理部打扫卫生，活儿多的时候半夜都不能睡，天天满身都是油。有一次在去通镇的路上下了大雪，车的闸箱坏了，我和师父在车旁边点上炭炉子，整整修了一天一夜的车。配件拆下来时，就快下午了。当时交通不方便，他去榆林买配件回来就快晚上了，我们就在那里一直等着。天快亮的时候，车快修好了，开始灌油，我在下边拧螺丝。拧上之后，我就躺在地上睡着了。那时候我才 16 岁，从来没受过这苦，累得不行。过完年，我就没再去，干不了，太累了。

这一年，我爸把红枣贩到呼和浩特。因为第二年春天，他忙着回来种地，头年的枣没卖完，剩下半车，所以我一个人去那里卖红枣了。我亲哥武小军在那里修摩托车，他过完年又要出门，我就跟他坐着班车去了。我在呼和浩特的批发市场摆摊卖红枣，有小商贩自己来接货，不需要吆喝。那时候，一车拉了十来吨，卖两块多一斤，到端午总共赚了3000多块。秋天我父亲收了枣，我又去卖了一年。因为市场熟了，院里面卖货的人中我年纪小，他们都照顾我。我摆的位置显眼，商贩来了，大家也给我帮忙。在那里，我人气挺好的，卖红枣的全是老乡。这个过程很顺利，那一年赚了5000多块。

后来，我去了四叔武耀明在呼市开的食品批发商贸公司，给他打工。他的门市有100多平方米。刚开始，我白天卖货，晚上看货。我在那儿站了一年，管吃喝，一个月500块钱，但不够花。后来，商贸公司代理德芙巧克力，我就去德芙巧克力小店当业务员，用自行车驮上东西推销。他们的培训会主要在销售这一块，我学到的东西挺多，很管用，当时的业绩也很好。那会儿，德芙巧克力挺出名的，跟着品牌走，效益挺好的，工资就涨到了800块钱。

2002年，我20岁，我妈去世了。我辞职回家待了俩月，在佳县考了驾驶证，后来又去了呼市，找了正林瓜子公司，开始在内蒙古办事处卖瓜子。这个瓜子也是我四叔代理的，我直接到厂家那儿工作。那会儿我有驾驶证了，连推销带开车，内蒙古的辐射地区都可以跑，厂家给我2000块钱工资。

二〇〇三年正月初五，我订婚了。本来我在呼市待得挺好的，过年很红火。但2002年过年，我爸去呼市，天天叨叨。我们农村人嘛，我爸就急迫地让我找媳妇儿。我爸叨我，我就只有回来。当时我没对象，神木的一个好朋友说要给我介绍。过年没有班车，我坐火车到东胜，又坐便车到神木，在那儿一个没看上。我的另一个朋友是万镇的，我媳妇儿也是万镇的。初四，我们就到了媳妇儿家，跟他们大人说好初五见面，见面时就相中了，晚上就在他们村办了订婚仪式。我爸当时不在，我就打电话告诉了一下。农历二月初三就在呼市结婚了，我大爷是主婚人。

结婚之后，我就开始打工，还是在原来的公司。我老婆刚开始找了个卖衣服的工作，卖了两个多月就怀孕干不成了，在呼市待到了农历八月。同一年，我也遇上了风波，我从公司辞职，待了一个多月一直没找工作。2003年冬天，我去蒙牛公司送牛奶，挺累但还挺赚钱的。开始送鲜奶，每天5点起，在9点前要把接回来的货全部送出去。我当时是开车送，送了半年，每个月赚四五千块。三月份蒙牛改革，把液体奶跟固体奶的配送分家。我被分到固体奶，提成少又送不出去，不赚钱，我就不干了，不够花干啥呀？我在家待了半年，一直待到农历八月十一，把所有的积蓄都花完了，又不好意思借钱，因为天天在家待着又借别人钱花，不大合适。

后来我就开始跟别人打工跑大车，20 吨的车跑了两年，从呼市拉牛奶到北京，很辛苦。最开始第一个月，我是徒弟，才挣 900 块钱，但上路我就会开，第二个月就涨到了 1500。跑了半年，他们车就停了，过年换了一个老板，还是跑那个线路。我那时二十来岁，虽然是个司机，但去北京那边还是挺熟的，买东西啥的都挺勤盛，人家都对我挺好。第二年，这个老板基本都不怎么管，拉货、回货什么的都是我管，后来又给我每月涨了二三百的工资，总共两千多块钱。开了半年，钱还是不够花。

三 卡车拉货的冷与暖

2006 年 8 月，我和武保卫合伙买了一辆双桥十轮大卡车拉煤。这车是花十一二万买的旧车，保险上户下来一共十四五万。那时在神木、佳县和临县拉煤可以超载，效益挺好，跑一趟 1000 块左右，一天跑两趟，半年纯利润就赚了四五万块钱。到了秋天，拉煤不咋行，我们就开始拉红枣。第一趟拉红枣，我和保卫一起去新疆伊犁，离我们这儿有 2000 多公里，从来没有走过这个地方，去的时候走了三天三夜。1 吨枣 750 块，我们拉了 21 吨多，去的时候赚了 15000 多块钱。从伊犁回来的时候，拉的是到大同的货，回程货运费少点，当时装了 21 吨淀粉，赚了 1 万多。去新疆我们也不懂路，中间上雪山都害怕。我们油箱里面的油不多，路标上写着还有 200 多公里就到一个镇子，到了那儿就可以加油。但是我们从头天下午 3 点开始走，第二天早晨 9 点才过了这座山到加油站，离吐鲁番还剩下 300 多公里。那里跟我们这边时间差挺多的，晚上 10 点多了，山上都还有太阳。当时走了一晚上也没见一个车，没见一个人。路可不好走，全是大山大沟。四川我们也跑过，但是没遇到过那种山。而且我们的车是旧车，刚买几个月，没走过远门。当时又怕车坏，心里面挺害怕的。后来路好走了，但我们的车被拦了下来，第一我们超速，第二我们还超载了。按行驶证规定，我们只能拉 13 吨，实际上拉的超了 50%。新疆的罚款十分重，在我们这边罚款也就三五百，但是那边一说就是五千多块钱。那阵儿快到冬天了，天挺冷的，我们俩人就上去跟队长磨。保卫个子小，才一米六，跟小孩儿似的，我那会儿也才 20 来岁。反正俩人挺年轻的，就跟队长求情，啥招都出。我让保卫哭，因为他长得小，跑了好几天车，脸也没洗，土不拉几的。谁都有人情，最后队长给开了 1200 块钱的罚单，在新疆内再也没有罚款了。当时小车超速都要罚上千块，我们大车超速还超载，要求最严的时候还要把货卸下来倒货，要是这样就全赔了。

快到吐鲁番时，刮起了大风。因为不罚款了，所以刚开始开得挺快的。到了下午 3 点，在吐鲁番吃饭。饭店的老板看见我们两个就说："小伙儿，你们不能走了，风来了。"那会儿啥事儿没有，我们还以为老板是想让我们住下呢，就随便吃了点填饱肚子，又开始走。越走风越大，我们又是逆风方向，风刮得车都动不了。最后不敢走了，我俩就把车开到路基下面避风，这样才没有被吹翻。一晚上，我们的大厚篷布刮了好长的口子。第二天风停了，我们上路，看到可多车让风给刮翻了。当时拉水果不收过路费，我们拉的是淀粉，开的是葡萄的检疫。那会儿，我们问别人说晚上被交警堵住了咋办，别人说你给两箱葡萄就行了。所以我们在吐鲁番买了两箱葡萄，快出新疆的时候，交警一堵，把葡萄给他们，他们就不看了。这趟来回总共花了 11 天，挣了 1 万多块，还是挺顺利的。

这个车跑了一年。第二年春天，咱们这儿红枣也没有，我们就把车放下，和武永平一起买了一个能拉 40 吨货物的半挂大拖车，还是拉煤，往远处拉。刚开始往山西拉，后来山东、湖南都去。2008 年，我们一次性买了两个新车，光首付就 25 万块左右。永平出资多点，我少点。如果我们买下这个车的时候卖，一台车能赚 10 万块钱。但是那会儿生意好，谁也不想卖，天天跑山西，一天能挣 2000 块钱。那会儿有两个司机，基本上 24 小时跑，只有装货、卸货、吃饭，没有其余歇的时候。钱眼里面有火，干上活儿也不累，一天也不睡觉，连着跑，跑了一个多月也不累。但是到了奥运会，就没有地方跑了，用煤单位都停了，一下全部瘫痪了，一直没好过来，这也是我的转折点。

自从奥运会开完，一天连五六百也挣不了，但是我们雇司机一个月就得五六千块钱。永平不跑，我管俩车，雇了三个司机，每个车两个司机。那会儿，一个月分期付款是一个车12000多，两个车就是两万五。到十一月份，两个月都没生意，就把前面挣的全都搭进去了。我们村养这个车的还挺多，有艳强、海卫和建强。我们七八个天天没事，在武汉一待待俩礼拜，光车的费用一天就得好几百。住下的人多，吃饭花销又大，跑那边半个月也挣不了多少钱。不跑赔得更多，跑上也挣不了钱。到腊月时候，因为有些贷款要还，没办法，就卖了一个车，剩下一台就我们自己跑。买的时候三十七八万，才跑了七八个月，只卖了十几万。

2009年，跑完正月和二月，就把剩下这个车也卖了，赔钱嘛。4月15号，我在榆林开了一个糖烟酒水批发门市。媳妇儿看门市，我买个小面包车送货，效益还可以。可是送了一年，我又开始胡搞了，门市还开着，但我不送货了。武龙有工程，我跟武龙、占军三个人买了两个翻斗车。这车也挺贵，两个新车买下来得40来万。这车由小龙和占军管，我光投钱，但是后来生意不行。那会儿，榆林的地皮买卖可火了，我就开始跟着老板跑，捣鼓这些东西。一开始可以，挣点倒点，但是越倒越死。十八大一开完，整个榆林地区的经济瘫痪，我们的经济跟着也全部死线。我们村有些年轻人光在榆林这些地和房子上的钱，差不多有大几千万，都瘫痪在这个上面了。之前给佛堂寺捐款，捐5万、1万、2000的人挺多的，但是现在没人出钱了。全部家当再加上贷款和跟亲戚凑的钱，我也赔进去100多万。

四 回乡创业身负重任

2011年和2012年，我在榆林待了两年，天天打麻将、喝酒，因为投进去200来万的房子要看着卖，天天跟着跑这跑那，但是还是没结果。没卖还又搭进去了，一帮人天天在那儿讨论，讨论完就吃，吃完就喝。到2012年过年时，我还出了个大事。那两天压力也挺大，加上我大爷腊月二十四去世，二十六出殡，我有点累。二十六一直到除夕，我都忙着给人家倒钱。除夕晚上，朋友叫我在榆林吃饭。吃完饭，在回家的路上，我开着车撞了人家三个车，出了车祸。人没事，就是把车撞了。总共花了20万块钱，给人家换了新车。

2013年7月，我回了泥河沟。因为那会儿钱没了，地也动不了，榆林的生意越来越不行。我就把翻斗车卖了，三个股东一人赔了七万五。回到泥河沟，我跟谋新合伙开沙场。2013年就是糊本，没赔也没挣。2014年，神佳高速有个朋友要沙，毕竟出去混了这么多年，咋也有些认识的人。今年也还是糊本，没啥生意，挣不了钱。

2014年，我基本就在家里待着，看到村里这些事，就觉得自己非要管一管。村里面住的年轻人毕竟少，我在外面跑的时候，就感觉外面来了人，村里的应对能力、接待能力都对不上。不光是政府，个人的事也是，所以我觉得这些事要由一些比较有闯劲的年轻人来做。今年村委会选举的时候，我不想入这个圈里面，但是我爱说、爱管闲事，别人做得不对了，我也在村里敢说他。我有些在戏楼圪洞说的话，上了年纪的人听了，觉得还比较在理，所以好多人在推荐我。村里面的事，我一直考虑着。没当村长的时候，有看不惯的事，我也爱管。比如去年泥河沟商标注册的事儿，不是说谁想在这个枣园干事就能干的。还有就是泥河沟人要团结，不团结是不行的。打个比方，为什么泥河沟的枣卖不上价去？跟不团结有相当大的关系。收枣的人来了，我家卖1块钱，你家8毛就卖了。我说我家是千年枣，你说你家也是千年枣，我拽一把，你拉一把，那枣能卖上价去吗？所以后来我想，能不能以村委会的名义成立一个合作社，外面的商人来了，第一个肯定找村委会，不会找武小斌或者武存平个人。他要找的是有组织的、有担保性的，个人担保不了，但是村委会可以保证。

我不是代表我一个人，而是代表泥河沟所有年轻人的意愿。泥河沟有这么大好的机会，外面奔波的还是想回来为泥河沟做事，前提是他也想回泥河沟来挣钱。要是泥河沟能打造出来，就能挣钱。比如外面挣10块，在泥河沟能挣8块，他也要回泥河沟不在外面。现在为什么连村干部带村民都这么积极？就是所有人都看到泥河沟要有希望了。好多人看到孙教授都在为泥河沟奔波着，就说我们为什么不能为泥河沟做点事？比如今年春天从北京回来之后，每跟他们坐在一块，就跟他们讲咱们村是啥样啥样，以后会成什么规模。但是一开始有些人翻不动，说："哎呀，小斌去北京又洗脑了。"但是自从这两次，蒋处长和投资商他们来，还有孙教授讲座，他们都看到了，就是另一番想法。为什么这两次能回来这么多年轻人？第一就是在榆林塌了的这帮人挺多的，再有就是八几年出生的这些同龄人挺多的。所以一个传一个，传着传着就传开了。平时有事，我们基本上就是微信联系，光我们村就有两个群，200多人，基本上年轻人都在里面。

泥河沟主要的变化就是从2014年开始的，最大的变化就是人的变化，思想上转变挺快的。来的人多了，泥河沟接触到外面的人也多了。光有泥河沟的人是不管事的，有外来的传播、网络的宣传才行。再有就是为什么现在老人也认可了？好多外来人和回来的年轻人都在给他讲，他听得多了就耳熟了，耳熟就意识到这个东西是东西了。要是谁也不给他说，他还是原来那样。为什么呢？我们村原来是个很封建的村子。我们小时候，泥河沟没人穿裙子，外面回来的人都不穿。还有我们小时候都是剃发，到了夏天，老人就拿剃刀给你剃了，不像现在什么发型都有，还染的红的、黄的。“不让你三毛野子”，就是老人常说的话。

泥河沟现在有老年人协会和外出青年协会，老年人协会会长是武世峰，青年协会会长是武文耀。武文耀快50岁了，因为生意做得大，又德高望重，所以就选了他。青年协会主要就是微信群联系，因为比较分散，所以还没做什么事。现在外出的年轻人有啥事都能回来，不光是这个晚会，有个红白喜事啥的，年轻人基本都会回来帮忙。特别是白事，必须都回来帮忙，因为白事用的人多。现在用就用我们年轻人，老的干不了了，不如我们年轻人了。老年人协会做得挺多的，扭秧歌、唱歌和下象棋。自打从北京回来，就有了扭秧歌这个活动，但是当时活动得少。到6月份，我们组织了一次，总共来了俩女的，七八个男的，男的都是我们队干。刚开始七八个人的时候，别人只在那儿看。三天以后，他们就参加了。扭了四五天，就有20多人了，每天都在增加。这就是咱村的变化！

（宋艳祎　采录整理）

【武雄】

访谈时间：

2015年7月20日

受访者住址：

佳县朱家坬镇泥河沟村石坬口头152号

人物小传：

武雄，男，1984年生，磘里武亨通家族。1999年在内蒙古开车拉货，2001年去新疆边打工边学摄影，2008年在鄂尔多斯开办影楼。

一 清贫日子里的童趣

家里兄弟姐妹5个，我排行老三。那会儿因为生活条件差，兄妹们都没怎么上学。我算读书最多的一个，也在读了两年初中后，中断了学业。

回想当时读小学的日子，虽然家里困难了点儿，可也是非常有趣和难忘的。那会儿特别贪玩，每到夏天，中午休息的时候，就和小伙伴们一起游泳去黄河对岸的山西偷杏子吃。有时候还会被人发现，小孩子们一溜烟全跑了。说起游泳，那是我们夏天最大的乐趣了。村子后头有一个挺大的水池，雨季时水深几十米，村里人都叫它“闷咕噜”。熟悉水性的孩子们漂满了水面，有时候我一天就能游个六七回。偶尔会抓几条鱼放在缸子里，在河道上点柴火煮着吃。冬天也不影响我们玩儿，小孩子们人手一辆冰车，冰车是用铁丝和薄木片做成的。整个冰面上都是滑冰车的小孩儿，远远地都能听到刺溜刺溜的滑冰声。到第二年春天冰快化的时候，我们就站在一小块冰上面，用木棍子支撑着漂过来漂过去地玩儿。

除了玩水，小时候还玩抓石子儿、弹玻璃球、捉迷藏、抵拐子、打纸面包。最时髦的就数打乒乓球了，球台只有一个，小孩子们都围在跟前排着队玩儿。会打的常不下台，不会打的一个球接不住就下场了。即便这样，大家还是乐此不疲地把球台围了好几圈儿。有一段时间，学校买了个篮球。我们小学窑洞顶上面是操场，安了一个篮球架，好多人去玩这个新鲜玩意儿。可因为窑洞背后就是悬崖，有时候不注意，篮球就跑到悬崖下面的沟里面了，得绕着跑几里路才能捡回来。后来学校也不提供篮球了，家里又买不起，打篮球这项活动就不了了之了。

小时候好玩儿的事真是说也说不完，现在想起来都觉得特别有意思。那时候，我喜欢养小动物，养过鸽子、兔子，还喂过羊。我们这里有一种风俗，家里有孕妇了就养一只羊，到孩子生下来就把羊杀掉，给产妇坐月子补身体吃。记得我 6 岁的时候，母亲怀我弟弟，家里就从舅舅那儿买了一只羊，我就天天出去放羊。时间久了，我觉得动物特别有灵性。后来发现羊被宰了，我伤心地哭了好多天。

还有第一次学骑摩托车的记忆也特别深刻。那年我 14 岁，哥哥买了一辆摩托车。我特别喜欢，就缠着村里大点的孩子教我。我总是控制不好油门，一下子就把油门加老大，学了一天没学会。回去一晚上睡不着觉，想着油门该怎么控制，终于想到了一个办法，就是加一下油就松一下，再加一下再松一下，油门一紧一松地，摩托车应该就不会跑得特别快。第二天，我按照自己琢磨的办法骑着摩托车溜了一圈儿，特别地激动。因为那会儿我连自行车都没学过，所以觉得自己 14 岁就会骑摩托车特别自豪。

读小学的时候，尽管特别贪玩，可是成绩还不错，基本上是班里前一二名。读完小学，就到乡上读初中了。课余时间少了，学习也紧张了起来。班里接近 100 个学生，我排名也是前几名的，可惜后来还是辍学了。记得初中时候，因为是第一次离家住校，特别想家。镇子离村有 20 公里，每个周末都回家。记忆犹新的是，那时候为了省 2 块钱的坐车钱，每个星期五下午和同学上山下洼步行 20 公里回家。初中条件特别艰苦，一天的伙食费两块五毛钱，一天两顿饭基本上都是一个馒头、一碗水煮菜，有时候饿肚子。每个周末返校时，我都背一包家里给炕的干馒头片。谁要是能吃上商店里散装的碎方便面，那也是很幸福的，抓一把泡在学校永远烧到 40 度的“热水”里,感觉也是美的。艰苦的初中生活过了两年，我就辍学谋生计了，没有继续读书，挺遗憾的。

二 内蒙古、新疆谋生计

我辍学后，1999 年，跟着熟人去内蒙古的鄂尔多斯开农用拉货车。说是开车，其实是自己开着车卖货，什么都拉，副食、香皂、扑克之类的。那么大的货车，基本上要全部装满，堆到和车头一样高，从包头进货，然后到鄂尔多斯各个旗里的商店送货。因为没有固定的客源，所以就是挨个问，别人需要什么就能卖掉一点什么。那会儿离家远，加上从来都没有吃过那么多苦，所以特别地想家。假如第二天要回家的话，前一天晚上整晚都会睡不着觉。当时冬天是烧煤取暖的，我住的房子烟筒不通，导致我一氧化碳中毒，差点儿没命。幸亏师傅每天夜里都会下楼看车，听见我在房子里呻吟，砸烂玻璃把我送到医院。捡回了一条命，我非常感激师傅。那会儿，第一个月没有工资，第二个月 50 块，第三个月 100 块。这样每月涨 50，到 300 块封顶了。师傅那会儿拖家带口的，一个月也就能挣 1000 来块。给我发 300 块，对他来说是一笔不小的开支了。在内蒙古待了七个月后，到了 2000 年，因为家里张罗着养鸡，我就回家帮忙了。

2001 年，我去了新疆，开始学摄影。当时我不会普通话。师傅给我教了一上午怎么照相，又给了几本书让我看。我就想这有什么难的，不就对着人一照就完事了么，觉得根本没必要学，也没机会亲自拍，没事就睡觉。过了三天，师傅觉得我不适合学摄影，就打发我去洗了三个月照片。之后，我才开始真正地学摄影。先是给照相馆的摄影师当助理，不管吃住，一个月 400 块钱。一到月中，钱基本上就花完了，后半个月就借钱，等下个月工资发了再还。那会儿一碗臊子面 4 块，一碗凉皮 2 块，对我们来说都是美味，没钱的时候吃馒头就咸菜。月工资 800 块的时候，家里有事急用钱，我跟老板借了 2000 块，用了四个月才还清。那会儿特别艰苦，大家合伙买了个电饭煲，熬点稀饭，买几个馒头就是一顿饭。当时摄影师基本不怎么教拍照，全是自己主动询问加琢磨，更多是干杂活儿。那家照相馆是综合型的，什么都拍。等到稍微入门后，我主动跟老板提出想去他开的一家专业儿童照相馆学习。即便工作特别忙，我也利用空闲时间不停地琢磨。一直到现在，我也在做专业儿童摄影。2007 年从新疆离开的时候，我咬牙花了 5000 元从网上买了一台二手的尼康 D80 相机。那是我好几个月的工资，这才有了属于自己的第一台相机。

2008 年，我离开新疆回到内蒙古鄂尔多斯，靠亲戚朋友的资助开了一家专业儿童影楼。当地消费水平很高，朋友帮忙租的10平方米的小南房，月租240元，进门就是床。媳妇和我就挤在这个小屋子里。刚到地方，和媳妇去一家川菜馆准备随便吃点饭。一看菜单，我们都傻眼了，只好借着上厕所偷偷跑掉。当时，鄂尔多斯摄影技术相对比较落后。第一位顾客给我留下非常深刻的印象。那会儿店刚装修好，牌子还没挂。隔壁买菜的一位年轻妈妈领着孩子路过我们影楼，知道我们是儿童摄影后，就说试着给她家小孩拍两张。拍完以后电脑选照片的时候，孩子妈妈说我们拍摄得太专业了，完全超出了她的想象，对照片非常满意。本来准备选两张，结果拍的那一组24张一张没删，全选了。后来每年过生日的时候，这个小孩的妈妈都会带他来店里拍照。就这样渐渐地，我们的知名度提高了，生意也慢慢好了起来，生活水平也逐渐改善了。日子好过之后，我经常会想起在新疆时的老板武雪梅，是她把我从农村带到城市，又传授我技术。我从内心深处特别感谢她！

三 孩子勿忘家乡事

我是磘里家族的，祖坟地在寨峁上。外出开店前几年特别忙，很少回村。祭祖的时候，给祖坟填土，插各种颜色的纸，拿土埋着。我认为现在好多仪式都是自己热闹，找个理由大家聚一聚，相互认识一下、交往一下。

我们村算穷的，我们家在村里又是比较穷的。父亲12岁的时候，爷爷去世了，奶奶改嫁了，父亲就跟了去。他同父同母的姊妹有4个，同母异父的有2个，父亲是老大。待了三四年感觉不适应，父亲就又回到了泥河沟，爷爷留下的东西也没了。后来妹妹全嫁出去了，我叔叔觉得家里过不开，就当兵去了，退伍后被分配到供销社开四轮车。供销社给我印象就是个商店，可以去买东西。那时候十来岁，我的第一袋方便面就在供销社买的，牌子叫“熊毅武”。那时候没吃过方便面，觉得太好吃了。

父亲这一辈的人分家之后，我们家分得的枣树很少。等枣熟了后，会做枣饼、枣焖饭、枣粽子，也舍不得吃太多，因为枣子是我们唯一的经济来源，要卖钱，全家一年的生活费全靠秋天的枣子了。每年收枣的时候，父亲都会给我们带有叶子的枣串串。这个时候，小孩子就在地里面捡枣，装在筐筐里，背到石崖上，晾完之后再背下来，特别辛苦。晒枣崖都是分好地方的，老祖宗占下的。我家没有地方，因为爷爷去世得早。当年我爸回来的时候，甚至连窑洞都没有。我们也不愿意让他过多提起，怕他伤心。所以爷爷辈与父辈小时候的事，我知道得比较少。父亲没什么手艺，就是务农。印象中，他去工地上干了很多年；如果我不是去学摄影，现在也是面朝黄土背朝天，最多可能也是一个工地上的民工。

我父亲是特别老实的人，当时做生意对他来说是天方夜谭。那时候出去打工的人，不是去工地就是下煤窑。后来出去的多了，渐渐地好多人开始做生意。这几年物价高得吓人，我在内蒙古开货车那会儿，几千块钱就能买个平房带小院子，现在拆迁一卖就是100多万，翻了100倍。

出门在外的这些年，我总会想起家乡的事儿，戏楼圪洞前的“人市儿”、佛堂寺的庙会。还有唱戏时候的情景，十里八村的都来看戏，卖东西的摆满了走道，可以说人山人海，特别热闹。佛堂寺每年三月十二唱大戏，三天都去。正月初一会去敬神，偶尔干旱、求雨的时候，会去给神唱戏，我也去。佛堂寺有一个古代的佛像，听说盗文物的人把佛像的头偷走了，也不知道追回来没有。佛堂寺有一块石头，可以发出7种声。长大后，那块石头就见不到了，可能保护起来了。小时候去庙里，基本上就是去玩，没有家人带去，没有仪式。有时候自己拿签摇一摇，看上签、下签，上中下能看得懂。去佛堂寺的路上，有个梯子崖，特别陡。如果有车在那里出事，三年以后在同一个地方又容易出车祸。从翻的车里把人抬下来，在人断气的地方，还会有下一次车祸。我开车走那儿可怕了。

在村里戏楼圪洞唱戏，一般第一天晚上是起戏，第二天是正戏，第三天是罢戏。唱戏时，人特别多，卖吃的的特别多。我们去看戏也看不懂，就是吃点好吃的，买个饼子、面包，感觉特别好。假如亲戚来我们村看戏，为了招待亲戚，就给吃点好吃的，我们也可以顺便吃，沾点光。现在两边有字幕了，上次去白云山看戏，听不懂他们唱什么，我就看字幕。可能这儿跟山西比较近，包括榆林、神木，秦腔发展得不太好，也可能听晋剧比较便宜，从西安请唱秦腔的费用特别高，所以唱戏请的都是山西的。

村里这几年变化非常大，尤其是我从新疆回来后的最近七八年。原来由于学生减少了，学校进行了改革，好多人都外出带孩子上学自己打工，村里剩下的都是年纪大的人。这几年，打工机会相对前几年少了，外出的人回村多了起来。再加上村里千年枣树被评为全球重要农业文化遗产，社会各界开始关注这个原本安静的小山村。最近两年开始举办枣园文化节，每年7月份，村里的老老少少都从四面八方赶回来庆祝，沉寂的村子一下子沸腾了。这让我仿佛回到了小时候，感触良多。现在我的儿子也上小学了，我经常把儿时的故事讲给他听，他扑闪着眼睛听得津津有味。我想等他长大后，把村里的事慢慢讲给他听，让孩子辈也不要忘记自己的家乡。

（江沛　采录整理）

【武振雄】

访谈时间：

2016 年 1 月 11 日

受访者住址：

佳县朱家坬镇泥河沟村紫柏崖坬 107 号

人物小传：

武振雄，男，1986 年生，礤里武进会家族。初中中途辍学，17 岁离家外出打工，考取驾照后，以跑车为主要谋生手段，曾辗转到河北、内蒙古等地。

一 取名“改红”盼男丁

我叫武振雄，小名武雄雄，农历正月初十出生，今年 30 岁了。家中排行老三，有两个姐姐和一个弟弟。大姐和二姐分别叫武晓红、武改红。“红”就代表女子嘛，我父亲（武奋明）希望能有个儿子，所以给二姐取名为“改红”，后来果然就有了我。我从六七岁开始，在十一孔窑上小学。当时一共有六个年级，每个年级占一孔窑洞。我家离学校比较远，得十几分钟的路途。每天天还没亮就要起床，自己带着水往学校走，到学校天才蒙蒙亮。早晨会有 15 分钟的早操，挺冷的，偶尔装个病或者赶上值日在教室生炉子，就能逃过一劫。下午很早就放学了，尤其是在冬天。我们学校比较高，放学的时候 100 多人从两个门挤出去。路上，男孩子还会跑着抢路。冬天路上结着冰，挺不安全的，老师和家长都会比较担心。放学之后，男孩子们就会一块儿到紫柏崖坬上的“闷咕噜”去玩儿。不管夏天还是冬天，那儿都是男孩子的天堂。我对小学的记忆很深刻，虽然也有被罚站的经历，但我还是觉得小学的时光很美好，现在想起来挺怀念童年的。

我小时候学习很好，语文和数学总是得奖，好多老师都喜欢我。三年级的时候，我得了肾炎，在家养了小半年。父母很疼我，只要我想吃点啥，他们都会尽量满足我。但慢慢地，我好像就习惯了被人宠的感觉，对学习也不上心了。后来再去上学的时候，就跟不上了。我的学习成绩发生了很大的改变，在班里排不上名次，年终总结也没我的奖。学习不好了，自己心里面就挺自卑的，自然而然地就放弃了。每天就跟着一堆人弹玻璃球、打面包、捉迷藏、玩弹弓，偶尔打打乒乓球之类的。

小学毕业之后，我就到了朱家坬中学。上了半年，我爸觉得通镇的教学条件好一些，就把我转到了通镇中学。但是自从那次生病之后，我就对学习失去了兴趣，觉得上学就是混个文凭。期末结束一放假，我就跑回了家。有同学给我捎话说老师要找我，我说我才不管她呢。开学之后，老师就不想要我了，说得让父母找个保人，保证我不再逃学。其实我没怎么逃过课，就是一放学、一放假就跑，因为我谁也不认识。后来我父母就找了在村里当过校长的一个老师。他说："我连自己的儿子都保不了，我还保你儿子？"我爸觉得很为难。我说："不念了"，掉头就走。他追上我："你不念书，就得回来去地里锄地、放羊，好好在家受苦。"我想着受苦就受苦，在家也见父母干农活，也没觉得怎样。回来我就开始去地里干活，我在家里还是比较喜欢帮父母干活的。

二 辗转打工开大车

在家待了半年之后，我听邻居说在外打工一天能挣二三十块钱，2003 年就出去打工了。刚开始在神木县的锦界镇，当修主道的小工，一天挣 28 块钱。没过多久，也就两三个月，我就扛不下去了。那时候，我住在地下，屋子里的褥子和床板都是潮的，每天起来背上特别疼。我就给家里打电话说不干了，回来的时候挣了七八百块钱。和干农活相比，还是在外面打工累，挣人家的钱得实心踏地干，而在家偷个懒也没谁怨我。

当时我叔叔在市里给人家开小车，我觉得挺不错的。从小我就比较喜欢跟机器打交道，感觉人喜欢的东西都能学好，2004 年我就考取了驾照。到了 6 月份，二姐给我打电话，说河北保定有开车的活儿，工资一个月将近 2000 块钱。我和家里人商量了一下，就过去了。那是我第一次出远门，从神木坐火车，一不小心把保德县听成了保定。下车打听之后，才知道下错了车，离保定还有很远。后来遇到一趟神木到石家庄的车，我就坐车到了石家庄，又坐客车到了保定。在保定，每天有人领着我去一个房间听课，一坐就是几个小时。那时候听说有人一年能挣18万，诱惑力还是很大的。过了10多天，我觉得每天啥也不做，就嚷嚷着要回来。都到火车站了，好多人在那儿劝我。我二姐说："想回去你就回去吧，但是错过就没有机会了。"我想了想，又重新留了下来。后来，他们告诉我只要买一个3200元的床垫加入公司，第一个月就有700多块钱的工资。当时家里也很穷，那时的三四千相当于现在的一两万，但我爸一直很相信我，就给我打了4000多块钱。买了3200块的床垫之后，剩下的七八百块钱没过多久就花完了。之前，他们告诉我只要叫人过来就马上会有工资，我也一直在努力，叫过三四个朋友，但是人家都因为种种原因拒绝了。后来，我打电话联系了我姨家的儿子。他过来之后，我就立马有了工资。我心想，打几个电话就能有工资，挺不错。但没过多久，我爸听说了我的事。当时传销在电视和报纸上的负面影响挺大的，他就亲自来找我让我回家。我说不能回去，回去就损失太多了。我记得特别清楚，我爸就在大街的十字路口上睡着，哪都不去，逼我回去。我特别心疼，没办法，就跟他回家了。那时候传销并没有报道的那么夸张，我们都是有自由的。我本来想送我爸回家之后，弄点钱再回去。但回村之后，村里人和我讲了很多有关传销的事情，我一想既然大家都这么说，那就算挣钱也不回去了。

我在保定一共待了七八个月的时间。回来之后，武保卫在神木县中鸡镇帮我介绍了个师傅学车。虽然我考取了驾照，但没有经验，需要继续学习。学得差不多了，2006年，我就开始跑大车。最初的工资是每月1400，我当时觉得很满足。但一段时间之后，听到别人和我讲其他地方工资的时候，我就觉得工资太低了，想换个地方。于是就到了内蒙古伊金霍洛旗的新街镇，给油田钻井队搬家。在那儿认识了一个对我特别好的老板，他很照顾我，每逢过节，都请我吃饭、聊天。他妹子开着小卖部，我在里面买东西都不要钱。他如果有事出差，就把家留给我，想吃啥可以自己做。我跟着他有小两年的时间，每个月的工资是两千七八。慢慢地，我想总给别人开车也不是个办法，就买了辆二手车，但是赔了1万块钱，心里觉得自己干啥啥不成，还是继续打工吧。后来又跟着武小斌和武小龙去了河北，干了一段时间，觉得利润太少，工资也就3000出头，我们就撤回来了。

2008年，我已经24岁了，父母就催着我结婚。在农村，22岁时，父母就开始张罗着给儿子找对象了。儿子年纪大了，父母担心会打光棍。我当时并不想结婚，想着先挣点钱再说。但每次回家，父母都催我结婚的事情。我也去临近的几个村子相过亲，但都不合适，不是人家看不上我，就是我看不上人家。后来有一次，我爸打电话让我回来看对象，我跟着介绍人到通镇的一户人家。当时女方不在家，但我看着她的照片，就觉得人特别朴素、老实。我不喜欢打扮得特别花枝招展的女孩子，两个人在一起是要过日子的嘛，我就答应了。回到家之后，心情特别激动，想着自己快要结婚了，就把家里好好地收拾了一下。可是在家里待了几天，突然觉得情绪特别低落。我就去了榆林，把自己关在榆林的宾馆里待了四五天。除了出去吃饭，哪儿都不想去，就想在屋子里睡觉。那时候不知道自己心里在乱想些什么，但我明白是因为结婚这件事。我结婚是在夏天六七月份，枣树绿绿的，很好看。结婚那天，来了八辆小车，大多数都是我内蒙古的朋友，因为我在那儿待的时间最长。去我媳妇儿（刘三三）家接她的时候，周围人都在旁边数车，我就觉得自己很有面子。结婚后，我在家待了一段时间，就又出去跑煤车了。现在，我的两个儿子一个6岁，一个15个月。为了方便孩子在通镇上学，去年我就在镇里租了房子。但房子又小又潮，照不进阳光，孩子很容易生病。现在我自己买了辆车，在村里跟着武小斌学习。也正在考虑快递公司的开展工作，虽然没有多少利润，但比较自由，挣多挣少起码不用看别人的脸色。这两年干啥啥不行，有点钱也不敢投资，就先凑合干着。

三 一喝酒就想回家

我一直很喜欢我们村子。如果每年在村里能挣个两三万的话，我永远都不愿意走。现在交通也很方便，买东西直接上镇上或者县里就可以了，何必在大城市待着，有什么意思呢！住在楼房里，想出去转一会儿，还得下楼、坐电梯。我们村里开门就是风景，出门也都是认识的人，相互打个招呼、聊聊天，这一家人的感觉，多好！我们这些出去的人在外面净受些笨苦，开支又那么大，能凑合个吃喝就差不多了。我在榆林跑车，三四天没活儿了，我就想开车回来。尤其是一喝酒就想爸妈，就想回家。我宁愿在村里的小卖部坐一晚上，也不愿意待在榆林的豪华场所。应该说，我喜欢村子里的一切。小时候，爷爷奶奶家离黄河只有二十几米的距离。站在爷爷家的院子里，就能看见黄河的水哗哗地流过。遇到洪水的时候，还能看到很多人在黄河边捞柴捞炭。那时候在紫柏崖坬，不管是冬天还是夏天，大半夜 10 点的时候还有人捉迷藏。现在村子平时都是七老八十的老人，想见个年轻人都难。老人坐在一起闲聊，我也插不进去话。

我在之前听说过一点农业文化遗产的事情，但不是很清楚。2015 年举办晚会的那天，牌子上明确写明了泥河沟被评为“全球重要农业文化遗产”。我一看觉得挺牛的，这么小的村子还能与世界挂钩！晚会之后，我们在微信群或者私下里也会聊起，觉得我们村被评为农业文化遗产是一件好事。不管它今后能给我们村子带来多少利益，它至少让我们觉得是有希望的。以前这个村子无人问津，多少年来都是一个样子，而且一年不如一年。如果不是被评为农业文化遗产，这个村子可能永远都不会有任何的发展。这两年来，新一届村干部上任后，村里的面貌改变很大。凡事总要有一个过程，我很看好这件事情。只要村里有用得到我的地方，那我一定会全力支持，不管是人力还是金钱。至于村里能不能发展得像想象中的那么好，咱不知道，但能好一点是一点。我小时候的梦想就是把村子建设得更好，但梦想终究是梦想，还是离现实太远了。我打心底里希望我们村能特别美丽。

现在村里的年轻人都在外面打工赚钱，家里的枣树就留给父母去照看，一年能卖多少是多少。今年枣子基本上都没卖出去，说难听点，就快要被饿死了。我们这个年龄段的人，也没有在村子里搞发展的头脑，平时我们在一块儿就聊聊彼此在外面的收入。今年回家看到村子里砍了这么多的枣树，说实在的，真的是心疼。不管枣子值不值钱，那是村里几辈人攒下的家业，不能说毁就毁了。原来是一整片枣林，现在中间的部分都被砍光了，站在山上去看，特别明显。如果我能说了算，不管给多少钱，我绝对不允许任何人动这片枣树。钱总是会花完的，但枣树会一直在那儿生长。哪怕枣儿今年卖得不好，明年卖得也不好，但它总有一天会好，这是一辈子的事情。如今，年轻人都在外面，镇上或是省上把事情落实到村里，喇叭一喊，来开会的全都是上了年纪的人。老人能懂什么嘛！只要和他们说这是好事，简单说明一下，他们就同意了，但却没有征求其他有想法的人的意见。现在有了微信，应该通过微信群和年轻人做更多的交流。

（李妍颖　采录整理）

【武谨】

访谈时间：

2016 年 1 月 8 日

受访者住址：

佳县朱家坬镇泥河沟村寨则上 55 号

人物小传：

武谨，小名“七七”，女，1992 年生，沙塄上武有星家族。2011 年毕业于榆林十中，2015 年毕业于陕西科技大学镐京学院，同年 9 月担任泥河沟幼儿园教师。

一 下课喝水去我家

我出生于农历七月十六，家在寨则上。6 岁开始，我在十一孔窑上了两年预备班，主要是语文、数学和拼音，课外内容老师教得少。我上小学也在十一孔窑，一个班有二三十个学生。十一孔窑离我家特别近，大家上学都不带水杯，下课渴了都跑去我家喝水。所以我都不去喝水，因为我一去，肯定全班都去，夏天能把我家水缸的水喝光。那时村里没有自来水，我家人多费水，所以就靠我爸、我姐他们担水。

当时我们是每天三放学。早晨 6 点钟就起床去学校了，直接去操场跑操，再上两节早读课。8 点放学回去吃饭，最多一个小时，再回学校上两三节课。当时一节课是 40 分钟。中午放学回去，下午再上三节课。下课时，男孩打玻璃球，我们女生就跳皮筋，我跳得可厉害了。窑洞前面有个乒乓球台，大家都喜欢玩乒乓球，但是一般只有高年级学生才能抢到。冬天跑操很冷，老师管得很严，每天早操都要查人，没来的在教室罚站。如果在课上说话，要到教室外面罚站。因为我当时学习好，所以没被罚过。有个教英语的老师，我印象最深。她很有才华，长得也漂亮，跟每个学生关系都好。她原来是榆林的，跟男朋友吵架了才跑到我们这山区来，教了一年就走了。我们毕业的时候，还跟那个老师合影，照片现在还在我们家里。

小时候，男生跟女生都是分开玩的。男生要是撸起袖子把胳膊露出来，我们都得说他流氓，不敢看他。现在想着都搞笑。夏天，我跟我姐去河边洗衣服。我姐逮鱼可厉害了，一天能逮30多条。以前只要有个洪水啥的，鱼可多了。现在每次来洪水，能有一两条就不错了。因为上面修了个坝，水都蓄到那儿了。我们夏天喜欢游泳，到了冬天就是溜冰车，下面是木板，把铁丝磨光一下，串两个冰珠。那时车会沟里水多，能滑整条河，可爽了。但是河里的冰有的地方厚，有的地方薄。我当时年纪小，就跟着我哥玩。有一次，我就掉进水沟里了，我穿的是我妈给做的棉鞋。我哥就打火给我烤鞋，结果把鞋烤烂了。回去我被妈一顿骂，可把我害惨了！我跟我哥关系可好了，那时我什么都听他的。上学时，我妈给我的钱比较多，但他属于挣一毛花两毛的那种。后来人家都买了智能手机，我就把攒下来的钱全用来给他买手机了。

二　我想回村陪爸妈

上完四年级，我就去榆林上小学了。我走了以后，学校就从上面的十一孔窑挪到了下面的开章小学。开章小学上楼后第一间教室就是我们班，那时只剩下9个人了，因为一般都是父母去外面工作，大家就跟着去上学了。我们班这一次走了四五个人。我二姐刚好在榆林打工，我就跟着去了。以前也有人走，但是走得少。我走的时候，学校老师还挺多的，一共十多个，每个班都有班主任，有代课老师，还有从外面请来教英语的老师。

2005年上中学的时候，我跟着大姐回了通镇。因为二姐嫁到内蒙古了，所以当时我特别“恨”姐夫把我姐带走。我在通镇的时候，回家基本都是走回来，早晨6点从学校出发，能走到下午4点。我们有四五个人一起走，走的就是以前我爸去通镇背粮那条路。夏天时能把人热死，走两步就歇歇。路上有个岔道街，那下面有个沟，有可多柳树了，我们就在那儿乘凉。因为要走40里路，所以我基本不带午饭，为了减轻分量。以前我妈老是给我带点馍片啥的，我也不背，累都累死了。背粮路上，有个小李旺村，那里有个水井，我们就在那里喝水。2008年，我考到榆林十中上高中。我住校一年半之后，大姐搬到榆林，我就跟着她住了。小学的时候，我还是全乡第一名，我们家的奖状基本都是我的。上高中之后，我就不好好学习了。去榆林之后，一般时候就不走回家了。虽然那时通车了，但当时沿黄公路没通，车费特别贵，一次要30多，坐一次车都要肉疼。所以有长假我才回来。一般三天的假，我就去我姐那边不回来了。

2011年，我考上咸阳的陕西科技大学镐京学院。高考之后，大家都想让我复读，因为我以前学习好，但我不想读了。我们学院不管啥专业都是英语，除了高数，其他课都是翻译。当时四本《新概念英语》都是背的，口语课去了之后特别吓人，全是外国人。只要有口语课，我们午休时间都不敢休息，全部用来背英语。在大学时太想家了，因为走的时候就我一个人。我去了之后，发现人家都有家人陪同的。我们宿舍有两个人都是西安的，什么姥姥奶奶都来了，我就心情特别不好。我们有固定教室，那段时间我就每天坐在教室最后一排看着窗户哭，哭了一个月，就是想家。所以那之后，只要有三天假，买站票我都得回来。后来我说不上大学了，“三本”学校学费又贵，最便宜的也要11500。2014年11月，签完离校协议，我们就离校了。我在榆林找了个补习班，带了几个月的课。2015年6月，我去学校领了毕业证，过了几天就回家了。

我最早知道我们村成为农业文化遗产地是在2015年夏天。那时我就在村里，当时我觉得泥河沟要火了，来了这么多人。以前暑假的时候，一般女的都回来，男的回来得少。像去年暑假回来那么多人的情况太少了，就算过年也回来不了那么多人。那时候大家在微信群里讨论得特别多，特别是武雄雄，这个娃娃挺感性的。上次孙教授单独给年轻人开了会之后，他就感触特别大，还哭了，说咱们村终于有一点希望了，不用那么穷了。后来讨论得也比较多，特别是遇到损害村里利益的事情，大家就会讨论得特别激烈。

如果家乡有发展机会，估计大家都愿意回来。反正我是一个比较恋家的人，不想去外面。在西安，我也能找到补习班，但我不喜欢大城市，就不想在那儿待着。还有我大妈家的那些儿子，他们都特别想回来。陪着爸妈多好呀，但是回来生意咋办？都得在外面奔波。大家还是很关心家乡的。

三 留村教书带小孩

我们有个“爱枣协会”的微信群，里面有“原本营造”和乡村志愿者协会的那些成员。他们建议有个文秘在村子里，然后就联系了我，让我来做这个工作。正生书记(武正生)说村里现在的情况没法给我工资。我就说反正是为村里做点事，钱不钱的没啥。所以七月初的时候，我就回来了。

但我回来以后，发现村里有三个孩子没法上学。其中有一个5岁的孩子叫武艺禾。他妈妈生下他就走了，他爸爸在外面打工，他没有奶奶，爷爷要种地，没事时还要打麻将，所以平时根本就没有人照看他。现在村里这个幼儿园相当于县教育局下属的一个小学校，按理说要达到五个学生才能请老师。泥河沟的情况比较特殊，正生书记和苗主席（苗小军）在县里说了好多回，才给了一个教师的名额。后来正生书记找我，我觉得这个娃这么可怜，不忍心，而且秋天时我姐和我哥都不在家，我也想帮我妈点忙，所以就留下来了。

我是从2015年9月6日开始教他们的，最开始在村委会三楼教，因为一楼有人在教室里睡觉，那些人走了以后就搬去了一楼。在三楼的时候，只有那个5岁的孩子来，另外两个孩子因为只有4虚岁，大概开学之后一个月才来。每天早晨8:40开始上课，一般是他们吃完早饭家长骑三轮送来。小的两个学生偶尔不来，大一点的每天都来，因为他爷爷经常不在家。教育局规定上课时间不能超过6个小时，但不能低于5个小时。4岁的两个孩子太小了，我根本管不了。他们要是尿裤子了，我就给他们妈妈或者奶奶打电话，她们来了再换。我让大的那个孩子写拼音、汉字，另外两个只要认识就行。当时我也不知道担任这个教师是不是个好事，因为孩子太小了，我怕自己相处不来，不像在榆林带补习班，都是小学、初中的。

乡镇给每个孩子发了8本教材，有美术、数学、语言、音乐、健康、拼音、社会和自然。但一共就3套，没发给我。我比较喜欢画画、剪纸，所以这一方面教得比较多，其他就是拼音、认字、读诗，还有数字。孩子们很喜欢画画，但是我教他们画苹果，他们只能画个圆圈。我教他们把“2”变成小鸭，他们还是不会。两个小点的孩子连握笔都不会。孩子们很淘气，大孩子带头撕书，只要我一不看他，他就把手放到书桌里撕，不到一个月就把书撕完了，现在书桌里全是碎纸。平时我感觉他们学得不耐烦了，就让他们出去玩，玩累了以后再回来。我很喜欢小孩，因为我们家孩子多，我有 5 个姐姐，9 个外甥。逢年过节的时候，其他人在打麻将，我就是带小孩的。所以这几个小孩虽然调皮，但我还是喜欢带他们。每天他们来了，就比划着给我做饭，说："老师，我给你做饺子吃。"放学的时候，他们就说："老师，你去我们家吃饭吧，我们家有猪蹄。"我就觉得孩子很天真、很可爱，其实每天就是带着他们玩。

上次开会说我们这儿是不设点的，所以资金是乡镇学区挤出来的，半年一共给我 7000 块钱。我们这种年轻老师，什么福利都没有，教书之前也没有接受培训。小孩自己买纸和笔，其余啥钱也不用交。刚开始，教室里连黑板都没有，队里只买了粉笔。好几个礼拜，我都只能在白本上教他们写字。后来我说了好多回，小斌才在榆林买了一个小黑板。教室墙上贴的东西，都是我自己弄的。楼下面的自来水在秋天的时候就关了，连水都没有，都是我爸给挑的。冬天教室可冷了，每天我要比学生先到，因为要先把火生上。村委会只给炭，我还要自己带上柴，因为只有炭点不着嘛。条件很艰苦，但我想着反正干了，就干完吧。

这个学校归乡里学区管。我今年去乡里开会，人家说我们村这个老师的名额估计要撤了，因为 3 个学生不达标。那两个比较小的学生在这儿上学就是适应一下，过完年可能就要去榆林上学了。剩下一个学生可能就不给派老师了。我估计也不会有其他学生来了，太大的出去上学，太小的不适合上学。这就是村里学校面临的问题。

（宋艳祎　采录整理）

【武艳霞】

访谈时间：

2015 年 7 月 20 日

受访者住址：

佳县朱家坬镇泥河沟村石坬口头 151 号

人物小传：

武艳霞，女，1988 年生，沙塄上武佩环家族。14 岁辍学后到北京、山东当保姆，现依旧在济南打工。

一 黄花菜叶编“皮筋”

我叫武艳霞，农历九月二十二日生。在我妈怀我的时候，家里在盖新窑洞。她干着背石头、抱石头的活儿，可能对我有点影响。我出生时，两条腿一条长一条短，右脚只有四个脚趾头。我妈在我满月的时候才发现，本来都打算让别人家来领养了，可是我爸不同意，觉得生都生了，家里还养不起我嘛。我家里一共有五个孩子，我是最小的一个，哥哥、姐姐都让着我。虽然家里条件不好，但只要有好吃的，都会先给我吃。

我很早就和哥哥、姐姐到十一孔窑洞去玩儿。我们这儿的孩子，三四岁的时候，就会和哥哥、姐姐到学校去。有的时候在课堂上待在哥哥、姐姐身边，有的时候在操场上等他们下课一起玩儿。但是正儿八经去上学是 5 岁多。放学之后，我们女生会跳皮筋、踢毽子、跳方格。皮筋不像现在都是松紧带，以前用的是黄花菜的叶子。把黄花菜的叶子像编女生的辫子一样编起来，能玩儿很长时间。每天跳完之后，我们害怕叶子干枯碎了，就把它泡到水里，在水里泡一会儿就没事了。要是被跳断了，就再拿叶子接上。有的女孩子编皮筋编得好看又结实。我就属于比较笨的，拧得比较简单，编成像麻花一样就算完事了。五六年级的时候，学校买了一副羽毛球拍。当时，农村有羽毛球是很了不得的一件事情。因为只有一副球拍，女孩子们只能挨个玩儿，但大家都特别开心。我一直特别喜欢羽毛球，那时候能玩上羽毛球已经很奢侈了，觉得自己特别了不起。到了夏天，我就和小伙伴儿一起到小河里去游泳。冬天的时候，虽然家长都不让去玩儿，但是我比较调皮，跟着男孩子到后河上就不回来了。那时候没有冰车，就自己跑起来滑，经常摔得鼻青脸肿的。小时候，裤子都摔湿了也不嫌冷，一直玩儿。直到天黑，小伙伴儿们都回家吃饭了，我才回家。

我从学前班到小学六年级都在十一孔窑洞上学，一天上上下下要跑好几趟。我记得冬天的时候，都是山坡，再加上下雪路滑，经常会摔跤。我在学校学习不好，属于比较调皮的一类，喜欢和同学打架、闹事。我的班主任高老师经常揍我、掐我，掐得我浑身是伤。我妈看不下去了，就去找老师说："你打孩子可以，但是要打屁股这样的地方，不能打脸。"我们家在村里比较穷，孩子也多，爸妈人又老实，所以村里的孩子就比较喜欢欺负我。男孩子会用棍子打我。虽然我打不过他们，但是我一定要还手。我心里就觉得：你们凭什么欺负我啊？

二 小洞洞藏花生壳

爷爷把枣树分给爸爸和叔叔之前，我们家的枣树很少。最好的年份才能收 10 麻袋的红枣，一般的情况下只能收八九麻袋，所以生活条件比较艰苦。那个时候，吃枣是一件很奢侈的事情。因为要靠它卖钱维持生活，所以家里人都舍不得吃。我家还种了花生，小时候我趁我妈不在，就去偷吃花生。当时我还小，不知道怎么把花生壳藏起来，就把它扔到小洞洞里，后来被我妈发现了。但是她舍不得骂我，就说我两句。后来我大了就明白了，那是来年留着种的种子，不能吃。

秋天到了枣成熟的时候，一刮风，我们小孩子放了学就拿着编织袋到地里去捡枣。到了正式打枣的时候，爸爸和哥哥拿着杆子打枣，我、姐姐和妈妈就在下面捡枣。枣落到地里还很好捡，落到长草的地方就不好捡了。但是那时候枣树不多，我们觉得一颗枣都不能浪费。当时村里的风俗很好，家里的孩子又很多，自己家的枣捡完了就去帮别人捡。捡完了满身都是泥和土。

我爸爸不识字，只能干苦活和累活。爸爸出去帮盖窑洞的人家背石头，一天两块钱。他出门的时候，口袋里都会装一把枣，实在饿的时候，就吃一颗。但也不舍得拿新枣，就拿那些裂纹的枣吃。我现在觉得特别亏欠爸妈，觉得自己没本事。我自己在外面只要想想父母，就会心疼得流泪。但是心疼归心疼，我没有办法，因为我现在只能养活自己。

我说我一个“80后”的孩子挨过饿，可能没有人相信。我要去上初中的时候，家里刚供完二姐上初中，已经很缺钱了。那时候我们家已经断了七八天的面了，每天只能喝点稀饭，做点家里的蔬菜吃。我现在吃东西绝对不会浪费，就算再难吃的东西也要把它吃完，绝对不会浪费粮食。虽然当时父亲坚持要供我去上初中，但我一看家里都没有吃的了，而且两个哥哥也到了找媳妇的年龄，就放弃上初中了。我属于想得比较多的孩子，我就和父母说：“上学不管用，上个初中出来又能怎么样？”对于这件事，我爸一直觉得很亏欠我。我一直安慰他说，没有什么可亏欠的，我现在过得很好。我到现在也没有后悔过上学少，如果后悔了，父亲一定感觉更对不起我。

三 辍学外出当保姆

辍学之后，家里人就说这孩子在家也没事干，让我出去当保姆，出去打工最起码比待在家里强。我妈吓唬我说，如果我继续待在家里，就给我们换亲。换亲在父母的年代可能是一件普通的事情，但是在我这个年代，我和我姐都不接受这样的事情。我宁愿出去打工当保姆，也不可能接受换亲。如果我当时接受了，可能现在孩子都有好几个了，和现在的生活一定是完全不一样的。

我在家待了大约一年的时间。冬天的时候，老姑姑打电话给村干部，说需要一个保姆，问我愿不愿意去。我说去。我爸劝我过了年再走，但我觉得人家既然打电话来，肯定是现在就要，我就走了。那年我才 14 周岁，二哥把我送到了北京。当时我一年的工资是 2400 块钱，管吃管住。人家把 2400 块钱都给了我二哥，一分也没有留给我，还多给我哥 200 块钱，让他做路费用。我平常用的生活用品，都是雇主家给买。偶尔也会给我 10 块、20 块钱，让我当零花钱。记得我第一次在北京买东西，是买了一双蓝色的布鞋。当时手里拿了 20 块钱，可那双鞋就要 20 块。我还知道讲价，最后 18 块钱买了它。那双鞋穿了很长时间，一直到冬天我都穿着它。在北京，让我最骄傲的一件事情是学会了骑自行车。家里人跟我说：城里人不能光走路，要学会骑自行车。我学了一天，摔了 12 跤，愣是把自行车学会了。

出门之后，我和家里约定一个月打一次电话。出来之前，我没见过电话。打电话的时候，就让别人给我拨号。我自己想往外打电话也打不出去，整个生活是封闭的。我也尝试写过一段时间的信，但是信很慢，爸妈又不识字。一打电话，我爸就说："上街要小心。出门在外，要照顾好自己。"我爸经常说着说着就哭了，所以我也不敢跟他多说，只敢和我妈通话。当时，跟我一块出去的姑娘基本上都回来结了婚，现在生了好几个孩子了。她们可能觉得干不了给人端盘子、洗碗，伺候人的工作，吃不了那个苦，毕竟在家里都是娇生惯养的女孩子。我当时就觉得家里那么穷，好不容易出来了，就不想回去了。后来雇主家的孩子高中毕业了，要到外地去上学，就不需要保姆了。当时，山东有一户人家正好需要保姆，雇主家就问我是想回老家还是继续当保姆，让我和父母商量一下。我自己挺有主意的，说回去这一辈子就毁了，除了结婚、生孩子，就没有别的路可走了。于是，我打定主意要去山东。阿姨问我要不要回家看一下父母，我说不要。我知道一回去，在父母面前一哭，肯定就出不来了。我便坐车去了山东，在老姑姑的亲弟弟（武轶群）家做保姆。其间有回来的机会，但是我没有。出门在外，对父母的想念没有人能理解，但我觉得我必须坚持过去，克服对父母的思念。我抱定决心，一定要在外面坚持下来，无论怎样都不能回泥河沟。三年之后的清明节，老姑姑回家去扫墓，我跟着老姑姑回来了一次，住了两个晚上，过完清明节就又跟着走了。我妈说："稀罕都没稀罕够，你就走了。"老姑姑也劝我在家里多住两天，但是那时候我还小，不敢一个人坐车，心里想着能看看父母就好了。

出门在外，受委屈的时候很多。有一件事情，我记得特别清楚。有一次，爷爷（武轶群）在外面买了一株富贵竹，不知道怎么回事，发现花瓶漏水了。他就责问是不是我磕破的。那时候大了，觉得自己特别委屈，说完不是我做的就哭了。我爷爷当过兵，是个很正统的人，说话不留情，有什么就说什么。奶奶（张敏，武轶群的妻子）就出来护着我："谁知道是怎么破的，你干吗熊人家？"之后爷爷就换了一个瓶子，出去散步去了。我还是觉得特别委屈，就坐在屋里嚎啕大哭。本来每天的 7 点半到 8 点，我是要陪老老爷(张汝淮，武轶群的老丈人)到院子里去散步，可是那天我没有去，一直坐在屋里哭。老老爷散完步回来，我还在哭。他就问我：“到底为什么哭啊？就是因为花瓶的事儿熊了你两句吗？”我说自己也不知道为什么，就是觉得委屈。后来老老爷哄了我好长时间，才把我哄好。

日子一天天过去，我的工资已经从每月 200 涨到 240，从 500 涨到 1000。当时我觉得自己能挣 1000 块钱，是一件特别了不起的事情。奶奶怕我乱花钱，就帮我把工资都存起来。平时，我需要花钱的时候就和奶奶说。奶奶会问我：你想买什么啊？预算是多少？我那时候很听话，觉得他们就是我的家长，也不敢乱花钱。老老爷对我很好，他特别和蔼可亲。以前我有什么心里话，都可以和他说。他经常告诉我：要多学习，多读书、看报，要孝顺父母，要尊老爱幼。后来他去世了，我一直觉得很难过。

后来，奶奶就和我说：“如果你想出去打工，就到社会上去闯一闯，看看自己有多大的本事。如果不想出去，就继续留在家里。”我一想，已经过了六年的时间，自己也大了，应该出去找个活路，不能老是依赖别人。我就出去在饭店找了一份工作，因为比较老实，经常有人欺负我。我觉得自己是当保姆出来的，心里很自卑，也不爱讲话。回到集体宿舍，就把床帘一拉，在里面不出来，比较封闭。别人可能会觉得我的性格有点怪，与他们格格不入。慢慢地，自己也想开了，身边的朋友也多起来，人也开朗了不少。以前遇到处理不了的问题，就知道哭。现在在社会上时间长了，也知道该怎样去处理一些问题，情况就好了很多。在外边没有活儿干的时候，我也回到家里继续当保姆，爷爷、奶奶也会继续给我开工资。

我在山东当了六年的保姆，现在他们已经把我当自己家的孩子看待了，有什么事儿也经常打电话。平常我在工作中受了委屈，不想回宿舍，也喜欢往家里跑。到目前为止，我在山东也待了十几年的时间。我人生中最重要的时候是和他们一起度过的，他们已经变成了我的家人。现在只要他们给我打电话，我心里都会很紧张。爷爷、奶奶年纪大了，我很怕他们出什么事情。有一次，我从饭店下班给奶奶打电话，问她在哪儿。她说爷爷住院了，她在医院。我哇地一声就哭起来了：

“我爷爷怎么会住院呢？”奶奶安慰我说：“别哭，没事，只是心脏不好。医生建议他住几天院，让他系统地检查一下。等你爷爷出院了，我可能也要住几天院。”我更觉得不可思议了。奶奶说：“人老了，总会觉得心脏不舒服。”我下班的时候已经是9点了，我赶紧骑着车子去医院看爷爷，晚上一直陪着他。第二天，奶奶知道了这件事，和我说：“以后不要这样了，你上着班，太累了。”他们一下子老了，我心里挺不舒服的，觉得自己一定要做点什么。我回到泥河沟了，也经常会想念他们，给他们打电话。

四　看到枣就想泥河沟

我出来之后，最辛苦、最艰难的日子是当保姆的日子。女生来例假了，肚子痛得厉害，但还是要咬牙坚持。有时候晚上会蒙着被子偷偷地哭，倒不是想家，而是觉得自己很委屈。出门总是会觉得低人一等，但是我觉得在人生中学到最实用的东西也是在这几年。在社会上，除了你自己去历练，没有人会告诉你怎么做。只有硬着头皮去做，慢慢就学会了。当保姆让我养成了记账的习惯，在外边就算是花了几毛钱，我也会记下来。同事经常跟我说：“你记账有什么用啊？”我觉得最起码到年底的时候，我知道钱都花在了哪里。

别人经常会问我：你小时候是怎么玩儿的？我说我是做饭、打扫卫生、洗衣服，给别人做保姆长大的。我的生活很单调，就是上班、下班、吃饭、睡觉。唯一的爱好是在城市里跑跑步。说实话，在十八九岁的时候，我也怨过：为什么别人有那么好的条件，但是我没有呢？但我现在想开了，老天爷是公平的，没有必要去埋怨。我一直觉得很自豪的是，出来这么多年，从来没有伸手和父母要过一分钱。我想，在外面再困难，也绝对不能和父母要钱。以前回到泥河沟的时候，有人会在我的背后指指点点，瞧不起我是当保姆的，我心里很难过。但是我现在想开了，觉得自己并不比别人差。虽然我是当保姆的，但是最起码我能自己养活自己，我不怕别人来笑话我。所以这次回来，我也积极地去跳秧歌，开开心心的，父母看着也放心。

2008年是我第一次自己回家。回家之后，觉得父母一下子老了很多，满头的白发。和爸说话的时候，我也觉得他的反应慢了很多。当时心里特别特别地难受，我回去缓了两个月才缓过来。今天担心妈的身体，明天担心爸的身体。在路上看到环卫工人在扫地，就会想起家里的爸妈，想着他们此刻在做什么？是不是也在辛苦地劳作？树上的枣，他们能打得动吗？打完了能卖得了吗？总是瞎担心，晚上完全处于失眠的状态。我自己身体本身就贫血，出去之后，吃得不好，喝得不好，再加上压力大，有那么一年的时间，经常是连续两三天睡不着觉，搞得身体特别差。

父母现在唯一担心的就是我的对象问题。村里经常有人说，我这么大还不出嫁，不是有问题，就是眼光太高。但是我也不愿意去解释，我和他们的思想已经很不一样了，解释也没有用。我一直说没有合适的，一句话就带过去了。那天二哥还说我这么大了还不找对象，让我不要走了，在本村找个人嫁了，离家近一点，等妈老了还能照顾妈。我说不是我不找，没有合适的，哪里有合适的，我在哪里找。

出门在外，看到枣就会想起泥河沟来。山东的小枣和冬枣也很有名，但我就是觉得没有家里的枣好吃。那天我就在想，如果我们村的枣能成为一个产业，能在村里打工的话，就算是少挣1000块钱，我也愿意。照顾了父母，照顾了家里，还养活了自己，而且在家门口赚的钱是真真正正属于自己的。我还和父母说：我一定要出去好好赚钱。如果泥河沟以后能有投资的项目，我也一定要回来参与投资。我也希望泥河沟能越来越好。

（李妍颖　采录整理）

下篇 相望

【许浚】

访谈时间：

2014年7月8日

受访地址：

榆林市榆阳区榆林钟楼许浚书画院

人物小传：

许浚，男，1944年生，陕西靖边人。1986－1998年在佳县工作，先后担任县长、县委书记，后调任榆林市人大常委会副主任。退休后任榆林市经济发展咨询委员会主任、陕西省决策咨询委员会委员、陕西省老科学技术教育工作者协会常务理事和榆林市红枣协会名誉会长。

一 寻找佳县脱贫路

对于佳县如何发展，我没有一个准确的定位。人家说我懂经济、会管理，但到了用武之际，自己却深感力不从心，好像什么招数也使不出来，甚至连一个好思绪也没有，成了老虎吃天——无从下手，心里很是着急。

作为县上的主要负责人，应该全面铺开工作，但对于要办的事，连我自己都好像吃不透、拿不准，还怎么去发号施令呢？这个时候，我想起了老父亲常告诫我的一句话："人贵在要有决心，人怂心不怂，心怂嘴不怂，一个负责人一怂就怂一群。"正好又收到我五叔父许集山的来信，他在信中教导我"要把压力改变为动力。要沉稳，不能慌乱。做到不求一时乱拍手，但求将来佩点头"。老人家点破了迷津，使我心中豁然明朗。要想改变佳县面貌，不能光靠一时的感情冲动，必须做到理智，做到系统化、条理化，然后付诸行动。

有一次，我去见北京师范大学常务副校长史培军。他上小学时曾是我的学生。我请他来佳县做一番调研，并帮助我制定一个发展战略。他没有推辞，联系了北京大学、中国科学院等诸多高等学府和科研机构。王凤慧、武红麟、方修琦、王静爱等20多位不同专业的年轻教授和专家来佳县走遍山山水水、乡乡村村，深入调查研究，花费了几个月的时间，编成了《陕西省佳县经济发展研究》这本书。我把这其中的发展战略浓缩成了一句话，即“南烟北牧中加工，黄河沿岸枣树林，抓交通促流通，瞄准神府煤田当后勤”。这一研究成果，坚定了我的信心和决心。我坚定地认为要想让佳县脱贫致富，首先必须改变佳县交通不畅的问题。

为了鼓起大家努力工作的勇气，我指出，佳县流通活跃不起来的问题是交通闭塞，并狂言说，上海能有什么地下矿产资源，但是由于海、陆、空四通八达的交通，上海汇集成了物流、人流、信息流的中心，综合各种优势形成最大的资源和财富，最终成为世界级的大都市。佳县当然不敢和大上海做比较，但是要撬开佳县这个死胡同，那就要改变落后的交通状况。佳县被黄河一堵，谁也来不了，谁也出不去，哪还能谈得上什么发展和开放？在历史上，铁葭州被人称赞是“易守难攻”，但几千年过去了，时代变了，要走出家门，开阔眼界，招商引资，搞活市场，不改变交通现状是不行的。于是，我们就有了要在黄河上修大桥的想法，这才是佳县发展最关键的工程。

20世纪80到90年代正是国家的经济困难时期，佳县更穷。在佳县修成一座黄河大桥还只是我心中的一个想法，暂且不说，但全县的工作要做出安排和部署才行。我思前想后，提出在佳县发展红枣。许多人都摇头，他们说：“那红枣，我们太熟悉了。遭大灾后，人们饥饿难忍，看到树上有枣，哪管什么成熟不成熟，摘下来就吃，也不管好吃不好吃，总比饥饿好受些。那时候，红枣确实起到过救命的作用，但要说靠红枣发展经济怕是不行的。”

在讨论中，有一位老农民讲起了“铁杆庄稼”“救命树”的故事。他说，这既是对红枣的夸奖，又是困难时期人们活下来的经历；这是现身说法，又是经验总结。陕北大旱成灾，佳县更是土地劣质，经不起大旱。每遇大旱，佳县灾情最重。在那一眼望去一片荒凉、赤地千里的佳县大地，唯有红枣能经得起干旱的考验，显露出一片绿油油的美景。因此，红枣被美誉为“铁杆庄稼”。说起“救命树”时，老人家更是讲得入情入理、打动人心。他动情地说，在那人吃人的旧社会里，老百姓一遇大灾，不是逃荒逃难就是饱受饥饿，连草根、树皮等都成了人们填饱肚子的食物。枣树的枝叶无毒，均可食用，当然成了首选食物。一旦有红枣，那还不成了一种罕见的珍品！人们说："一粒黑豆能爬半面坡，一颗红枣可救命。"这就是在褒奖红枣和黑豆的营养价值。通常情况下，佳县人把红枣连皮带核掺拌在秕谷糜糠中，一同加工磨碎食用。当地群众把这种食物叫枣炒面。人们上山劳动、野外拦羊放牧、赶牲口、打工外出，以及小孩上学都因它携带方便而常吃常用。在大灾之年度过后，佳县人民惊喜地发现，哪里有一片红枣树，哪里就能少饿死许多人，人们称其为"救命树"。

在讨论中，人们一边夸赞红枣的历史功绩，一边又说靠微不足道的红枣来扛起富县富民的大工程怕是靠不住的。发展红枣当然没有开办煤矿挖煤致富来得快。我说，大家都知道榆林是中国能源化工基地，唯独佳县地下没有任何资源可供开发。佳县如果也有煤，那我们就可以和神木、府谷一样去挖煤嘛。但是，实际上我们一点煤都没有。佳县政府一共办了 3 个煤矿，都在外县（榆林、米脂、神木），那都是逼出来的，有什么法子。换句话说，如果有金矿、银矿，我们可能连挖什么煤矿也看不在眼里了。种红枣是佳县人的一种优势，加上大家对红枣的熟悉，那么一般性的技术问题就可以算是普及了。大家不是在学习焦裕禄吗？看一看人家兰考县，开始就是发现了几棵泡桐，焦裕禄就认定泡桐在兰考有适应性，可以大发展。那么，佳县为什么就不能大力开发利用红枣脱贫致富呢？

二　垒石造田种枣树

佳县地处黄河峡谷北岸，土地贫瘠，沟壑纵横，是"石山戴土帽，胶泥夹石炮"的土石丘陵沟壑地带，属陕北黄土高原半干旱地区。自然灾害频繁，十年九旱九成灾。地域偏僻，环境恶劣，已探明的地下资源至今没有任何一项可供开采。经济落后，财政极度困难。面对现实，要开展农业、农村工作，引导农民开办一项有商品价值的产业。特别是在改革开放的大潮中，别的县早都提出要飞速前进、跨越式发展，佳县怎么办？发展红枣业是一条快速摆脱贫困，走向富裕发达的有效途径。

依靠专家进行科学论证是当时的时尚，在关键时刻，还得请"高人"来指点。

1994年，我邀请杨凌、袁海珍等10多位农业专家来佳县调研。专家们一致认为，发展53万亩红枣产品基地是可行的，只有加快扩大红枣商品基地建设规模，开发红枣系列化商品，才能促进农业现代化经营。这不仅能带动商品基地的崛起，也可促进农业经济和县域经济的全面发展。专家们通过实地调查研究形成的报告，汇集成《佳县红枣商品基地建设研究及规划》一书。分管农业的副省长王双锡题词："发挥红枣资源优势，帮助群众脱贫致富。"分管科技教育的副省长范肖梅题词："加快红枣产业基地建设，走依靠科技奔小康之路。"还有省扶贫领导小组副组长梁玉昆、省科委主任孙海鹰等领导，都认为这一本书为佳县找到了发展方向，并愿予以帮助和支持。

战争年代，佳县人民英勇杀敌，前仆后继，为中国的解放事业做出过重大贡献。1947年，毛主席及周恩来等党中央领导转战陕北，在佳县16个村住过100多个日日夜夜。同年10月17日，毛泽东主席为佳县县委题词："站在最大多数劳动人民的一面。"相信和依靠人民群众不仅是我党的优良传统，也是想问题、办事情的出发点和落脚点，是干事业必备的先决条件和基本素质。我们给群众办事，不能组织群众、发动群众，不能发现和挖掘群众中潜藏的智慧和力量，就是纸上谈兵。若强迫命令，那只会成为独角戏，难以见效，怎能把红枣的宏伟事业办成？在群众中讲传统、讲优势、讲有利条件，是为了唤起大家面对现实、从实大干的积极性、主动性和自觉性，激发大家的创造性，反复征求意见，达到决策的全面性和准确性。

首先是让群众总结红枣在佳县落脚生根发展的历史。我们选定朱家坬镇泥河沟村的千年枣树园召开现场会。那些3人合拢抱不住的千年大枣树，仍然每年产枣100多斤。活生生的事实，大大地教育了干部，说服了群众，让大家感受到了千百年来红枣在佳县所做的巨大贡献，激发了大家对红枣事业的热爱，对学习红枣栽培技术的决心，进而让红枣更好地为人们做贡献。群众说老祖先曾流传下来一句名言："听见黄河水响，红枣长得好。"佳县沿黄河170多公里的河岸线，是大家认定的发展红枣的优生区，是老天爷给佳县这一贫困地区留下的生存之路、发展之路、脱贫致富之路。

被佳县人称为农业区"白菜心"的王家砭乡，土地平展，发展农业的条件好。

全县仅有的11000多亩水浇地中，王家砭一个乡就有8000多亩。乡党委书记李占亮说："红枣既然确定为全县的主导产业，就应该舍得把红枣种在好地上、水浇地上。现在提倡独生子女，如果有一个人，难得生了一个大胖小子，母亲连奶水和一袋奶粉也舍不得给孩子吃，还能指望孩子健康成长为接班人吗？"

距黄河较远的方塌乡书记高生举表态，他们将用国营林场育苗，引进优良品种，并在佳芦河流域治理项目搞成的人造平原上，组织群众大会战，发展红枣产业。方塌乡谢家沟村支书谢海泉在大会上说，要发展红枣1万亩。这一下成了全县爆炸性的新闻，全县660个村若都有谢家沟这样的积极性，还愁发展不了53万亩红枣吗？县政协老干部张海厚主动报名到谢家沟村下乡蹲点，协助保质保量完成好1万亩红枣园的建设任务。

木头峪乡牛圈沟村是全县出了名的穷村。全村120多人，人均仅有不到1亩的劣质土地。支部书记申步科表态说，他们保证每人完成2亩红枣。有人问，村里人均才1亩劣质地，就是全部种成红枣才1亩，不够的土地从哪里来呢？申步科慷慨激昂地说，组织群众垒石造田，向那烂石洼要地。过去烂石洼是害，现在可以变害为宝，新造地120亩。他要求每人垒石造田1亩，全种上红枣。这一下打开了全县垒石造田栽枣树的新局面。说也奇怪，过去他们是"吃的熬瓜煮菜，住的崖窑古寨，出门少穿没戴，在家少铺没盖"，连唱秧歌都是"一家人七口子，一块被子瞎拉扯，盖住头露屁股，睡在炕上还冻脚"。可他们经过艰苦奋斗，利用红枣致富，几年后人均收入猛增到4000多元，成了全县、全省出了名的先进村。副省长王双锡说，要是都有佳县牛圈沟这样的好支书带领大家脱贫致富，再穷的地方也可变富。省委副书记蔡竹林热情支持佳县红枣事业，先后8次到牛圈沟村深入调查研究，并亲自帮助牛圈沟村及周边几个村解决了人畜饮水困难。

螅镇乡荷叶坪村张继宁更是表示要在垒石造田种枣树上大显一番身手。他动员妻子、儿女吃住在山头，昼夜不离工地，硬是新造石坎梯田15亩，全部种上红枣树，红枣树下种西瓜、芝麻、豆类。他把"垒石造田越造越甜，坚持数年必定有钱"几个字刻在大石头上作为名言，时刻激励自己。全县以他为榜样，同时他评上了全省劳动模范。县上提拔他为垒石造田种红枣办公室（设在县委）副主任，协助县农工部长张生寿抓全县垒石造田工作。人们说张继宁既是模范又当干部，种枣还成了万元户，真是一举三得。

红枣专家强国生潜心研究红枣，工作十分投入。他用多种方法防治红枣的各种病虫害，效果十分明显。在红枣的发展上，佳县县委高度重视、全力以赴地进行支持，抽调有文化、会管理的红枣专业干部高峰等人组成红枣办公室，负责全县红枣产业的工作。

三 红枣节闹红山城

佳县老百姓说红枣是他们的“铁杆庄稼”“救命树”，那是在极为困难的年代对红枣的赞誉。在当今市场经济的大潮中，我们还需在永葆红枣桂冠的基础上，与时俱进地使红枣树成为“摇钱树”“环保树”“美化树”……为此，全县要形成一个以红枣为主导产业的大格局，引领全面发展。首先在舆论上让红枣占主导地位，造成强大的舆论态势。讲红枣，写红枣，唱红枣，发红枣之财。

我曾听一位老汉讲起关于红枣的神话故事。传说王母娘娘在天宫里生活得寂寞、烦躁、无聊。仙女们看出了王母娘娘的这种情绪，她们自己更是早就想出去游荡游荡了，就跑到王母娘娘那里建言献策，提议一起出宫游玩。她们到了黄河沿岸一看，惊喜地发现那儿有一片翠绿翠绿的林子，其实就是枣树林，但王母娘娘她们不认识，仔细一看，哎呀！那树上还挂满了绿的、白的诱人喜爱的“珠子”，真好看。有的仙女大声喊叫:“多么美丽的珠子呀！”仙女们高兴得手舞足蹈起来。王母娘娘看着大家那种爱慕之情，伸手就去摘枣，刚刚伸进树林中，就被枣刺划破了手指。这就是红枣不卑不亢的高尚品格，连王母娘娘想不劳而获也要被教训一番。枣树上有一种自卫武器叫圪针子，把王母娘娘的手刺破了。鲜血流到了枣粒上，使枣永远红起来了。用王母娘娘的鲜血染红的枣，让女人吃了还不是大补嘛！人们说 :“日食三枚枣，长生永不老。”

红枣还有不屈不挠的精神，只要有土就能生长、开花、结果。佳县有个地方叫叶子坪，紧靠黄河边。黄河水一暴涨，就把叶子坪全淹没了。黄河水下落后，留下的全是石头。说也奇怪，就在那大大小小的石头旮旯长出一片好枣树。康家港乡沙坪上村的一个农民，说他们家的石窑洞堖畔上还长着 30 多棵枣树。有一次下乡，我专门到这个地方去查看，发现他家六孔石窑堖畔上垫的土层较厚，枣树长得很旺盛。在距离这家烟囱不到 2 米的地方，有一棵直径碗口粗的枣树，每年还能结几十斤枣。人们说："桃三杏四，红枣当年就是。"只要开花就结果，红枣无私奉献的风格有目共睹。

县委为了推进红枣事业的发展，决定举办红枣节。红枣节的筹备工作由高永东、闫利生、曹宏志、张宏亮、曹士先等人负责。这是佳县第一次举办红枣节，他们想方设法地出力献策。举办红枣节，没钱怎么办？当时全县财政只够发干部基本工资的 50%，半年发一次。延安市委书记高宜新极力支持和帮助，并送钱、烟、酒、苹果，为红枣节提供所需财物。佳县与延安市安塞区、山西临县是友好县。安塞县委书记任邦前和山西临县县委书记郭海亮两个人得知佳县举办红枣节的消息后，分别召开常委会议，都表示愿意全力以赴地提供支持和帮助。安塞委派县长张学凯、副县长张志连组织有近百名相关人员的代表团，并带腰鼓队参加佳县红枣节。山西临县委派县长薛万民、副县长孙善文带着他们在世界秧歌比赛荣获第一名的扇鼓队专程来参加。

几天的红枣节真是闹红了佳县山城。一进佳县城，映入眼帘的全是红枣，枣灯笼、枣绣球、枣串串，一个连一个，电线杆上都是红枣的精制工艺品，简直走进了红枣的海洋。谁都会受这种环境的影响，由衷地为佳县红红火火地兴办红枣节而感动。在亚洲打出了威风的安塞腰鼓队和秧歌比赛世界第一名的临县扇鼓队在佳县石头城上展开了大比赛，锣鼓喧天，热闹非凡。他们的友谊比赛不分高低，难分上下。佳县自己排练的 26 支秧歌队也只能成为热闹场面的配搭。国家科委常务副主任韩德乾和顾问谢绍明等一行领导同志专程前来参加红枣节。韩德乾主任在万人大会上做了讲话，夸奖了佳县红枣，并为佳县未来建设生态文明、发展枣园旅游等趋势指明了方向。

红枣节也极大地提高了佳县和佳县优质红枣的知名度。《人民日报》和省、市电视台等各大媒体都做了大量的宣传，拓展了红枣的用途。他们把红枣称为"五品官"，甚至是"七品官"（食品、药品、礼品、馈赠品、工艺品、补品、装饰品）。

朱家乡镇书记强有生坚持不懈，一干就是 13 年，硬是把朱家乡镇的红枣从种到加工、销售办成了一条龙式的发展产业。据说在红枣丰收的年月，全乡 1 万人口，人均红枣收入 1 万元。城关镇书记贺玉德、通镇书记王成继联手打造佳榆公路段为绿色红枣长廊。他们做到地不漏亩、村不漏户，一抓到底，形成了一个 20 多公里的红枣林带。乌镇王家墕村王向娃兴办庭院经济，在全国各地引进了 70 多个红枣优良品种，进行了品种对比试验。他的庭院成为远近闻名的旅游景点和佳县农业的示范园区。佳县能人康德武利用自己常驻北京做生意的人际关系，把红枣引入北京超市。能工巧匠康探民利用枣树木料雕刻成精制的笔筒、笔架等馈赠佳品，深受人们喜欢，同时他也被评为中国非物质文化遗产的传承人。

大家齐心协力地奋发工作，效果十分显著。特别是我调离佳县以来，佳县领导一任接着一任干，一任干给一任看，个个都是好样的，政绩十分突出。过去我是常受批评的对象，后来在佳县榜上有名，常受表扬。据说，佳县已经建设成了 80 万亩的红枣大县，是全国的红枣之乡，现正朝着建设百万亩红枣基地的方向努力奋斗。

四 难以忘却的记忆

事物的发展与要解决的问题往往会形成一对双生子。红枣也一样，红枣的发展和需要解决的问题构成了一把双刃剑。红枣发展得越多，需要解决的问题也就越多；红枣产量越大，红枣深加工、红枣产业化的问题就更为突出。这就提出了更大更新的课题，需要我们与时俱进地解决问题、处理矛盾，从而推动红枣的发展。过去对佳县红枣的评价是皮薄、肉厚、核小、含糖量高。现在在红枣的成熟期，人们盼其丰收，不想过早采摘。可如果遇到连阴天气，秋雨绵绵，马上能获得丰收的好枣就会变成烂枣，甚至会前功尽弃，出现绝收。

发现问题，解决问题，推动发展，应该由专门的研究机构和工作人员去做。事在人为，过去为了支持红枣事业的发展，佳县乃至榆林市、陕西省、国家科委都有一大批无私奉献的人，他们的事迹可歌可泣。我深深地感到众人拾柴火焰高，红枣这一件大好的事业，是大家齐心努力干出来的，未来更需要人们去支持和创造。在这期间，使我难以忘却的是，在佳县红枣事业的里程中，曾有《陕西省佳县经济发展研究》为全县总体发展勾勒出一个粗略的线条，也在历史上第一次视红枣为有发展潜力的产业。《佳县红枣商品基地建设研究及规划》更是将“铁杆庄稼”“救命树”升华到可供开发的“摇钱树”“致富树”“环保树”，让红枣走进改革开放的大潮中，成为“弄潮儿”，成为佳县脱贫致富、引领风骚的品牌。

2014 年 9 月 28 日，新华社西安记者边江报道：“陕西佳县古枣园”被联合国粮农组织列为全球重要农业文化遗产。佳县派代表前往意大利罗马领取奖牌，并被认为是可持续发展和适应性管理的典范。同时，联合国粮农组织确认佳县黄河沿岸是大枣最为适应的生长区、栽培历史最为悠久的地方。我认为这将是佳县发展史上的又一个里程碑。

要是讲红枣，我不是行家里手，也不是专门研究红枣的科技人员，顶多是在佳县工作的时间长，做县长、县委书记十多年，关于红枣的所见所闻多罢了。在和专家们一块儿研究红枣，解决存在问题的过程中，我学到了一些有关红枣的知识，自己在实践中也有些摸索和体会。这也算是从理论和实践的结合上进行了一些探索。后来，我还真被众人说成是佳县发展红枣的专家，也曾在县、市、省直到中央的一些扶贫工作会议上做过红枣专题经验介绍。后来调回市里，工作任务是主抓发展红枣，退休后任红枣协会名誉会长，和红枣有了一种不解之缘。

（孙庆忠、郭天禹　采录整理）

【高峰】

访谈时间：

2014 年 7 月 7 日

受访地址：

佳县朱家坬镇泥河沟村村委会

人物小传：

高峰，男，1954 年生，陕西佳县人。1978 年从西北农学院毕业，1982 年任佳县林业站副站长兼红枣课题组组长，1990 年任佳县红枣工作站第一任站长，1999 年任佳县红枣产业办公室首任主任。

一 伴枣生活卅六载

我是土生土长的佳县人，乡音很浓，乡情更浓。1978 年，我从西农林学系林果专业毕业，算是最后一届工农队学员。西农是如今西北农林科技大学的前身，我念书的时候叫西北农学院。大学毕业后，我回到家里，1979 年 3 月到咱县林业站工作。工作以后我想：我一个学林学的，在佳县能搞什么？这可是个大课题。佳县的各种果树，不管是苹果、梨、桃也好，还是杏、葡萄也好，都不成气候，只有红枣还行。当时全县大概有 4 万亩左右的红枣，于是我就申请搞红枣。那时林业站的站长李振文是个老林业干部，他说："那行，你就给咱搞红枣。"所以从回来的第二年开始，他就把我单独派到了小会坪村，这是经过佳县的第一站。佳县的业务点以前每年驻三个人，等我下去后就只派我一个人，专门搞红枣。当时叫"红枣专干"，就是"红枣专业干部"，在干部里面专门搞红枣。我在小会坪一住就是五年时间。

通过这五年的努力，小会坪的红枣年产量从 18 万斤增加到超过 50 万斤，并且之后每年的产量都超过 50 万斤。"枣树不识羞，站起就秃搜"，就是说枣树一旦有点树冠就会开始结枣。它在各种果树里面是挂果最早的，当年就能挂果，但是有产没有量。前五年栽起来的枣树不会那么快有产量，所以我主要是提高单位面积产量。提高单产最当紧的是修剪、防虫、改土这三件事。等到这五年下来以后，共产党把该给我的都给我了。当时社会风气好，你真的在工作上做出成绩，人家组织上会肯定你的。在基层，要是没有十年、八年的熬炼，副科是不会给你的。三年里提拔一个副科级干部，那是不可思议的事情。我是农民的儿子，在县委常委里面一个人都不认识。我的材料报到县委常委会，考察我的组织部干事在汇报的时候说了半天高峰，可大家都不知道我是何许人也。最后说还是看材料。常委看完考察材料以后，一致认为：行，这后生能干！

1982年，我提了副科，成为林业站副站长，我的另外一个官职叫红枣课题组组长。上面给我分了一个中专毕业生、一个大学毕业生，就成立了一个红枣课题组。成为组长就有课题了，首先要完成两个：一个是全县范围内红枣品种的普查，一个是红枣病虫害的普查。完成这两个课题，就我们三个人，用了三年多的时间。工作量确实很大，同志们都很辛苦。我的工作包里面大概有10公斤到20公斤的东西，有照相机、饲养皿（两个玻璃培养皿，可以扣上，里面可以喂虫子）、毒瓶儿（把抓回来的虫子放进去一盖，就会马上把虫子闷死），还有捕虫网、粘虫板。抓回来蛾子以后，要把它固定成型，像制作标本一样。那一摊子都在我包里面装着，一年四季几乎不下身。另外，我们当时下乡和现在不一样，没车没路，都是步行。截至今年，我搞枣36年了，对那个村那么熟悉，可以说村子里的老小没有认不得我的，有时候叫不起我的名字，也知道我是“抓虫虫”的人。

从“文化大革命”以后，老干部就再也没有评定过技术职称。从那结束后，1988年共产党开始职称改革。我没有当过技术员，也没有当过助理工程师，第一次改革就被评为工程师，定为中级职称，这是破格晋升了。成为工程师以后，1990年佳县成立红枣工作站，我被提升为佳县红枣工作站第一任站长，给我分配了中专、大专毕业生共27名，让我来组建红枣工作站。1997年，我是当时咱榆林地区最年轻的被评为高级职称的人。我的高工论文题为《从佳县枣属的品种分布看枣树进化过程》。通过这十多年的资料累积，我完全可以清晰地看出佳县地区的红枣是怎样从酸枣慢慢地进化而来的。也就是在这十多年的工作实践中，我总结了一套“佳县红枣综合丰产技术”。这被作为当时榆林行政区比较成熟的技术进行推广，同时也获得了陕西省政府科技进步二等奖。从总体上讲，红枣综合丰产技术由六项技术指标构成，那几项丰产技术到现在仍然在使用着。

我在红枣工作站工作了 9 年。1999 年，佳县成立红枣产业办公室。我又开始担任佳县红枣产业办公室主任，正科级。红枣站当时隶属于林业局，而红枣办是和林业局平行的部门。作为一个政府指导佳县红枣产业发展的专门机构，红枣办主要搞红枣的加工、销售、宏观发展和战略研究。原来我在红枣站主要搞的是栽培，多少年来集中研究红枣的丰产优质技术，想办法使红枣优质、高产。到红枣产业办公室以后，佳县红枣已经发展到 30 多万亩，所以佳县红枣的加工和销售正式进入政府议题。从那时候起，我开始研究红枣的加工和销售问题，一直到 2010 年离职。我常说我一口气干了将近 20 年。在这 20 年中间，佳县县委和政府给了我很多特殊宽松的政策，计划生育我可以不考虑，农田机械我可以不管，修圈打坝这些事情我都可以不出面。当时的县委书记许浚给我说:“高峰，你什么也别管，你给咱搞红枣就对咧!”所以说，我的工作重心就是管红枣。

从 1978 年到现在，对我来说是伴枣生活的 36 年。用我们县上干部的话来形容我就是：这家伙不说枣，一言不发。你要和我讨论与枣无关的事情，开三天会我也不说一句，可要讨论与枣有关的问题，我说三天，其他干部说一句。基层农业工作者和其他工作者不一样，你要钻进土里头，和农民打交道，吃苦是第一条。吃的苦过去也就过去了，你要让我回想，我也不知道自己是怎么走过来的。

二 千年枣林的爱与痛

我 1980 年第一次来泥河沟，步行来的。那是我大学毕业的第二年，我背一个工作包就上路了。当时这个村子基本上是什么交通工具都没有，因为都是崎岖的山路，大型牲口下不来。晋陕峡谷的西岸都是齐身的悬崖。我从潭子走到山上，再从山上走到潭子……从大路到泥河沟是 20 多里，我大概走了 6 个多小时。走的时候，那些碎石渣子“沙沙沙”地不停往下掉。你若不小心或者不走运的话，就可能被石块砸到黄河里面。我走到山腰，口渴得不行了，但那阵儿没有瓶水，怎么办呢？就找比较浅的黄河水，喝上两把。还记得我当时有个眼镜，结果喝水的时候给忘了，掉到河里去了。

1994 年，因为社会主义教育运动的原因，我发现了泥河沟这片千年枣园。当时我作为社教工作组组长来泥河沟这个生产队，带了 5 个人，住了整整一年。在这之前，其实我知道泥河沟老枣树多，产的枣在整个陕北地区鼎鼎有名。我也曾在前面这十几年间多次下过泥河沟，但是那时我心不静，每次到泥河沟最多能待一两天。社教这一年，我一直住在村里，才开始对这片枣树有了深刻的认识。我是社教组长，应该以身作则，认真搞社会主义教育运动。可是这片千年枣林甚是吸引我，所以它是我另外的工作兴趣。我叫副组长和两个干事搞社教，而我一天早出晚归穿梭在枣树林中调查枣树，对这些树可以说是一棵一棵，反复进行观测、调查、研究，看神奇的地方究竟在哪里。我给枣树做的笔记可以说是图文并茂，调查起来不是表面看一下哪里长了几株枣树，而是扒开皮看，钻在里面看。我对他们那儿的了解程度比祖祖辈辈在那儿生活的人都深，所以泥河沟的人很佩服我。

那片枣林中间有 60 株枣树，绝对是在一千三百年左右的。可以想象祖宗在栽种它们的时候，肯定不只是栽一株，应当是一次栽植的。只是因为树体保护的差异，所以看起来粗壮不一，不过它们的年龄是相同的。我怎么断定它们是千年的枣树呢？我在泥河沟的时候，经常想锯一棵枣树的主枝来鉴定一下，因为只有锯下一个树盘，数了年轮才能判断这棵树是多少年，但是这东西太宝贵了，不敢锯，也不能锯。有一次我下乡到泥河沟，好家伙！就在最粗的那棵枣树旁边，有一株枣树的一半侧枝被风吹折了，在地上躺着呢。哎呀，天赐良机啊！我动员所有人在泥河沟找锯子，叫了两个后生锯了一中午，也没有锯到一个完整的盘。反正只要锯得超过中间，数见这一半，另外一半自然就知道了。于是我就锯了一个马蹄状的盘，送给了陕西省林科所的福所长，让他帮忙鉴定一下。去西安开会的时候，我专程去找他问：“福所长，我给你送的东西究竟是多少年？”他说他分析大概是一千三百来年。我说：“多是多少年，少是多少年？”他说：“多个一两百年也不算多，少个一两百年也不算少。”我问：“那就讲一千三百多年行不？”他说：“行，一千三百多年，走到哪里也没问题，你放心。”

实际上，鉴定我也可以完成，我晓得那大概是个什么过程。先把树盘用推棒儿推平，再用砂纸把它的面儿抛光，光洁度越高，准确度就越高。接着涂上食醋，它的年轮就显现了，数十个圈扎一根大头针，最后看你扎了多少个。但是我们自己弄就没有权威性，这是我们陕西省林科所所长鉴定的一千三百多年。自此以后，我写所有与佳县枣有关的材料，都写的是一千三百多年。事实上不止一千三百多年，有中国科学院古生物研究所的专家给我说："你们这个东西两千三百多年也到了，不信我给你鉴定。"可说过来说过去，他想要给我们的树打洞，就是用空心钻从枣树上打进去，打到一半以后拔出来一个像筷子一样粗细的东西，还是数年轮。我说那不行，打洞我接受不了，我这世界级的宝贝，你给我打一个洞怎么能行呢？我先后碰到过三个专家，方法一样，我都说不行。我等着总有一天科技发达到一定程度，不用动我的树，就像用 CT 扫描人的大脑一样，到那个时候就可以鉴定了。现在没有那个技术，我也没有这个权力，这是咱们的农业遗产。假如说出现病变，我这辈子就死不瞑目啊！

通过一年的调查，我就认定这片枣林迟早要在世界上出名。我调查的那些东西在脑子里形成一整套的结论以后，我就在枣树志、古树志里面找，究竟全国有没有面积比我们大，保存比我们完好的古枣林？结论是没有。泥河沟这片枣林是最好、最宝贵的，是世界上独一无二的枣树林。从此以后，我在所有文章中写道：佳县的千年古枣树群落属人类农业遗产，应该好好保护。那时，我还不知道联合国粮农组织后来提出的"全球重要农业文化遗产"，但我认定这是全人类的好东西，以后我也用这种概念来审视、观察、研究、保护这片枣树。

在泥河沟调查的日子里，我每天一早出去，中午可以不吃饭，在沟里坐下喝口凉水就行了。黄河弯前面到后面的这六个滩，每一滩不大，就 30 来亩，我平均每个守候三天以上。有时候我痴迷到什么程度呢？我觉得要是离开那个环境，就没有睡眠了，真是像打了鸡血一样，就有那份执着。

我对枣树一往情深，它也救了我。有一次中午已过，我实在是累得不行了，不知道怎么地就从石崖上掉了下来。我不知道自己在什么时候昏迷，什么时候掉下去，也不知道自己隔了多久醒过来。醒来后，我发现自己掉在一片耕地里，崴伤了脚。那是一个自然村子，前不着村后不着店，只有两户人家。我只能自己爬上去找一户人家，要了两口凉水，扒了点饭。幸好那时我人年轻，要是放到现在肯定吃不消。往回返时，经过我掉下去的地方。看到那些痕迹时，我才意识到，天啊！稍不小心就没命了！而且谁知道我这是干啥的。假如说一个人有意跳下来的话，那肯定就没有命了。我想我掉下来却没死，是因为一棵枣树的枝条在中间把我撑了一下。我滚下来的那个石崖下面，有一片枝梢很旺的枣林。可能我掉下来的时候，第一次着落的地方是枣树的树梢，把我架了一下，缓冲了一下才掉在地上。确实很心酸！后来我给儿子说："你什么都可以做，但不要干这个！"

我一生中最霉、最悲的事情也发生在泥河沟。我结过两次婚，原配是我的大学同班同学。那时我们班的"雌雄比"是 1:9，九个男生只能守到一个女生，那竞争可想而知。我的原配特别漂亮，表现得也比较优秀，是我们学校的校花。我这个小伙很不地道，因为我的个子只有一米六九，属于半残废，而且我又是佳县人。佳县那时候在榆林地区是比较贫困的地方。所以说，我能如愿以偿地和原配相遇、携手，确实是我人生中办得比较漂亮的一件事。

1994 年，我在泥河沟搞社教的时候，我的原配怀孕了。因为当时的社教规定和我本人对这片枣树的诚意，我三个月没回家。那时这里没有手机，也没有电话。就在我离开家近 100 天的时间里，我原配怀的胎儿不知道什么原因死了。我不在家，也没把这事当成事。等到我回来，这个胎儿被处理了以后，她就得了尿毒症，双侧肾功能衰竭。20 年前，在我们这儿没有透析，根本就没有什么办法。所以我决定过罢年以后，就是过了二月二，天比较暖和的时候，带她出来看病。可实际上连正月也没出，我老婆就永远和我告别了。她从发病到离开我，不到六个月的时间。当时医生跟我说，如果能在一个月前把这个胎儿取出去，对她的双侧肾功能就没有损害。我调研时掉下石崖，虽然身体没有大的损害，实际上邪乎要了命。当时又规定说不让干部轻易回家，我对枣树也这么痴迷，所以这些事情就让我推迟回家三个月。这不到 100 天的贻误，使我再也不可能翻身。就是这片枣林，改变了我人生所有。我原配的死 99% 是我的过失，也与这片土地有关。这里有爱有痛，而且是痛得厉害。假如说我不要在这么偏僻的地方下乡，假如说我不要遇见这片枣树，假如说我是一个负责的男人……反正有一百个假如，她就不至于走。

我小时候听老人们讲，人生的三大不幸就是少失母、中失妻、老失子。在原配去世以后，我整整有两年的时间什么也不想干，天天等死。这期间，我的亲戚朋友和高中同学轮流到家里来，说是照顾我，实际上是怕我寻死。我的体重下降了 20 多公斤，根本都不像人了。第三年的时候，我醒悟过来，死去的人已经死了，活着的人还要继续活着。当我再次站起来重新选择工作环境时，我又舍弃不了农村。在其他人眼里，这种坚持可能很难理解，但是因为我和她是同一专业的同班同学，所以我的选择，我的工作态度，我的方方面面她都理解。所以我再开工的时候，仍然坚持下农村。我相信她还会一如既往地支持我，让我干想干的事情。她与我在一起的 17 年里，我能坚持不懈，全身心投入地研究红枣，就是因为有她的支持。时间已经过去 20 多年了，我还是不能忘记。我有些好的调查资料现在都不敢看，因为是她亲手整理的。直到今天，我也依然坚信，她在天有灵，依然会支持我研究红枣的。

三 心血用在百姓上

我在泥河沟的千年枣林里立了一块碑，碑上刻的“枣源”二字是我给起的，就是说这儿是枣的发源地，世界上的枣就是从这儿走出去的。当时大家不认可我提出的这个概念，都说：“天下枣树这么多，你就知道这是发源地？”我的理由很简单：首先，以前的不要说，单是现在这些保存下来的千年枣树，就能说明我们的老祖先在栽枣树方面是最早的；其次，泥河沟周围漫山遍野都是酸枣，它们是枣树的祖先，因为枣树是由酸枣进化而来的；最后，我们这儿不仅有老祖先，还有进化过程中各种过渡型品种。枣树的进化经历了由野生酸枣到栽培型酸枣，再到过渡型枣，最后成为红枣的四大阶段，而泥河沟完整地拥有各个阶段的枣树。所以我认为“枣源”这个判断没错，我们就是世界枣的发源地。

我在全国枣树学术讨论会上重申了我的观点。大部分学者都同意，认为枣树起源于我们这一带。泥河沟的这些宝贝能诉说过去的很多故事，用我们学者的观点讲就是“活化石”，别的地方是没有的。所以说这儿是“枣源”，不仅是学者能从这儿找到实物依据，更重要的是我们站在这里头一目了然，它们确实是国家之宝、人类之宝。

佳县的泥河沟村和荷叶坪村都有千年枣树，但螅镇荷叶坪的千年枣树是单株，偶然有那么一棵。泥河沟珍贵就珍贵在它有枣树群落，有几十代同生的枣树，这在全世界也绝无仅有。佳县好多枣树都是泥河沟枣树的亲戚，但它们结出来的枣却和泥河沟的枣完全不一样。这是为什么呢？产好枣不仅要有好品种，特定的自然条件也是造就高品质枣的基础。泥河沟的土壤是黄土高原在黄河的冲击下形成的，属于黄土和沙子共同形成的黄沙土，土质疏松，适宜枣树根系的伸展、呼吸和生活。车会沟提供了泉眼水，水的质量没有问题。红枣是一种特别喜光的果树，尤其在成熟的时节，它需要相对的高温。泥河沟三面环山，周围都是裸露的石坡。七八月的时候，中午的太阳晒上一阵儿，这些石坡就热得脚也不敢放上去；当太阳落山后，四周山坡上储蓄好的能量开始不断释放；等到太阳再次出来，石坡又开始蓄能——这样的环境像蓄能电池一样，为优质红枣提供了能量条件。

泥河沟位于黄河岸边，出口很小，肚子很大，与黄河交叉处形成了口袋状。别人经过的时候，很少会发现里面有一大片枣林。红枣比较抗旱，不需要多少水分，但是在特定的时间里要求一定的空气湿度。佳县这个鬼地方十年九旱，怎么解决这件事呢？再怎么干旱的年头，只要站在泥河沟村口的黄河滩上，早晨太阳还没出来的时候，整个黄河筒子里面灰蒙蒙的都是水蒸气。老百姓们说这些轻雾常有，太阳出来后一段时间内就消失了。这股水汽很重要，它正好可以满足枣树初果期和盛果期的需要。

枣树的长寿也与泥河沟地理位置的偏僻有关。泥河沟村过去靠水运，在宋朝时期已经是著名的水路码头，叫“宁河口渡”。但是随着后来陆路运输的发展，泥河沟落伍了，从民国时期到现在沿河路开通之间，运输主要靠担挑背运，因此相当落后。泥河沟全村不养一只驴，因为都是石台阶，驴无法进村子，交通十分不便。泥河沟远离闹市，远离现代工业，反而比较完整地保护了枣林。佳县其他地方地处交通要道，一旦受到外面社会的冲击，枣树就不能保存完好了。

佳县红枣也经历过几次大的厄运。在 1958 年大炼钢铁时期，咱们国家要“赶英超美”。佳县没有钢铁，但是上面有任务，大家就把自家做饭用的铁锅、晒衣服的铁丝都交出去炼钢铁。没有炭，就只能砍枣树。枣树好燃，火头又旺，因此砍掉了一大批老枣树。接着是大跃进时期号召“以粮为纲，农业大上”。因为老枣树产量低，大家都觉得没什么用了，所以又清除了不少。这种破坏行为一直持续到“农业学大寨”时期。第三次就是熬尿素。当时这边的人很无知，以为尿素是从尿里熬出来的，所以每个村在村头放一口大锅，一大早让全村的妇女集中起来，将自家尿壶的尿倒入大锅里熬。熬尿素用老枣树生火，它秆粗耐烧，砍掉一棵算一棵。可是泥河沟没有这样做，不管是什么政治运动，他们都坚决守护枣树。即便这样，泥河沟也还是受过厄运。上面要求种植“两薯两杂”（杂交土豆、杂交红薯、杂交高粱、杂交玉米），当时枣树的第一层侧枝很低，影响种植，人们就把它们全部砍掉了。原来的树体并不高，但自从那个时期侧枝被砍掉后，老枣树地里都是裸得很高的枣树，人根本够不着枝。

我认为对于千年枣林，不动就是最好的保护，不要改变它周边的环境，不要改变原来的管理办法。有专家给我建议说树已经这么老了，可以给它采取特殊措施，让它尽快更新复壮。我觉得这样不妥，它已经长了一千三百多年了，如果给它打吊针，它出事了怎么办？再者，生老病死是自然规律，我们只有延缓这个过程的想法，没有改变这个过程的办法。我认为它之所以能够生生不息一千多年，就是那一套管理办法。如果采用现代技术给树输液，或者给树的根部做特殊保护，都不妥当。过去老祖宗怎么管理，现在我们也怎么管理。我没有给它们吃过特殊配方的东西，也不希望采取特殊办法来管理它们。

因为佳县特殊的自然条件，枣树对于佳县人民来说，是丰年能够济民、苦年能够救命的树种。红枣产业是佳县的主导产业，也是佳县的富民产业，是佳县人民的摇钱树。如果能使红枣产业有大的发展，老百姓的生活就可能有大的提高。这是我坚持研究红枣的动力所在。商品要想卖出好价钱，应该满足两个条件：一是“物有所值”，二是“物以稀为贵”。

千年枣树的枣和普通枣的区别，一个是它的颜色越来越深，枣味越来越醇。虽然我无法说出这千年枣和其他枣树的果实肉质有什么不一样，但我可以一口吃出来这是否为千年枣，确实味道比较独特。另一个是它的个头越来越小，产量越来越低。此外，红枣在国际上不分品种，都被称为中国枣，因为枣树起源于我们中国，现在 98% 的栽培面积也在中国。外国的栽培大多数是将枣树作为一种庭院观赏植物，并没有真正将它纳入生产渠道或作为一种产业来培养。日本、朝鲜这些国家的枣树就来源于我国，他们有小面积的栽种，而欧洲、美洲、非洲这些地方基本没有枣树的分布。所以说，佳县的红枣满足“物有所值”和“物以稀为贵”这两个条件。

以前我为了宣传佳县红枣，出 7 万块钱在山上刻上一幅摩崖石刻，高低 2 米，宽长 1.5 米，上面刻着“天下红枣第一村”。可这是我给起的，是个“小名”，叫不响。现在泥河沟古枣园成为“全球重要农业文化遗产”，不是咱们佳县自己起的。这个“大名”是能在全球范围叫响的，是众多人承认和肯定的东西，也是我们佳县走向世界一个鸣锣开道的信号。目前佳县全境有 80 万亩枣树，我们又有了这个名头，可以说我们佳县红枣的发展，无论在硬件上还是软件上，都达到了一定的水平。现在我们亟须将佳县的红枣包装成一个世界级的品牌，让世界都来关注佳县，关注泥河沟，让我们的名号人人皆知，让我们这么优秀的遗产走向世界，让我们佳县成为世界枣的中心。

“枣源”这块碑两侧还有一副对联，写着“心血用在百姓上，身体融入万木中”。这副对联是我写的，是在赞扬枣树的美德：枣是红色的，它是枣树养育的孩子，也就是枣树的心血，枣树把它所有的心血都给了老百姓，所以说“心血用在百姓上”；枣树长得不像松柏那样高大挺拔，它弯弯曲曲，融在万木丛中，并不显山露水，虽然贡献很多，但表现很低调，所以说“身体融入万木中”。枣树这种无私奉献却又不显山露水的品格，正符合咱们中国人的为人之道。我能与佳县红枣结缘，确实很神。我把全部心血都用在枣树上，就是用在百姓身上。对此，我没有任何后悔的地方，一干就是 36 年。我盼望自己能继续推动泥河沟千年枣树群落的保护和发展，让我对得起过去和现在的佳县人民，更对得起我们的后人！

（冯星晨、高梓睿　采录整理）

【强国生】

访谈时间：

2014 年 6 月 14 日、2014 年 7 月 4 日

受访地点：

佳县朱家坬镇泥河沟村村委会

人物小传：

强国生，男，1960 年生，陕西佳县人。1990 年先后担任朱家坬乡林业站站长、佳芦镇副镇长。1994 年被聘为榆林地区行署经济技术顾问。1994 年任佳县工商联主席。1997 年任佳县政协副主席。2007 年任佳县人大常委会副主任，兼任佳县老科学技术教育工作者协会会长。

一　跨越千年的“铁杆庄稼”

佳县的红枣栽植历史是全国最早的，为什么这么说呢？因为红枣是由酸枣演变过来的。它是酸枣的一种变异品种，通过人们的栽培，经过几千年转变成现在的优良品种，是被人们选优出来的物种。佳县境内现在仍有三千年历史的酸枣树群，足以证明枣树的演变过程。三千多年历史的酸枣树和一千三百多年历史的古枣树园，这在全国其他地区和其他国家是没有的。佳县是独一无二保存了这些“活化石”。就全国县级区域来讲，佳县的红枣品种多、品质优、面积大，首屈一指。现在榆林有 235 万亩红枣林，其中佳县就有 82 万亩。由于红枣树适应性很强，食用、药用价值很高，现在全国很多地方都有枣树了，以河北、陕西、山西、河南、山东这 5 个省为主，宁夏、新疆也发展了不少。这些地方发展红枣产业对佳县红枣产业影响很大。

为啥红枣树能保留至今呢？因为红枣树对陕北人，特别是佳县人的贡献非常大。佳县人称红枣树为“铁杆庄稼”。在改革开放初期，佳县老百姓有一句话说：“金蛋蛋、银蛋蛋，不如我们的红蛋蛋。”这说的就是红枣，是老百姓的肺腑之言。

老百姓明白，谁家多有几棵枣树，谁家的生活就过得好。这就是它在老百姓生活中的地位和价值。

红枣有自己的独特文化内涵，有自己丰富的文化故事。在我们这个地方，所有的节日中，都离不开红枣。比如过大年，大人们在除夕夜喝酒喜庆的时候，会把一盘红枣放在餐桌的最中央，叫作“满堂红”。这是佳县老百姓过大年必须有的一道菜。在办亲缘喜事的时候，也就是结婚的时候，这也是必备的一道菜，叫作“红红火火”。过去过大年的时候，还要给小孩背一个枣串子。最早是因为咱们这里的老百姓生活比较困难，娃娃们在过大年的时候背上枣串，饿了，揪一下就可以吃一颗。后来，枣串子演变成一种吉祥物，成为辟邪的东西，叫作“串串红”。在结婚的时候，佳县有晚上老人“送儿女”的习俗，把枣压在席边底下或者床的旁边，意味着“早（枣）生贵子”。这种习俗文化一直延续到现在。在端午节的时候，咱们吃枣粽子。在清明节上坟的时候，给祖宗捏猪头，猪头上面也要放红枣。所以说，红枣与佳县乃至陕北人的整个生活是密不可分、息息相关的。人们把红枣当作生活中的依靠、精神中的依托，对红枣树格外地疼爱、呵护、关心。这是一个方面的价值所在。

第二个方面是红枣在困难时期可以充饥，是老百姓的“救命粮”“人参果”。为啥说它是“铁杆庄稼”呢？实际上，它是木本粮食，是多功能的，既可以青吃、生吃、干吃等，也可以作为辅料与其他食材搭配吃。在20世纪60年代至80年代初的困难时期，把红枣和炒过的米糠磨在一块加工成枣炒面，挽救了我们这一方人。红枣与陕北人的生活联系得非常紧密，传统的吃法就有做枣糕、枣饼、枣馍、枣焖饭、枣醋、枣泥、酒枣等。红枣既能食用也能药用，特别在中医药里面用得比较多。它对妇女疾病、心脑血管病都有作用，还能抗癌，所以人们称它为“人参果”。

佳县泥河沟古枣园枣树群，有一千三百多年的历史，现在仍根深叶茂、硕果累累。从这一点来说，没有任何一种作物能比得上枣树对人类的贡献。我们泥河沟这一千三百多年的枣树，被很多专家称为“活化石”。这里的农民对枣感情至深，甚至把枣作为神建位立牌、顶礼膜拜。每当逢年过节，泥河沟的老百姓就在古枣园点香烧纸，祈福保平安，祈祷风调雨顺、年年丰收。不仅如此，枣有一千三百多年的历史，它能生存，人类也能生存，这就是人与自然的和谐相处，一路走来，一路奉献。正因为枣对人们有如此多的贡献，所以人们对它精心地呵护、栽培，一直保存到现在。

从我们县上来讲，佳县仅有 106 万亩耕地，但红枣树面积就有 82 万亩，人均红枣树占地 2.5 亩以上，红枣收入占农民总收入的一半还多。佳县红枣产业的发展经历了这样几个阶段。

过去在农业学大寨之前，我们还有很多老枣树。但在农业学大寨期间，全县大搞农田水利基本建设，以粮为纲十分盛行，再加上那个时候交通闭塞，所以难以把红枣变成商品进行流通，而且那个时候 1 公斤红枣 3 毛多钱，还卖不掉。当时只有供销联社收购，但收购得很少，红枣的经济价值不能体现，所以人为地砍伐了很大一部分，仅仅保存下来很少很少的一部分。

改革开放以后，土地实行联产承包责任制，市场也放开了。整个商品开始流通以后，佳县的老百姓开始在房前屋后栽植枣树。20 世纪 80 年代末到 90 年代初，人们的生活也基本上改善了，就把红枣当作一种补品。发达地区吃得比较多一些，所以红枣价格一下就上去了，能卖四五块钱一公斤，好一点的六七块。因此政府一引导，老百姓就开始大面积地栽种枣树。因为枣树是根系繁殖，繁殖速度相当快，再者它本身抵抗自然灾害的能力比较强，所以成活率很高，一下子就多了。在 20 世纪 90 年代初，佳县的红枣就特别有名，深受消费者喜爱。

说起佳县红枣的发展历程，不能不提佳县的老县委书记许浚。他在 1986–1997 年先后任佳县副县长、县长、县委书记，在佳县工作了 12 年时间。许浚书记有魄力，具有超前意识。他联系北大的专家进行调研，给佳县写了一个《佳县发展规划》。他当时就提出“要想富，栽枣树”的口号，号召沿黄群众垒石造田大栽枣树。老百姓很是积极响应。这个规划很符合佳县的实际情况，现在都具有很高的参考价值。1994 年，佳县正式通过法律程序，把红枣产业确定为主导产业。那个时候，许浚书记把红枣作为主导产业来抓，目标是佳县发展 53 万亩枣树林。当时有干部不认可，并说：“总共有多少土地？你要栽上 53 万亩？”就是在那样的情况下，他响亮地提出咱们向荒山、荒沙、荒沟要地，全县开展垒石造田。通过四五年的时间，全县红枣面积增加到 53 万亩。所以，许浚对佳县的贡献是相当大的，而且他的那种超前意识，奠定了现在的基础。佳县红枣是全国面积最大的，这与他是分不开的。

佳县红枣产业近 20 年的发展，经历了两个阶段：一是向规模化、产业化发展；二是向科技化、有机化、品牌化发展。佳县从“中国红枣名乡”走向“全国有机红枣名县”，实现了传统农业向现代农业的转变。

目前来讲，真正的枣园就在佳县，就在泥河沟，其他任何一个地方再没有比这历史更长的。所以，咱们这个枣园被联合国粮农组织确定为“全球重要农业文化遗产”。我认为我们申报得迟了，但是从现在开始抢救、挖掘是完全值得的，为时也不能说太晚。它能保存到现在，是因为这里有很多历史渊源，与人们的生产生活息息相关、紧密结合，更重要的是人与自然的和谐共处。红枣树给人们做出了贡献，所以人们精心地呵护它，把它保护下来。所以，我们将来不仅要把它当作重要产业，把它保护下来，而且要加大力气弘扬发展。

二 与枣结缘后的人生转折

我真正地接触红枣是 1978 年参加工作后。过去我是搞造林的，不搞红枣，搞针叶树种，在这上面还有些成就。20 多岁时，我搞容器育苗，开始搞纸袋育苗，完了以后变成塑料袋，解决干旱地区造林成活难的问题。到了 1986 年以后，林业这块我就不干了。榆林地区林业局在神木大柳塔成立了一个地区开发公司，我任副经理。1990 年 3 月，我从地区开发公司回来以后，被分配到朱家坬乡当林业站站长。从这时开始，我对红枣有了印象，在朱家坬乡的强家沟、武家峁、泥河沟大面积栽植红枣树。

我为什么要到朱家坬大面积栽植红枣树呢？当我去朱家坬乡报道的时候，乡政府的文书问了我一句话：“你是正式的，还是雇佣的？”我说我是雇佣的。他说：“现在正在打发雇佣干部，你还来报道？”这是他的原话。那个时候，我俩都不认识对方，但当时我感觉到这句话对自己的分量，深刻感觉到自己以后的处境和工作的压力。时不待我，很快我就深入强家沟、武家峁、泥河沟调研，看谁家生活好，生活好的这些农户是怎样好起来的。调研以后，我发现这户人家比那户人家生活过得好，致富的原因就是多栽了些枣树，仅此而已。

从这些直观印象考虑，那年春季3月份，我就决定组织群众栽枣树。我没有给乡党委和政府任何人汇报，组织了7个村联合进行大会战，这在当时是相当难的。我作为雇佣干部，第一次下去调研，组织村民讨论栽树事宜，只有3个村子支持我，有4个村子不支持。我晚上组织开会的时候，桑塬村村主任曹润国相当反对。我一怒之下，就把这个村主任停职了。我说："你现在马上停，我免去你。你给老百姓办事，你能这样？"其实我也是吓唬一下。这一下就闯下大祸了，而且我这是跨片儿做工作，这个村不在我的分管范围内。这个片儿的负责人就去乡党委告状说："那人纯粹憨着了，他有什么权力免村干部？"告状以后，当时的乡党委书记叫魏考，也很生气地说："真的是个二杆子。"那个时候没有汽车，他坐着四轮车，不带车斗子，只坐车头下来看情况。下来一看，这片儿已经全部动工了，劳力都已上手，先打鱼鳞坑，后栽树，栽树的时候都上水了。他下来一看说："哎呀！给咱干下大事了！"因此，这个开明的领导不但没有批评我，而且给我充分肯定。

那个时候没有交通工具，七个村，走一圈是20里路，所以我借了一辆自行车。指挥七个村的工作，上午要走遍这七个村，下午还要走一遍，这样整整工作了28天，完成了栽植任务。那时候正好遇上清明节，我也没有回去看家祭祖，当时只是一味地想把这件事干好。一方面这对老百姓改善生活水平很重要，另一方面对自己也是一种责任，也是能力的体现。我本来就是雇佣干部，要是做不好，用文书的那句话说就是"现在正在精简雇佣干部，你还来报道"。所以说，当时不顾一切地这样干，与这句话有很大的关系。经过自己的不懈努力，这件事一下就做成了。这七个村这年春季栽了3000多亩，全乡栽了6300亩，一下子就形成了规模，得到了省政府的重视，朱家坬乡一跃变为全省造林先进乡镇。

6000多亩枣树栽完以后，我就在强家村搞了垒石造田，这样一下子就把强家村的人调动起来了。到夏天，把碎石块垒到石坡上面，垒成墙。垒石造田中，有的群众手磨破流血了，有的被蝎子蛰了，仍不放弃垒石。在那个时候，我基本不参加乡上组织的会议，让队干去，我就在强家沟和武家峁驻扎着了。经过 4 个月，这个工程完成了。想想当时的难度非常大，有人告黑状，领导也准备下来整治我，况且当时枣树苗很紧缺，灌溉也很困难。

这期间也是我人生的转折期。我当时是雇佣干部，还没转正，这一下子成了红人。县里要在佳芦镇配一名科技副镇长，当时许浚认为必须在全县选一个懂枣树技术的人，而且是抓枣树抓得力度大的。所以，我 3 月份到朱家坬，8 月份就被调到佳芦镇任了副镇长。我人生的改变就是从这时开始的，所以我的人生与红枣是分不开的。

1991 年，因为佳县红胶泥地多，栽枣树难度相当大，至少要一个劳动日才能打一个坑。于是我搞了一个实验，叫“炮轰胶泥栽枣树”，就是戳一个洞，放进 1 斤的炸药包，然后放一个雷管，一点“轰”一个直径 1 米多大的坑，在这个坑里栽上一株枣树。这个方法不仅节省了劳力，提高了效率，还使造林成活率高了 20%，于是一下子在全县推广开了。

1992 年春季，我研究了“七个一”造林栽植法，即现在所叫的“水平带栽植法”。当时，这个方法的启发是水平梯田、反坡梯田和水平沟。我把这三种过去的造林工程措施结合起来，然后弄了一个水平带，既能保持水土，又能慢慢发展。随着降雨的增加，再加固外部边棱，经过十多年就变成水平梯田。当时是搞了 3 亩试验田，一下被我们这里的农田水利建设部门采用，后来退耕还林时也采用。目前全省乃至全国，在水土保持上使用的也是这个技术。所谓的“七个一”造林栽植法是什么呢？就是选一株优质的苗木，修一个外棱高 1 米多的棱，1 米宽的梯田条，同时打 1 米见方的坑，上 1 斤化肥、1 担农家肥，再浇 1 担水。就这样一个栽植法，使造林成活率提高了 25%。

1992 年秋季，红枣成熟的时候遇到了降雨，红枣裂果严重，腐烂得没有办法。当时西北农大食品系有一个教授叫陈锦平，他是全国著名的食品专家。佳县邀请他围绕如何解决红枣裂烂问题和老百姓没有收入的问题讲了一次课。他把这个问题类比关中的辣椒和陕南的烟叶问题，然后提出红枣的烘烤。讲解之后，我就结合他烤辣椒的理论和烤烟叶的方法，建了全国第一座红枣烤炉，现在仍在玉庄村。建成以后，开始第一次烘烤，但是怎么样烤？标准是什么？这些在当时根本不知道，只能自己摸索。在我建好烤炉的第三天，也是第一炉枣出炉的时候，国家科技扶贫团的人来佳县进行调研视察。他们带了 7 个专家，当时一品尝完这个枣，认为是解决连续阴雨天红枣霉烂的有效办法，立即把它认定为“国家薪火计划”项目。截至目前，全国推行的烤炉，不管是土式的，还是汽式、电式、油式的，都是从当年那个土式烤炉发展而来的。所以，每当我看到烤炉的一点发展，心里都感觉很甜，因为我是第一个创造者。现在已经发展到以国家扶贫项目的形式给老百姓进行补助，每一座烤炉补助 5000 元，有的大型烤炉补助 2 万元。我们全县现在有 3000 多座烤炉。

1993 年，佳县被确定为国家科委的扶贫点。正是由于我在佳芦镇搞的 6 项技术推广和新技术研发得到了国家科委的认可，国家科委扶贫团每年都有一些小项目扶持佳县的发展。1994 年 6 月，我被聘请为榆林地区行署经济技术顾问。榆林地区那时候叫行署，现在叫市政府。我是一个副科级，被聘为经济技术顾问以后，他们准备任命我为西安安林公司总经理，给我一个正县级职位。但因为是企业，我没有去。我在被聘为经济技术顾问的半年内，循环对 7 个县的枣树发展进行调研，并建立了 6 座烤炉。研发生产的烘烤型“佳县油枣”在中国首届杨陵农科城技术成果博览会上，荣获新产品“后稷金像奖”。当年我返回佳县后，被提拔为佳县第一届工商联主席。1994 年，国家科委和香港学者协会授予我“振华科技扶贫奖”，一个月给我 150 元港币的奖励，比我的工资高很多，那时我的工资才八九十元钱。1995 年 1 月 9 日，中央电视台一套播放了我的科技扶贫事迹。

自从我接触到红枣以后，在这短暂的五年时间内就发生了这么多对我而言的大事好事。人的贡献，只要你付出，就有回报。我就是在 1994 年转正的，1997 年 36 岁时被提拔为县政协副主席，当时在全省也算是年轻的了。只要你能干事、会干事、干成事，党和政府亏不了你。所以说，红枣对我人生的转折起到了很重要的作用。也是这段时期，我对红枣也很熟悉了。我到政协工作的十年中，研究发展红枣产业的人有很多。我只是接触一下，没有全身心地投入到这个事情上。2007 年 10 月，我调整到了县人大常委会工作。2009 年，县委任命我为佳县老科技工作者协会会长。这样，我又开始专心致志地研究发展红枣产业了。

2009年，我的第一个课题是解决红枣秋季裂烂问题。从2009年至2010年，我们在刘山乡桃园沟抓了一个206亩的示范点，当时叫作“桃园沟生态科技示范园”。搞出来以后，效果不错，市林业局在这里组织召开了一次现场会，深受好评。同年冬天，市政府把红枣防裂课题立项，给了佳县老科技协会40万元，县财政配套60万元。有了这笔钱，我们就可以干事儿了。2011年，我将全县试点扩大到13500亩。西北农林科技大学校长带一班人过来进行考察以后，给予高度评价，说他们可以在课堂上讲我们的技术成果。他们没想到一下子推广了1万多亩，认为这是有风险的。当时我其实也相当担心。因为春季，特别是在惊蛰到谷雨期间，佳县这个地方的风大，沙尘暴刮得厉害，对粘虫胶的粘性有很大影响。连续10天，我和司机两个人把车停到路边，天天爬到山上，观察风沙对粘虫效果的影响。当时害怕没有效果把老百姓害苦了，咱就成为千古罪人了。通过10天观察，我们发现粘虫胶上面粘上虫子了，而且一天比一天多。这时，我这个心才放下。西农大教授过来给出评价之后，陕西省主管农业的祝列克副省长看完以后也给予了高度认可，同时在报纸的头版头条原原本本把我们的6项技术发表出去了。

当时我们提出一个问题是：政府能否把红枣产业当作一个富民产业来抓，给予一定的补助呢？粮食有粮食直补，棉花有棉花直补，苹果也有补助，唯独这么一大片黄河沿岸最贫瘠的地方，栽起来这么多的枣树，没有补助，我觉得是对沿黄一代枣农的不公平。于是我们给省长提出来，省长当时也默认了，说没有问题。我又叮咛西北农林科技大学孙校长，让他调研回去一定要对红枣产业补助的事情进行呼吁，并对他说这些专家调研以后提的建议意见，省委、省政府会听。之后，当时的省长也就是现在的省委书记赵正永到清涧调研时，觉得确实应该给补助，所以经过研究论证就给补助了。补助的标准是参照我们搞的示范园的花费定的，新栽枣树每亩补助300元，低产枣园改造每亩补助150元。

2011年那年，由科技部主办在榆林召开了一个红枣产业发展座谈会，规模比较大，全国各行各业的专家都有。佳县是主会场，参观现场在泥河沟、朱家坬这一带。专家们考察了以后，当时就说这是红枣产业发展的主要技术。全国红枣研究中心主任、西农大的教授李新岗说:“你这个技术，我能不能在会上讲？”我说：“能，技术是共享的，希望你能把这个技术推向全国，推向世界。”2011年参加完这次会议以后，我们和新华社记者还有县政府办共同研究，从3个方面完成了给回良玉副总理的《富民产业的困惑》调研报告。第一个问题是卖枣难，提出国家要在体制上把红枣纳入富民工程，应真正地抓，一定要在国家财政上给予一定的补贴，在枣区成立红枣产业发展局。第二个问题是大专院校和科研院所要深入枣区解决一些新问题，研发一些新产品，不断增加红枣的附加值。第三个问题就是要加大对红枣的宣传力度，打造知名品牌，拓宽营销渠道。此调研报告经回良玉副总理批复，得到有关部、委、办的重视。

从2011年开始，我们开始研究“陕北有机红枣标准化生产技术集成与应用”这个课题。通过三年的示范试验、细致观察、科学论证，这项技术对有机红枣的发展是切实可行的。2012年开始到现在，榆林市政府开展了三年植绿大行动，将这项技术全面推广，进行低产枣园改造和有机红枣的发展，其中佳县有机红枣面积增加到6万多亩。省上的3个专家、市上的4个专家对这项技术进行评审，给予很高的评价，认为是国际领先水平，建议在陕北红枣区大面积推广。这项技术在2014年获得榆林市科学技术成果一等奖。

与枣结缘这么多年，从我个人来讲，是红枣工作给我带来了前途，离开红枣就没有我的今天。为什么现在我对红枣如此专注上心？一方面是红枣对我自己来说很重要，不仅实现自我价值，而且也实实在在给老百姓带来了收入。另一方面，老百姓对咱们也很好，有口皆碑，高度肯定。自从我搞上红枣以后，接触的老百姓很多，老百姓和我的感情也不是一般的感情。只要是新鲜好吃的东西，他们都舍不得吃，第一时间拿给我吃了。哪怕是挖的两把苦菜，第一时间肯定会给我吃。这种感受和财富，那是用金钱买不到的，老百姓和我的情感是金钱买不来的。这是我在红枣产业发展上所做工作的价值体现，既把红枣产业推动了，同时自己也得到恩惠了，精神上也充实了，政治上也成功了。所以有很多东西只要用心做，投入感情，全神贯注地沉下去，那是肯定有回报的。

三 红枣的“二次革命”

目前，佳县的红枣已经发展到 82 万亩，但是这 82 万亩给我们政府提出一个很大的挑战：坐果率不高、虫害严重、裂烂频发等造成红枣连续三年绝收！连续三年绝收，使老百姓对枣树的经营管理已经开始放弃了。因为投入需要产出，现在产不出东西。面临这么大困难和挑战，必须有一支专业队伍持之以恒地抓下去，要抓出点子，以点带面，用典型引路，才能克服这个困难。不然的话，这个产业可能会一败涂地，全军覆没。所以我们必须花大的精力、大的力气来挽救这个产业。

还有一个问题就是新疆的红枣对陕北的红枣冲击影响很大。为什么呢？新疆红枣年年丰收，光照充足、味道甘甜、颜色鲜艳、颗粒较大。但新疆枣农药残留量很大，好看不好吃。2012 年，国家计生委副主任陈立来佳县调研座谈时，会议桌上摆着新疆枣。当时我看到后非常生气，就说：“在这里怎么能放新疆枣？这么好的平台咱们为什么不宣传佳县红枣而宣传新疆红枣？”很多领导笑着说：“对着呢，对着呢，真的做错了。”自那以后，刘县长多次强调说：“任何单位、任何部门接待客人再也不能用新疆枣，开任何会议桌子上不能摆放新疆枣。”他也说咱们确实应该好好发展佳县红枣产业，全面提升佳县红枣品质，抓点子、抓示范，把咱的品牌抓起来。从明年起，要真正抓黄河滩枣，滩枣才是佳县红枣的真正品牌。

现在全国红枣产业实际处于过剩状态。佳县红枣是最原生态、最原始的，佳县也是红枣的起源地。化肥、化学农药在困难时期挽救了中国十几亿人。在 20 世纪 70 年代末、80 年代初到 90 年代，化肥在解决温饱方面起了很大的作用。现在随着生活水平的提高，人们很注重食品安全，对健康和生命看得越来越重要。所以，红枣产业要冲出重围，必须独辟蹊径，也就是红枣要进行“二次革命”。“二次革命”就是搞现代农业和传统农业的结合，提高产量、质量、品质，发展“高产、优质、高效、生态、安全”有机红枣。

经过 2010-2013 年四年的示范研究，我们开展了“陕北有机红枣标准化技术集成与应用”项目，具体技术包括以下几个方面。

第一，新法整地。为了防止水土、肥料流失，加强空气流通、水肥吸收，山地（梯田、坡地）枣园采用“一掏一翻”、穴状整地的蓄水保墒措施。春季惊蛰土地解冻后，掏树盘（里浅外深，切断并刨除细根），结合修筑鱼鳞坑、水簸箕或保水塄。之后，趁墒再对枣树地全面耕翻一次，随即耙耱，拦住解冻墒，抗旱保产。修筑鱼鳞坑的标准：见方 1 米、深 0.2 米，外塄宽 0.2 米，踏实拍光。水平沟栽植枣树地的保水塄，外塄宽 0.5 米，塄高 0.2 米，沟宽 1 米，深 0.5 米，踏实拍光。梯田枣园，加修高 0.3 米、宽 0.4 米的保水塄。

第二，科学施肥。改变施肥习惯，禁施碳铵、尿素（缺钾、缺钙是红枣裂果、低产的重要因素。单施碳铵、尿素影响和阻滞速效钾、活性钙的吸收利用，使蛋白质及许多重要的含氮化合物很难形成，致红枣易裂、低产），重施有机肥加红枣专用复合肥和肽钾、肽钙肥，以增加土壤有机质，改善土壤理化性状，减少土壤板结，从而奠定红枣抗裂和高产的肥力基础。即在清明至谷雨的枣树萌芽期施入有机肥（堆沤腐熟的猪或羊、牛、鸡粪、人粪尿和灰肥），每亩 600 ~ 1000 千克；立夏至小满的枣树放叶期增施红枣专用有机复合肥，每亩 50 ~ 100 千克。

第三，正确修剪。春季压枝修剪的主要目的是造就丰产树型，就是在春分至清明的树液流动（离皮）时起至枣树发芽展叶前一次完成。采取短剪、疏枝方法，除去徒长枝、重叠枝、细弱枝，降低定杆高度和树体高度，造就矮冠分层型或多枝园头型的丰产树型。标准是将传统定杆高度 0.8 ~ 1.2 米三年降至 0.5 ~ 0.7 米，树体高度由 5 米以上三年降至 2.5 ~ 3 米。每亩保留有效枣股数量 1 ~ 1.2 万个。夏季反复修剪的主要目的是控制枣头疯长，缓和营养生长，稳增结果枝数量。在立夏至小暑的枣树生长期进行 3 ~ 5 次修剪，采取反复摘心、除蘖、打足芽方法，减少养分消耗，扩大结果面积，使股均吊保持 3 ~ 5 个，吊均果控制在 1 ~ 1.3 粒，单果重稳定在 12 克左右，为实现红枣丰产打好基础。

第四，严防病虫害。改变化学农药防虫旧习，创新应用无公害的物理防虫和生物防虫技术，防治枣树病虫害，降低虫果率，减少裂果率。物理防虫是在春分至清明时期，越冬幼虫即红蜘蛛、枣飞象、金龟甲、绿盲蝽、蜂喙甲、枣尺蠖等具有上下树习性的害虫，在出土始期的上树前，用 GR—J 无公害粘虫胶、GR—P 绿色粘虫带绕枣树涂裹一环（宽度 5 ~ 8 厘米），进行集中性防虫，一直延伸到 6 月下旬至 7 月上旬食心虫幼虫出土高峰期。从立秋食心虫第二代产卵开始，用桃小食心虫性诱芯、诱捕器或阿维菌素对雄蛾进行集中捕杀，降低其蛀果为害率，使防虫率达到 99% 以上。防控病害是 8 月下旬对枣树高发的枣锈病、炭疽病，用 GHEM 菌糖液叶喷辅以无残留农药“三唑酮”“百菌清”进行防治，有效率可达到 98% 左右。

第五，适时调控水分。对具备补水条件的枣园，在小满前的枣树展叶期、夏至前的盛花期、处暑前的枣果白熟期 3 个需水高峰期遇旱时，进行灌水，保花保果。对不具备补水条件的枣园，在夏至前的盛花期遇到干旱时，每隔 3 ~ 5 天叶面喷洒一次清水，防止焦花，提高坐果率。若在此期间，枣树遭遇连阴雨，采取震树措施，除去花盘中的积水，防止霉花，提高挂果率。

目前，这 5 项集成技术在全国也是首创。2013 年 6 月 13–14 日，中央电视台第七套《科技苑》播放了《农业遗产启示——千年枣园（上、下集）》，详细介绍了我们研发的有机红枣 5 项集成技术。

佳县是全国发展生产“有机红枣”的第一县，其他地方没有发展有机红枣的集成技术。所以，我们要和新疆进行挑战，我们要拿出我们自己的东西，“高产、优质、高效、生态、安全”，最终的目标是达到这 5 个要求。如果达不到这 5 个要求，那全部都是空谈。那样的话，社会不会认可，消费者不会认可。要解决佳县红枣今后的发展问题，就要按照这个目标走。现代农业和传统农业的结合，是将来农业发展的必由之路。这就要通过很多人的努力、推广、应用，不断地反复研究，在生产当中一边推广、一边研究、一边改进，真正地把佳县红枣做大、做强、做好，使佳县红枣走向世界、红遍天下，使老百姓受益，这就是我们的目标。这条路很漫长，还需要走一段时间，但是我坚信佳县红枣产业会在这条路上越走越远、越走越好。

四 业务干部的苦与甜

在红枣发展过程中，对我的人生来讲，有很多东西是难忘的。任何事情都有它的难处。比如说，在推广这些项目过程中，老百姓中反对的人很多，需要我们耐心说服、真诚服务、科学实践。特别是在发展有机红枣这块儿，当时即使是县委、县政府的很多分管领导都有看法，在某种程度上嘲笑、挖苦、讽刺的都有。但是在这种环境下，我能坚持到现在，得到大家的认可，是通过不懈努力、不倦坚持、不负众望得出来的，慢慢地一步一步走过来的。有的说："哼，他吹牛了，不知道在那上面可以捞多少？"有的说："呀，他在这个项目上不知道能得到多少利？要不然为什么这样没明没夜地干呢？"其实，我是把红枣真正地当作一种不可分割的感情、缘份、理想和责任来认真对待，认为自己要把这个事业实实在在地搞好，造福黄土高原上的父老乡亲。

在2014年县人代会上，因为一个技术问题，我和个别领导在发展有机红枣技术上有些争论。最后，领导说他和我有不同的看法。我说你保留看法，但你不要瞎决策，一旦决策错误，就会给佳县带来不知道多大的损失，这个代价是很难预料、无法弥补的。到现在为止，实践证明我的坚持是正确的。作为业务干部，如果没有担当精神，没有责任感，没有事业心，没有对这个技术负责任的态度，而是一味地顺从领导，这是非常可怕的。领导有时候看到的是现象，没有看到实质，而实质的东西才能真正解决问题，解决不了问题才是大问题。业务干部既看重他的成果，也看重中间的环节和细节。领导往往不注重中间的这些环节和细节，只关注最终的成果。以监测防虫这件事为例，流程图都是根据枣树、害虫的物候期、生活史、特点、特性，慢慢地归纳总结出来的。枣树什么时间松土、发芽等，害虫什么时候出土、幼虫特性、成虫特性等，都需要认真观测，要经常观察、记载、研究，最后才能分析总结出最佳防治时间、防治办法等。观察过程要花费很多时间，没有水喝，没有饭吃，风沙又大，又浊又呛的，比农民都辛苦。

当你的某一个成果展示在你面前的时候，那种高兴程度，说真的是金钱买不到的。我经常给单位的人说：我宁愿要这样一个成果，也不要10万元钱。10万元钱有花完的时候，但是这个成果没有完，这是无形资产。虽然自己不能从中受益，但其他很多人能从中受益。有很多人从中受益，就等于自己受益，这是一种精神享受，比金钱上的享受更重要。我认为作为一个搞业务的人，应该把成就感看得比任何东西更重要，不然的话就搞不成功。一个人得到社会的高度认可，才是最重要的。

在工作的过程中，伴随我的是酸甜苦辣。过去在佳芦镇的时候，我的生活相当困难，一直到政协的时候生活还很困难。因为我的爱人没有工作，有两个老人需要赡养，两个孩子需要抚养。就我一个人挣钱，要养活这么多人，那个难度相当大。就在那样的环境下，我从来没有放弃过这一块业务，当了行政领导干部也没有放弃过，一直很关注这个事情。我现在全身心地投入搞，将来还要专心致志地搞，因为我兼任老科技协会会长，只有借用这个岗位才能把很多东西搞出来。

现在我正在搞核桃的有机栽培技术，筹划建设一个现代农场。我的示范园有3000多亩肥沃的土地，几年栽了1000亩核桃，很多大专院校都没有这样一个示范园作为科研基地。我坚持的原则是自己摸索、自己总结、自己示范、自己推广，与大专院校的专家相互合作。只有通过团队的合作、创新，才能研发出精品。

佳县古枣园是今年4月29日在意大利通过评审成为“全球重要农业文化遗产”的。我建议县长、书记说：“咱们应该把这件事庆贺一下，组织一个团队把佳县红枣的发展历程制作成宣传片，在中央、省、市、县电视台播放，这样才能使佳县红枣走向全国、走出国门。”思想决定思路，思路决定出路。只有改变思想，创新思路，拓宽出路，佳县古枣园的遗产优势才能变为经济优势，老百姓才能真正受益，否则没有意义。

佳县红枣经过几千年的历史积累和近20年的蓬勃发展，以其优秀品质和独特品味闻名遐迩。2010年，佳县县委、县政府制定了红枣产业二次创业发展规划，以科技为支撑，以提质增效为核心，以有机化为目标，以强县富民为根本，坚持政府推动和发挥市场作用相结合，全面推动佳县红枣全面向规模化、标准化、科技化、产业化迈进，向全国有机红枣名县迈进。我相信佳县红枣必将红遍天下。

（宋艳祎、高梓睿　采录整理）

【高剑利】

访谈时间：

2014 年 7 月 4 日

受访地址：

佳县朱家坬镇泥河沟村村委会

人物小传：

高剑利，男，1973 年生，陕西佳县人。1992 年任教于乌镇中学，1996 年在佳县人民法院工作，2006 年到佳县人大常委会办公室工作，2013 年任佳县工商联主席。

一 作为情感符号的红枣

我是 1973 年 6 月出生的，童年在木头峪乡合心圪塔村度过。童年是活泼的、美好的，伴我最快乐的就是对红枣的记忆。生活贫困、艰苦，吃不饱、穿不暖是那个时代的特征，而红枣在童年是最能充饥的食物。那时候的红枣炒面，现在回想起来也很甜蜜。枣花、枣树杈、枣刺、小枣蒌蒌、半红红枣、全红红枣、各种枣的形状，以及栽枣、打枣、捡枣、晾枣、卖枣等关于红枣的生活生产故事令人回味无穷，记忆犹新。其实，作为陕北人，红枣就是割不断的缘份，是种难以忘怀的情感，也是人生价值的追求。

佳县红枣栽培历史悠久，是我国枣树栽培起源地之一，也是我国最古老的枣产区之一，至今已有三千多年的栽培历史。朱家坬镇泥河沟村现有一千三百多年的老枣树，仍根深叶茂，硕果累累，见证了佳县枣树的栽培历史，被收入中国《农业志》，被誉为“枣树王”“活化石”。佳县红枣皮薄、肉厚、核小、色泽鲜红、甘甜味美，富含维生素 C、维生素 P、多糖、果胶、钙、磷、硒等多种氨基酸和人体不可缺少的微量元素，历来被视为木本粮食和补气益血的佳品。几千年来，佳县枣乡人民与枣树结下了不解之缘。人育树，树养人，人树合一，息息相关。

记忆最深刻的一件红枣往事，就是我 4 岁的时候在外婆家。当时已是深更半夜，二舅在组里被派去照看枣回来后，把熟睡的我叫醒，给我被窝里塞进来一把红枣，然后深深地把我的被窝捂紧，抚摸了一下我的头很快出去了。我当时没有一点睡意，偷偷地把枣子一个一个放在枕头下面，悄悄吃了几颗大的，然后才睡去。那次经历是我直到现在半夜醒来最甜蜜的记忆。红枣就是陕北人的情感符号，点点滴滴都情真意切，让你刻骨铭心，永远记忆。

在我还很小的时候，也就是农业合作社时，人们很重视粮食生产，枣树的生长基本处于自生状态。我们村有一座山叫枣树峁，全是枣树。在收获的季节，全村男女老少不管有什么事都会积极参与打枣，因为这一天是唯一可以放开吃枣的日子。童年的欢乐伴随着红枣的落地显得格外轻松，一会儿吃糖心枣又黏又甜，一会儿吃全红红硬枣又甜又脆，一会儿吃半红红枣又水又脆又甜，一会儿捡大的，一会儿捡盔盔枣，一会儿捡眼蛆枣……在大人的斥责声中东跑西窜，乐此不疲。等枣打完、捡完后，全部背扛到村中的小场上堆成一堆。此时就没有吃枣的机会了，村干部按户分给大家，给集体只留很少一部分。几乎家家户户都将红枣装入柳条编的筐中，放在小孩们够不上的高处。再要吃枣，只有等过大年的时候了。等秋收结束后，全村按组要吃一次庆祝丰收的集体饭，大都是熬白菜、蒸枣糕。多日的期盼在一顿饭的快乐幸福中变成现在美好的回忆。

在家庭联产承包责任制后，枣树分产到户，每户枣树的多少差别很大，决定了财富悬殊，生活差别也很大。有枣的人家，说话也趾高气扬，生活有滋有味；没有枣树的人家，心里憋着一股劲儿，生活得很是拮据。此种状态在 20 世纪 90 年代初红枣进入市场以后表现得尤为突出。我们家就属于没有红枣的一类，在红枣收获的季节，总是无偿帮助亲戚或村里的人家打枣、捡枣。打完后，他们给我们一筐或一袋红枣。我们姊妹五个人，人比较多。当时家庭生活特别困难，几乎没有经济收入。我哥、我、我大妹子都相差两岁，当时我哥念高二，我读初三，我妹读初一。因为家里实在没有办法让我们三个同时读书，我妹子就辍学了。所以我爸横了一条心，把家里的 10 亩地全部栽成枣树。1992 年我参加工作在乌镇中学教书后，我妹停了四年又开始念初中，最后考上绥德师范学校。她虽然耽误了四年青春岁月，但我们家红枣收入的增多挽救了她的前程。在 20 世纪 90 年代，红枣收入是佳县沿黄一带老百姓脱贫致富的主要渠道，也是娶妻结婚、修窑供书、持家立业的主要来源。所以当时佳县县委、县政府提出“要想富，栽枣树”的口号，号召沿黄一带群众垒石造田，大面积栽植枣树，实现了全县53万亩红枣面积的目标，极大地提高了群众的收入，改善了群众的生活水平。1992年，我参加工作，月收入不到200块钱，年收入2000块钱左右，而与我年龄相当的农民一年红枣收入就四五千。回家过年的时候，自己感到很是寒酸，当时一般干部的收入完全赶不上农民的收入。20世纪90年代，佳县红枣确实使沿黄一带的群众生机盎然，活得很有精气神。

红枣自古以来就被列为“五果”(桃、李、梅、杏、枣)之一，历史悠久。红枣最突出的特点是维生素含量高。红枣的药用价值很高，素有“天然维生素丸”的美誉。红枣为温带作物，具有耐旱、耐涝的特性，适应性强，有“铁杆庄稼”“木本粮食”之称。红枣与黄河、黄土地这“两黄”有很大关系。并不是说任何一个地方都能产出优质的红枣，都适合枣树的生长。黄土高原的这种特殊土壤和黄河岸边的这种局部气候环境，使佳县成为红枣适生区。在佳县有一种说法：凡是听见黄河水响的地方，枣儿就赛过灵芝。也正因为红枣树、红枣在陕北人生活中的重要性，红枣文化也渗透进陕北人生产生活的方方面面。

红枣文化作为一种历史文化现象，涉及生产、生活、礼仪、爱情、风俗、精神崇拜等诸多方面。它从不同层面，对社会政治和道德观念做出了种种折射和反映。勤劳智慧的佳县人民，不仅创造了红枣的历史，同时也创造了特有的红枣文化。红枣文化以民间传说、民间艺术、民俗风情为外在表现形式，以“不避艰苦，不求索取，不屈不挠，钢筋铁骨”的枣树精神为精神内涵，逐渐成为一种独特的历史文化现象，包括从“早（枣）生贵子、早早（枣枣）立业、早早（枣枣）康复、早早（枣枣）成才”的民俗文化，到“枣树精神”的现代文化。

红枣与佳县老百姓的生活息息相关。红枣不仅是情感符号，而且是生命象征。在举行婚礼的时候，枣儿就被吟唱着为新人祝福：“对对核桃对对枣，对对儿女满炕跑”，寓意早生贵子、多子多福；过大年的时候招待客人，红枣是必不可少的，寓意红红火火、团团圆圆、热热闹闹；过新年的时候，给小孩串两串红枣挂在肩膀两侧，寓意好成人、串串红；二月二龙抬头时，要吃枣豆子饭，寓意满年红顺；

清明节做枣馍馍、摆枣山、串面人，寓意节节高升、喜事成串、早早成才；端午吃粽子有红枣；八月十五枣饼子、枣果盘用红枣；腊月初八吃枣焖饭；过了腊月二十三，家家户户做黄米面枣馍馍、蒸枣糕；坐满月、结婚等喜庆事都有红枣碟子，寓意红红火火、早点长高、早日成才；给外出的亲人捎衣鞋时，也要包几颗红枣，寓意早日归来、枣情不断等等。每一种习俗、仪式、活动、行为都蕴含着深意，祝福、希望生活越来越好。这些在童年的记忆里历历在目，回味无穷。

红枣树的材质很好，树质比较硬。用枣木做的炕沿儿、案板要比其他木头做的贵得多。枣树的衍生产品，有擀面杖、筷子、连枷、板凳等。现在有用枣木做的雕塑，深受消费者的喜爱。

红枣的吃法有很多，以食品、果品、药品、补品为主。我媳妇不是佳县人，有一次家里弄来些枣，我就说做点红枣饼，她就把红枣煮出来，然后把面擀开，把囫囵枣放在上面，用擀面杖擀的时候却擀不开。没办法，她只有蒸成枣馍馍。正确的做法是先把红枣蒸熟，枣核去掉后剁成枣泥，像包包子一样用面把枣泥包起来，然后再擀开，四周都是枣，特别均匀。北京《同仁堂志》记载："用葭县油枣做药配方，医治百病"；康熙帝以圣旨把佳县红枣确定为贡品；《本草纲目》记载："干枣性味甘、平、无毒"，是润肺、止咳嗽、补五脏、强虚损、养肠胃的良药。现在，佳县红枣被视为迎亲贺喜、馈赠亲朋的珍品。

二 有机红枣的技术研发

1994年，经专家论证，佳县编制了《佳县红枣商品基地建设研究及规划》，县委、县政府将红枣发展正式列为县域经济主导产业，将红枣收入确定为沿黄一带群众脱贫致富的主渠道，在全县提出"枣畜富民"目标和"要想富，栽枣树"的口号，通过征山治水、垒石造田、良种改造等措施，大力扩大枣林面积和发展优良品种。2010年，县委、县政府实施了"东枣西移"工程，采取新栽枣林每亩补助200元的政策，鼓励和扶持西片群众新栽枣树8万亩，使佳县枣林面积突破70万亩，达到72万亩。在坚持规模化发展的同时，县委、县政府大力发展红枣加工业，加快红枣产业化的进程。佳县坚持以商品的思维发展枣业，以工业的理念经营枣业，按照“企业 + 协会 + 农户”的模式，组建枣业协会及专业合作社，着力扶持红枣加工园区和加工企业的发展，全力打造佳县红枣品牌，不断丰富红枣深加工产品。现在佳县红枣产品有红枣酒、红枣酱、红枣饮料、红枣粉、红枣片以及烤枣、薰枣、酒枣等种类，注册登记红枣品牌 10 多种。在红枣产业不断壮大的同时，红枣产值也得到大幅提升，红枣收入已成为佳县群众的主要经济来源。

通过规模化、产业化发展，佳县红枣也获得多项美誉。2001 年，佳县红枣产区被林业部命名为“中国红枣名乡”。佳县红枣于 2004 年获得农业部绿色食品认证，2005 年获得国家环保局有机食品认证，2006 年获得日本农业水产省 JAS 认证，2009 年获得农业部地理标志登记认证。2006 年，佳县获得国家标准化管理委员会授予“红枣国家标准化生产基地”称号。

在规模化、产业化发展的同时，随着面积的不断增大、劳动力的外流，以及受旱灾、虫害、连阴雨天等自然灾害的影响，红枣产业管理上出现越来越多的问题，产业发展面临着前所未有的困境。防虫、防裂、防旱等问题日益凸显，如何促进红枣增产、增值成了县委、县政府的重要课题。

佳县红枣必须向有机化发展，但遇到的问题很多。就拿施肥和防虫来说吧。和过去相比，现在土地肥力状况下降得很快，远不如 20 世纪 90 年代。当时佳县人口还没有外移的现象，几乎每家每户都养大型的牲畜，产的肥比较多。老百姓冬天的时候就把人畜肥施到枣树的四周，所以当时红枣的品质特别好。随着人口外流，养的牲畜减少，原来的农家肥被一部分化肥替代。化肥使用得多，土地就会结块儿，这对枣树的生长影响很大。后来我们就一直研究有机肥的问题，和一些大型的养殖户合作，对红枣土地进行检测，有针对性地添加一些微量元素，生产红枣专用有机肥。另外还使用一些生物制剂，比如苦参碱、GHEM 的生物菌剂，从过去单一的根部施肥方式转向根部施肥和叶面施肥相结合的复合方式，效果比较明显，也符合发展有机红枣的路线。

佳县县委、县政府提出要建设全国最大的有机红枣基地，也在推广有机复合肥，里面磷、钾、钙含量非常高，并且是微量元素和生物菌肥混合而成的肥。长期使用有机肥后，枣树的生长状态、叶子颜色、红枣品质等都不一样。到了枣园，一眼就可以看出这个枣园用没用过肥，用的是什么肥。

防虫是一个周期性的事情，第一年防好了，第二年虫子就少了。虫密度降低后，繁殖就少了。利用三年左右的时间，虫害问题逐年就被消除了。防虫与气候也有很大关系，雨水多了易长虫。过去老百姓防虫，主要是购买农药进行喷洒。后来，我们通过对生长在枣树上的五六种害虫进行观察，发现大部分害虫的成虫到冬天的时候把虫卵产到地的下面。第二年天气变暖后，虫从地里钻出来，经过树干吃到枣叶的时候，它才会生长。所以，我们发明了一种物理防虫的方法，即把粘虫胶涂在树干上。这样，幼虫在往枣树上爬的时候，就会被粘住杀死。这种方法没有任何危害，防虫效果也很好。在高爱家沟村的试验田中，一棵枣树上粘住了 1837 个害虫。另外,还有一种枣树害虫叫桃小食心虫。把枣剥开,若里面有虫，就是这种虫。解决这种虫子就是靠一种诱捕器，里面有诱捕芯，芯上有雌性虫子散发的气味，可吸引雄性虫子过来，随后将雄性虫子粘住杀死。用过这种诱捕器的第二年，桃小食心虫的密度下降了很多，达到了灭虫的效果。

2007 年 10 月，强国生调入县人大常委会任副主任，我们才彼此认识、共事。我虽然对红枣有很深的感情，但是对技术的了解很有限。2009 年，强国生被县委常委会任命为佳县老科学技术教育工作者协会会长。为着力解决红枣裂果、虫害、低产、低效问题，确保红枣产业稳步走上“高产、优质、高效、生态、安全”的健康发展之路，他开始研究有机红枣的集成技术，以佳县大会坪村马振华的 5 亩枣园为实验基地，进行了 GHEM 生物菌剂叶面喷施，促使红枣品质、产量均有大幅度提高，裂果率下降 29%，虫果率降低 97%。马振华家的红枣比邻居曹存喜的红枣增收一倍。2010 年，佳县老科学技术教育工作者协会、县林业局在刘山乡桃园沟、佳芦镇大会坪、乌镇王家墕、螅镇曹家沟、中泥湾、店镇勃牛沟分别进行了试验，试验面积共 300 亩，试验效果为：物理防虫率达 98%；GHEM 防裂果菌剂试验在红枣成熟期持续 4 天降雨 177.3 毫米、9 天浓雾的情况下使红枣产量增加一倍，裂果减少 21%，萎缩果减少 35%，单果增加 2.1 克，成熟期推迟 10 天左右。枣树抵御自然灾害的能力明显增强。

在试验中，他主要是搞技术、做观察，我主要搞记录、做汇总。我跟着他经常下乡，到不同的示范点、对照区做记录。记录要精确到时间、天气等细小因素。强主任的确是那种能干事、会干事、干成事的人，我对他那种敬业精神和工作态度非常佩服。现在很多人不愿意管事情，不愿意做工作，也不愿意付出。但对于强主任来说，自己认定的事情不管遇到什么困难，他都会持之以恒、坚持不懈地干下去。最开始，我们尝试研究有机红枣技术是有很大风险的。我们每次下乡争论很多，我抱的心态就是你只要能把我说服，我就能把其他人说服。那段时间，我们天天吵架，为一点点小问题都要吵上半天，但工作一天也没有停止。有的时候，早晨五六点就下乡，不管风天、雨天、热天都要自己亲手干、亲眼看、亲自考察，抓住关键时间点，针对关键环节，组织人力、物力，做到不误时、不误事。通过认真试验，科学总结，我们最后形成了《陕北有机红枣标准化生产技术集成与应用》，创新研发了有机红枣标准化生产5项集成技术，2013年报榆林市科技局，获得榆林市科学技术成果一等奖，2015年获陕西省科学技术成果三等奖。

三 从“救命粮”到“摇钱树”

红枣是陕北地区土生土长并且特有的东西，佳县古枣园更是全世界独有的。为什么说千年枣树经历了世态炎凉，这么长的时间仍能保存下来呢？第一是它自身的原因，它的生命力非常顽强，任你风吹雨打都不屈不挠。这些千年枣树虽然老态龙钟，但生生不息继续生长，并且还能结出果实。这就是枣树自己的特性。第二是枣农对枣树的精心呵护，修剪、浇灌、防虫、防病一代一代传承，枣树在与人和谐相处中被完整地保留下来。佳县古枣园被联合国粮农组织评为全球重要农业文化遗产，这是佳县红枣走向世界很重要的一张名片。佳县枣农最希望它能带来商业价值，把佳县红枣推向国际市场。我们现在就是全身心地把好佳县红枣的品质关，写好有机红枣这篇大文章，让更多的人认识佳县红枣，享受佳县红枣。同时，这也能使佳县红枣从昔日的“救命粮”变成明天的“摇钱树”。

（孙兆琦　采录整理）

【苗小军】

访谈时间：

2015 年 7 月 24 日、2016 年 1 月 10 日

受访地址：

佳县朱家坬镇泥河沟村村委会

人物小传：

苗小军，男，1973 年生，佳县朱官寨镇人。1992 年任教于佳县神泉学校，2002 年任店镇副镇长，2009 年任上高寨乡党委副书记，2011 年任朱家坬镇人大主席、泥河沟村驻村干部。

一 调水征地定赔偿

2011 年 6 月，我从上高寨乡党委副书记调任朱家坬镇人大主席，7 月 3 号就投入到沿黄公路上了，那时候刚开始放线。沿黄公路对泥河沟人来说是一件好事，他们也去过榆林市政府上访，很想开通这条路，但当时沿黄公路的赔偿是由县政府来做的，标准定得很低，直径 20 公分以上的枣树是 220 块钱，直径 3 公分的 10 块钱，直径档次也很少。接下来，地的赔偿标准更低，因为修路是永久性占地，和我们现在搞的调水工程临时占地是没法比的。一亩水地当时是 600 块钱，现在赔偿一万六，差得太多了，是没法比的。

村里人也认识到这个标准低，但毕竟泥河沟是一个文化村，大多数村民还是能从长远的角度来考虑的，知道沿黄公路开通以后对他们村发展的作用，所以 80% 的人还能接受这个标准。也有少数人接受不了，在砍树的时候，怀疑我们在这里边多给了一些人钱，少给了一些人钱。我们当时采取的办法就跟炸碉堡一样，由易到难，逐个消灭。先从同意的人开始，让他们起一个模范带头作用。这里边有家里受了很大害的，比如说武冬旺，在那样的赔偿条件下，他家赔了将近 6000 块钱，可以想象他家得砍了多少棵树啊！冬旺他老夫妻俩抱着枣树在哭，但他们一下也没妨碍砍树，只是抱着砍倒的枣树在哭。我们当时也觉得很同情，但是没办法啊！为了泥河沟今后的发展，我们必须舍，有舍才有得。我跟他们说，只有舍去了眼前的利益，以后子子孙孙才能开小车走这条沿黄公路回来探家，他们会世世代代记住你的。老夫妻俩对枣树有多年的感情，虽然在哭，但听了这话以后，他们也很理解，就很配合我们的工作。感谢这些人的理解，使我们的工作能继续开展。我觉得在沿黄路的修筑过程中，80% 的人表现真的很好。我们通过那些站得高、看得远的人带头，把沿黄路的工作搞透了。修沿黄路的时候，人们就说我“能把死孩子说得摇头了”。当时不用这个办法工作，就实在没法做了，有很多人还是理解我的做法的。

2011 年八九月份，也就是沿黄路还没有硬化的时候，榆佳工业园区调水工程同时开始了。刚开始的时候，只是找水源地打井。打水井是在黄河边上找了一块地，这块地不足 20 平方米，直接从黄河向地下打 40 米，然后顺着河槽又进 120 米。这对于当地群众影响不大，我们也没法给群众解释榆佳工业园区的重要性，但当时有极少数的人要趁这件事讹挟政府一笔钱。我就说，因为沿黄公路通了，才有这么好的机遇。沿黄公路是在 2013 年硬化的，随后调水工程正式启动。因为要埋管道，就又涉及老百姓的树和地的问题。更重要的是，榆佳工业园区调水全线总共四级泵站，在泥河沟就有两级泵站，建泵站的话就涉及永久性占地。泥河沟这个地方，地形地貌特别特殊，“胶泥夹石炮，石山戴土帽”，没多少土地。一涉及永久性占地，老百姓就难以理解。

有些不理解的老百姓，总以为镇政府是为了县上的工程，要坑害他们。其实在这里，我们做了很多工作。首先是赔偿标准。沿黄公路是一个实实在在的工程，是老百姓能直接看到的。虽然我们都懂“大河有水，小河满”的道理，但是富县工程是老百姓不能直接看到的。所以，赔偿标准要让老百姓满意，但也不能定得太高，得有一个实际的标准。当时我们的书记是任锦双，镇长是张如晖，两位领导立马重视起这个事。作为当地父母官，首先考虑的是当地老百姓的利益，调水工程绝对不能富了全县人而坑害了我们朱家坬泥河沟的人。我们镇长亲自带队，首先量了 4 块地，其中有 2 块滩地，一块地有直径 15 公分以上的老树，一块地有直径15公分以下的新树；还有2块山地，山地上几乎没有直径15公分以上的树，就试了一块有直径5～10公分树的地，一块有直径10公分以上树的地。县政府参照高速公路的赔偿标准，试制定出主要针对一些乡镇的赔偿方案。比如说刘国具、上高寨，这些乡镇没有枣树，只是地多，所以这些地方地的赔偿标准定得高，树的标准定得低，这样老百姓肯定实惠。但是泥河沟恰好相反——地少，枣树多。我们根据这4块地的计算发现，虽然说泥河沟是千年枣树的故乡，但是根据管道放线的实况来看，途中经过的大多数是幼树。县政府对一块地定价的总数是一定的，把枣树的标准定得高以后，地的价格肯定要下降，不能超过高速公路5万一亩的国家赔偿标准。所以，我们商量把地的标准降一降，树的标准提一提，这样泥河沟就沾光了。并且镇政府在制定的时候，哪一个间段的树比较多，就把哪个间段的标准定得高。

我们定标准的时候就发现，直径5～10公分这一间段的树是幼树，产量高，生长前景好，所以这一间段的树的标准定得比较高。5公分的赔偿100元，6公分的200元，7公分的300元，8公分的400元，9公分的500元，10公分的就是600元，直径每增加1公分，它的价值就增加100元钱。这个标准不仅是我们自己想的，也是跟周围村里的许多群众都谈论过的。剩下的比如3～4公分的枣树，3公分的就比指头大一些，属于才栽上的，给10元钱就可以了，在我们这儿买一棵那样的苗子连2毛钱都用不了，漫山遍野全部是枣苗；4公分的就给50元钱。增加到10公分以后，再按增加1公分多给100元钱的话，这个标准就太高了。所以，从10公分开始就1公分20元地涨，11公分就是620元，12公分就是640元，这样20公分的也就是800元。11公分以上的枣树，尤其是20公分以上的枣树，它的产量就很小了。另外插一句，我们这几年采用降低树形的办法，用“老树换新枝”来提高枣树产量。如果直接按照枣树的直径来算枣的产量的话，根本没法计算。标准定了以后，大多数人还是很满意的。我们镇长亲自带队试验了一周时间，每天都走访，听取大家的意见，根据赔偿对照每年产量，因为大都是临时占地，占一年给一年的钱，我们现在占了三年就给了三年的钱。树刨了，地上的产量每年赔偿一次。如果管道今年铺了，明年复垦就可以种植了；如果复垦不了的话，占一年赔一年。因为这个工程进展不顺利，一直完成不了，所以这三年每年都给老百姓兑现承诺。

制定赔偿标准的时候，还涉及移植补偿的问题，每拔一棵枣树给 10 块钱的移植费。看起来不多，但对于我们当地来说，10 块钱栽一棵树，这工钱算是不少了。除非是栽大枣树，要是栽小枣树的话，一天能栽三四十棵。我们朱家坬镇 2011 年的时候，枣林面积已经达到了 5.2 万亩，也就是人均占有枣林面积达 5.2 亩，所以枣树已经把全镇覆盖，大多数群众是没地移植了，不是没枣树移植。所以，不管是枣树移植还是赔偿标准，我们政府对老百姓的方方面面都是进行了认真的考虑的。

第二个我们觉得自己和老百姓站在一块的是调水管道的线路问题。第一次管道放线是从河滩上来经过公路这一块，要在那儿建一级泵站，然后直接从路岔到漫水桥，进村以后还要拆武良生的房子再往山上去。这条线放下来以后，我们觉得这样的赔偿大，对千年枣树的破坏也相当大，但毕竟是上级政府的命令啊，我们是下级政府，必须服从。所以，我们书记每天在乡政府打听什么时候开县委常委会，这么大的问题肯定要在县委常委会上决定的。只要打听到，他就直接去找县委书记、县长，要求改变线路。2014 年 4 月份正好是申农遗成功，对县委、县政府也是一个震慑。6 月份，我们听到小道消息说要改道，但是那时候还没有确定的消息。直到 2015 年 8 月，具体细节才决定。后来我们每次下乡的时候，都看到有人来测量，但是人家也没跟我们打招呼。我们不知道他们是干什么的，村里人也不知道，只是有部分村民和他们交谈的时候说到要改线。我觉得在这件事上，任书记起到很大的作用，只要打听到县长、书记在，他就要去争取改线。有村民说我们乡政府爱走这条线，如果我们爱走，干吗还要去争取改。这次涉及 9 座祖坟，这些人基本上家都在西安，只有 1 家在村。谁也不愿意去挖人家的祖坟，但这是一个富县工程，必须做。

直到 10 月份，又开始了调水工程的改线工作，主要是把靠沿黄路的部分线路下移。下移的这部分从我和大多数村民的角度来看，对老枣树的破坏是极少的了。这件事上，群众一方面注重赔偿标准的问题，另一方面他们有一种和土地、和自家枣树的情结。他们对自家的枣树就像对孩子一样，经营了多少年就是抚养了它们多少年，结下了不解的情结。我觉得作为一个驻村干部、一个乡镇干部，只是认为老百姓需要钱，没有理解他们的心情，忽略了老百姓和枣树、和土地的这种情结，会造成很多老百姓的不理解。之后我想了一通，觉得我们做得很不厚道。在改线问题上，我认为跟第一次放线和修沿黄公路的时候都不一样，因为这次村里新的班子已经上来了。在工队人员和我们协调人员第一次进驻的时候，我就找了一部分群众代表，和他们谈了一下。2013 年的时候，很多群众不满意调水工程，是因为线路破坏了古枣园。现在线路白灰线已经撒下了，对古枣园的破坏几乎是没有的。我每天召集群众代表开一次会，让大家讨论线路合不合适。我们工作组当时大约 20 人，每天回来以后，就找群众代表和所有的队干坐在一块儿开会。饭好了以后先不吃饭，等开完会以后再吃。每天晚上，即使是很小的事情都让群众来说。第一天开完会以后，就基本达成共识——这条线路是行的，并且专门打了一个隧道直接上寨峁，对枣树的破坏很少。这里的老百姓相当聪明，我们把白灰线撒了以后，他们就知道要从哪里走，线路的危害是怎样的，也就明白我们这次争取是没白费力气的。任书记每天找县长、县委书记汇报，他们对此也是认可的，大多数人对这个线路很满意。

二 驻村帮扶苦差事

泥河沟人都有一个集体主义的思想。对他们来说，泥河沟的荣辱关系到自己。比如原来每天都可以看到在戏楼圪洞那块放羊的，羊走过去以后，羊粪就全部在地上；现在每天羊走了以后，都有人在那儿打扫，最起码不给人臭烘烘的那种感觉了。一般是玉民和虎朝扫得多，因为他们两家放羊；再有就是德朝，他家大门在路这边，所以也肯扫。以前是绝对不会扫的，现在他们也对泥河沟有了新的认识。厕所也有人打扫，还修了一个垃圾坑，垃圾也没有乱倒的了，这都是慢慢来的。

二〇一五年农历四月多，新村书记上任。选举村党支部书记实行的是“两推一选”，上级党委和全体村民来推，村内全体党员来选。全村总共 21 个党员，主要工作在“推”上。全村 18 岁以上的选民都可以推，主要看这个书记称不称职。

选这个班子的时候，风险相当大。当时村民的思想虽说已经有了转变，但所有的人都害怕住在村外面的人来当书记，而是希望在家住的来当。有些优秀的人虽然可以担任书记，但是不经常在村里面住，村民要办啥事找不到他，所以大多数村民很不放心这个事。我们去年选举的时候注意到这个问题了。正生是我们乡政府的正式干部，当时也不在家，村民有顾虑，怕选上来以后一年不回来一次。当然，住在本村的人来当是很不错的，但是他们也有他们的缺点，所以有好多人当时就不赞成他们当主要领导，但只要村民推了就可以参选。我们也接触了很多外来的人，在村里面统一了下思想，选举的时候就推上来了武正生。

村支书选定了，就该选村主任了。村里有很多人都说要选武小斌，但正生跟小斌他俩都是沙塄家族的。在这个村必须各家族都有一个人在村内当领导，要是都推沙塄的人，磖里这边一个人都没有，这样的班子肯定是站不住的。后来选的存平，他虽然文化水平低，但是相当耿直。于是，这个班子就产生了。这个过程也是对村民的一个教育，为啥呢？因为以前村委班子的产生，我们政府肯定都是带观点的，而这次通过这样一件事，让村民自己去感觉。比如说村里面有部分人，他们就说我们村谁来管事我就告谁，就连给村里的枣树防虫他都觉得做得不好。谁跟他说话，他都去找领导告状。但是从2014年以后，泥河沟的人还是有所改变的。村里大多数人的思想都转变了，就是申遗前后的变化。我觉得申遗的影响不是最大的，外来文化的干预带来的影响是最大的。

泥河沟自新中国成立以来就吃返销粮。后来返销粮取消了，村里人就认为再没沾过共产党的光。作为一个基层干部，我也极力地为村民争取机会，改变他们。比如说，防虫所有的用具都是我们政府无偿提供的。现在4～5米的枣树相当多，必须用汽油喷雾器，原来手压喷雾器的压力不够，最多喷两三米，药打不上去。我们今年给了他们10台汽油喷雾器，喷程达到8米，随随便便就可以把药喷上去，雾化又好又省农药。从这些来看，一方面我们在改变群众，另一方面群众也在改变我们。以前是你觉得我们不好，我们就躲着你；现在是你对我们好一点，我们也对你好一点。你敬我一尺，我敬你一丈，这是一个互相转化的过程。今年我们免费给村民提供农药和化肥，现在又要在山上给他们推8公里到10公里的生产道路。这就是政府和村民都在发生改变。这样的改变，不论对泥河沟人来说，还是对政府来说，都是一件好事。

以前下乡到垴畔圪垯、白家塄这些好村子工作，心情都是畅快的。从政府出发的时候就很想去，为啥呢？因为去之前就预想到今天肯定能很顺畅地完成工作。但是一说到泥河沟，谁也不想去。2011 年 7 月，我刚调到朱家坬，在泥河沟给虎卫（注：刘虎卫副镇长）帮忙。2012 年正式开始驻村干部的工作，当时谁都不愿意到泥河沟。我们政府的工作是分片的，1 个片区归 1 个驻村干部管。我们镇政府总共分 5 个片。我这个片是 7 个村子，当时我就和政府提出，从 7 个村子里把泥河沟拿去。用泥河沟一个村子来换 4 个村子，我都愿意。谁也不想分的村子多，村子多了麻烦事多，但是 4 个村子的麻烦也比不过泥河沟 1 个村子多。后来书记说，实在不行就泥河沟一个村子成立一个片。他说："小军，你把泥河沟一个片管好就行了，其他村你就不要管了。" 我想，这下可好了。可是没想到，他设了一个套，把原来我驻的村子都加到泥河沟片区原封不动给我了。不过，看到泥河沟的今天，我确实是对当时的这个决定感到十分庆幸。

三 2012 年泥河沟救灾

村里有个水利工程叫"闷咕噜"，实际上是一个漫水桥，就是用石头打的一个坝，作用是提高水位。发洪水的时候，水顺着上梁就过去了，平时还能拦住些河道里的水。如果没有"闷咕噜"，上面的地就没有水了，必须用水泵把水抽上去。使用水泵要用到电和机器，但是 20 世纪五六十年代的农村没有那个条件，所以"闷咕噜"为全村的灌溉发挥了很重要的作用。陕北只要是有河道灌溉的地方，就有"闷咕噜"。但朱家坬全镇只有泥河沟村有"闷咕噜"，其他的村庄没有河道，也就修不起"闷咕噜"。"闷咕噜"的原理虽然很简单，但是非常实用。打拦河坝虽然可以在一定程度上保护滩地不受到洪水的冲刷，但也相当危险，一旦溃坝，后果不敢想象。泥河沟人是街镇码头的人，把桑塄以上村子的人叫作乡里人。当时泥河沟可利用的土地少，山地又比较贫瘠，所以泥河沟人很重视黄河的滩地，就修了顶水坝、顺水坝、"闷咕噜"等一系列水利工程，来保护这片滩地。

2012年7月27日，对于朱家坬全镇来说，对于佳县来说，是一个难忘的日子。这天发生了佳县历史上最大的一次洪水，导致了全县的村道、乡道全部中断。我记得我头一天晚上喝了酒，睡得特别沉。那天早上打雷声很大，但是我睡得浑然不知。我正睡着觉呢，就听见镇长使劲敲门，喊着："小军，还不起来，再不起来要死在里面了。"我睁开眼睛，那时候是凌晨三四点钟，天还黑着，什么也看不清。我去开灯，灯也打不开。我把衣服一披，准备下床穿鞋，不知道鞋哪儿去了？我把手机打开找鞋，结果一看，鞋已经在水上漂到门口了。我起来以后，把每一个宿舍都查看了一遍，所有人都起来了，在门道里站着，但是8号宿舍里的人没出来。我们的文书武强在那里住着，我心里想：都这个时候了，怎么还不出来？等我仔细一看，门已经被水冲开了，窑洞正面的墙全部塌下来了。我们刚开始以为他被压在里面了，但门是从外面锁住的，他应该没住在里面。后来他下来了我们才知道，那天晚上他媳妇来了，就去山上住了。到了5点，我们政府的人全部聚到了院子里，雨下得很大，都不敢回到窑洞里。

那天任书记还在佳县开会，他早晨5点就出发，到朱家坬的时候已经是中午10点多了。正常的情况，从佳县到镇政府1个小时轻轻松松就到了，但那天他一路上换了6次车。碰到深渠过不去了，他就把车放到一边，人爬过去，碰到认识的人再坐一辆车，再走一段，发现又过不去了，就再换一辆车。任书记到了以后，我们就马上分工，驻村干部进入自己的村子。那时候我们是泥菩萨过河——自身难保，住的宿舍都塌了，但是我们必须先把自己的事放下来。其他人负责的村子还稍微近一点，而泥河沟是最远的。刚一开始，我们坐了一辆车。走到小姨子墕那儿，路断了，我们就只好把车放下，步行了大约5里路，到垴坪圪坮实在走不动了。当时穿的是雨靴，鞋比较大，走时间长了，脚全部被磨起了泡。后来我们想了一个办法，走下垴坪圪坮之后，4个人借了两辆摩托车，开到了泥河沟。原来我们驻村的时候都骑摩托车，技术是绝对没有问题的。

暖渠山水库当时的蓄水已经超过它的最高水位，一旦崩塌，泥河沟村就绝对保不住了。我到泥河沟的时候，时间已经不早了，挨家挨户地通知是肯定来不及的。我想到用喇叭，可是没有电。最后我急中生智，买了两张红纸，一支记号笔，写了一段话:“紧急通知，接到上级通知，暖渠山水库水位超过最高警戒线，即将崩溃。望大家看到通知后互相转告。晚上以后不要在低洼地带居住，转移到安全的地方。”我那时候已经累得脑袋一片空白，“崩溃”这两个字怎么也想不起来了。我问了旁边的许多人，谁也不会写，没办法，只好把拼音写上。这在当时闹了很大的笑话。直到现在，有很多人见了我就调侃说：“‘崩溃’两个字怎么写？”我写完通知之后，就急忙往回赶，因为洪水很大，根本看不清路的情况。走到垴坪圪垯之后，发现摩托车的轮子全部没气了，可是又不能把摩托车扔掉，只好推着摩托车往前走。摩托车没气的时候相当难推，2 个人负责 1 辆。那时候已经到了吃晚饭的时间，因为村子里停电，家家户户已经点上蜡烛。我们正好走到一个老乡家的门口。老乡一看到我们的情况，非常感动，一定要留我们吃饭。那几天因为发洪水，地里的庄稼都被冲走了，他们家其实也是很困难的，但他坚持要给我们每个人煮一碗挂面。虽然在当地，挂面是最不好的饭，也没有什么调料，但那顿饭吃得我心里暖洋洋的。现在我们到村民家去吃一顿便饭，谁也不会计较什么，但在那么困难的情况下，老乡给我们煮的那一碗挂面，现在想起来，都让我感动不已。

那几天一直在下雨，泥河沟湾崖地的石头随时会滚下来。我就把开章小学的几间屋子收拾了一下，让湾崖地的人晚上到小学这儿来住，但是白天村民还要回到自己家里去做饭吃。如果让村民在小学吃大锅饭，经济上又不允许，怎么办呢?我就想了一个办法，集体给村民提供柴火和水，让村民自己带吃的，在小学做饭吃。人渐渐多了，住不下了就住在楼道里，我也和他们住在一起。小学毕竟地方有限，人又多，肯定是没有家里舒服，有很多人晚上偷着回去住。我怕晚上石头下来把他们砸到，就把人员分了一下小组，晚上要点到。有一次点到的时候，我发现有人偷偷回去了，查出来之后，他也觉得很不好意思。我就和他说：“白天的时候，我和你们一样一起干活，晚上你们睡得安安稳稳，我还要出来检查，你们好意思吗？你们这样是故意难为我啊！我不是和你们过不去，我绝对是为你们的安全着想。”我只能这样来协调，农村的工作有时必须硬，有时也必须服软。

湾崖地那里很危险，他们都不敢到那里去，但是我每天都要去看一看。那时候玉米刚成熟。一天晚上，存平的妻子曹翻宁煮了一大盆黏玉米端上来给我和另一个驻村干部吃。当时黏玉米是很贵的，在城里能卖三四元钱一个，而且在家里种得比较少，一般都是给小孩子吃的。我就说："翻宁啊，你这一大盆玉米能卖三四十元钱，你叫我们给你掏钱啊？"她就说："你命都不要了来帮助我们，我还掏不起三四十元钱？"她说的话让我很感动。本来他们家的玉米是准备给孩子吃的，可是为了我们，把自己家的黏玉米全部摘下来了。后来我意识到，群众有时候并不是故意为难你，只要你对得起人家，村民也会真心实意地对你好。

四 情感沟通在基层

基层工作的辛苦不言而喻。我们乡镇工作多用嘴说，很少看一些东西。我一年写的字可能超不过 1000 个，只要不是哑巴都会搞乡镇工作。在平时的工作中，不管以前搞计划生育还是现在搞扶贫，想百姓所想，多与老百姓沟通还是很有用的。尤其是现在的扶贫更难搞，但是多和老百姓沟通一下还是有好处的。以前觉得给老百姓钱就好了，现在我觉得情感的投入更重要。我们政府以前也是极力给老百姓办事，但是老百姓为什么不理解呢？就是因为情感的投入问题。泥河沟的老百姓虽然以前有"春河石蛋"的想法，但是大道理是讲得通的，有个别人要小聪明，这是正常的，但是我觉得大的问题还在我们身上。比如说，发放补偿款的时候，我 4 天时间发了 152 万元，其中最多的一天发了 68.8 万元，全部用手数。当时工作的只有我们 3 个人，并且表格是相当繁杂的，工作的繁琐使我们忽略了情感的投入。从这以后呢，我觉得还是应该注意情感的投入。

对于沿黄公路和调水工程，随着申遗的成功和外来文化的参与，泥河沟人的认识在不断地提高，并且提高得相当快。原来难说话的那些人，后来态度基本很好。泥河沟人很爱惜自己的脸面，我开会的时候道了一个感谢、提了两个要求，就是为了告诉他们，我们泥河沟人是世界级的公民，不再是原来普普通通小山沟里的人了，不能像以前一样了。我感谢泥河沟人在沿黄公路和调水工程上对我的支持。沿黄公路那么低的赔偿，泥河沟人都接受了。调水工程虽然是一个富县工程，但损害了泥河沟人的利益。不过泥河沟人一如既往地站得高、看得远，所以我给他们道了一个感谢并给村委会班子提了一个要求，既然咱们村民这么支持，他们的工作应该更加认真，用严要求、高标准来要求自己；给村民提了一个要求，讲明了这个班子好与坏是直接由村民来参与决定的。同时提了三个理解：第一个是理解榆佳工业园区调水工程的赔偿标准和线路问题；第二个是理解乡政府和泥河沟村人的关系问题，我们是同一个战壕的，不是敌对方；第三个是理解榆佳工业园区对全县乃至整个泥河沟的作用。

2015年，路岔漫水桥的一个桥墩被冲了。由于沿黄公路的开通，这个桥是全村的交通咽喉。我们当时想把这个桥给毁了重建。冲了的第3天，任书记请了佳县交通局的设计人员来设计。我们商量，既然要设计，就按照北京原本营造的设计来修这个桥，但是交通局的设计人员看了以后说至少要120到150万元。任书记说，就是打死他也拿不出那么多钱，但是泥河沟人的出行问题必须解决啊！危桥就放在那儿，假如谁走过去的时候掉下去怎么办？桥塌了怎么办？所以我们直接把桥两头给封了。老百姓走河里面过，这对于老百姓是极不方便的。过了几天，任书记就说，等上边的钱是谁也不干的，就把县委副书记请来。但是当他听说修桥要120到150万元的时候也没办法了。对于我们这样一个贫困县来说，这可不是一个小数目。真的是没办法了，县委书记可以不管，可是我们镇上得管啊，老百姓每天走这桥的话多么危险啊！尤其到了秋收的时候多不方便，到了冬季更危险啊！任书记又找了几个设计人员，把原来的桥梁加高一点，用钢筋水泥打了一个板放上去，不让大货车走，光让村民的小车和小货车走是没问题的，这就形成了现在的桥。这个桥没花几万元钱，我们动员了自己村里的所有民工，没用一个外人。自己买的搅拌机和钢筋，打了钢筋水泥，建起了这个桥。现在有大车偷偷在这上面走，但是也没啥事。这样就解决了老百姓的燃眉之急，他们也很感动。这点点滴滴的事情就改变了他们。

我们经常开会，因为办公室条件的限制，而且村里老的老、不方便的不方便，开不了村民大会，都是二三十个人一块儿在大会议室里开，但是效果很好，开一次会效果就好一点。对于行政人员来说，在外来文化的干预下，村民的思想有所改变，我们才能更好地沟通。泥河沟的人比起后乡来说毕竟有文化，每天站在戏楼圪洞一块儿聚会，没文化的人和别人谈话谈多了肯定也有所提高。比如说开会这事，以前要是定在 2 点开会，怎么也得到两点半人才能到齐，但是最近开会就能准时。开会能来就是相信政府的表现，为什么相信政府了？就是我们这几年为他们干了几件事：沿黄公路、漫水桥、调水工程。

我觉得文化水平决定着人的一切。我以前搞过计划生育，这是最头疼的事。我做乡镇干部时，撬过门窗、拉过铺盖、抱过电视、舀过黑豆，这些都是粗的工作办法。比如说，已经生了两个小孩了，让去结扎不去的，就把人家的铺盖拿走、把电视抱走、把门窗卸下来，再不去就把猪赶走、把牛赶走。这就是以前老的工作方式，现在的工作机制由以前的指导工作变成服务群众了，老百姓都明白了。乡镇工作主要是缺少沟通，沟通多了以后，你把你的难处说一下，我把我的难处说一下，大家相互就能理解。比如说，村民对枣树有情结舍不得砍，我理解；可是如果不砍树完不成任务，我的工作就没办法做，村民也应该理解。我靠工资吃饭，村民靠地吃饭。假如我的工资没有了，我吃不上饭，村民的地没有了，村民吃不上饭，那就互相去理解。村民出一点地，我工作的时候尽可能地多照顾一点，毕竟村民有老的、有病的，政府可以给一部分救济。用这种方式是可以解决问题的，所以我最大的感受就是沟通是第一位的，先要考虑别人，然后考虑自己，这样工作是不费事的。现在我主动宣传我的思想，让大多数人站在我这边，最起码我能听到村民的心声，想村民之所想，为村民谋福利。

（郭天禹　采录整理）

【刘耀】

访谈时间：

2016年5月25日

受访地址：

北京市复兴路15号中国科学技术信息研究所

人物小传：

刘耀，男，1972年生，山东鄄城人。中国科学技术信息研究所研究员，国家科技信息资源综合利用与公共服务中心副主任。2010-2011年被科技部派到榆林市佳县挂职副县长。

一 初见泥河沟古枣园

佳县是我们科技部对口扶贫的七个县之一，每年会有一个扶贫干部到佳县挂职做扶贫工作，同时作为一种锻炼。2010年，科技部农村中心贾敬敦主任、高新司的孙鸿航和我3个人组成了一个扶贫团，叫“陕北团”，贾主任为团长，孙鸿航被派到延安市安塞县挂职，我被派到榆林市佳县挂职副县长。

我的前几届同事对佳县的扶贫工作投入了很大的心血，每一年都会撰写有关产业和文化的报告。在报告中，他们曾多次提及佳县的旅游文化。我就在想，如果能从旅游和文化的角度带动佳县的发展，或许是一个可持续的扶贫策略。为了更好地了解佳县的资源，我就将佳县的十几个乡镇都走了一遍。在调研的过程中，我听说泥河沟村有一个历史悠久的古枣园，由于环境封闭，还没有修通公路，保护得非常好。科技局的王存富局长原来在乡镇任书记，从乡长到书记，在附近的镇做了很多年的工作，对当地的情况非常了解。他问我要不要去看一看。我对文化非常感兴趣，就想去看看能不能挖掘一下旅游资源。

我第一次去泥河沟的时候是冬天，刚过完年二三月份的样子，很冷，枣树还没有叶子。见古枣园的第一印象是苍劲。成片的古枣树，树龄五百年以上的有几十棵，让我感到非常震撼。走到村子里，在感到破败和萧条的同时，我又感受到了一种深厚的文化底蕴。曾为我们新中国做出过贡献的老革命家武开章就出生在这里，可见此地的人杰地灵。其实，县里在前期也做了一些工作，请了西北农林科技大学的林学专家对枣树的年龄进行初步估算，请人撰写过《枣园志》，也做了一些宣传。红枣产业办的高峰主任向我介绍，在古枣园中可以观察到野生枣到家培枣的衍化过程，不同阶段自然衍化的枣树都还在生长。高主任提到曾和前几届的挂职人员打报告，希望能够将古枣园申请为农业文化遗产。我一听，觉得他们的想法非常好。虽然我们国家的古枣树比较多，但能成为体系的很少见。如果这里能够成为我们中华民族枣文化的物质见证，那价值是很高的。我认为这件事情非常有意义，就答应可以试着推动。

二 农业文化遗产的申报准备

佳县的支柱产业，农民主要的经济来源就是枣。枣是活着的文化。佳县的有机枣园在榆林市排名第一，每一个村落基本上都有枣树。县里仅有的几个小型企业也是有关枣加工的。枣是救命粮概念的衍生，整个县的发展都依赖着枣树。所以，我们当时认为农业文化遗产的申报对当地的民生和经济都至关重要，应该有效地推动和宣传。

回来之后，我就认真调研，查找相关资料。在这个过程中，我阅读到了科技日报社李大庆老师一篇有关青田稻田养鱼的报道。这篇文章和我们的工作实在是太对口了，正是我想要找的。我通过科技日报社的其他同事联系上了李老师，把佳县泥河沟的情况给李老师做了一个非常详细的介绍。我们陆陆续续打了很多次电话，不停地沟通情况。后来李老师给我介绍了中国科学院地理所的闵庆文老师。闵老师一直在做农业文化遗产的保护工作，和国际组织有着很好的联系。我把我们的基本素材和想法都向闵老师做了一个介绍，并多次和李老师、闵老师进行商讨，讨论泥河沟申请农业文化遗产的可行性。他们都给了非常专业的建议。我还找到山东大学的药学教授张典瑞给佳县的枣做了一个化验，希望能从药用等高附加值方面推动佳县枣业的发展，最后的确发现佳县枣的枣多糖链要比其他枣多，更具有药用价值。虽然前期已经做了很多工作，但当时我个人心里对这件事情还是很打鼓的。如果一个县全部扑到申请农业文化遗产的工作上来，最后若达不到目的，对一个贫困县而言是一个不小的打击。所以，在推动这件事情时，我们选择了一个比较传统的做法。通过科技部协助，2011 年 10 月 8-10 日，我们在榆林成功组织召开了佳县红枣产业研讨会，邀请了中国农业科学院农产品加工研究所所长、农业科技战略专家戴小枫，中科院地理所自然与文化遗产研究中心闵庆文主任在内的，包括食品安全、营养学、药理学、林学、民俗学等领域的 12 位著名专家，并有意识地把闵老师推荐为专家论证组的副组长。会议受到时任各级领导的高度重视，科技部农村司副巡视员曹一化、农村中心副主任蒋丹平、榆林市市委常委佳县县委书记钱劳动、榆林市政府副市长兰新哲、榆林市科技局局长韩宇平、佳县人民政府县长孙守洋等参加了这个会议。会议上，闵老师介绍了农业文化遗产的申请流程，并建议我们重视起来。会议开得非常成功，《人民日报》、新华社、中央电视台、《科技日报》《光明日报》《农民日报》《陕西日报》《榆林日报》等 60 余家新闻媒体就研讨会所产生的深远意义做了大量报道与转载，特别是由新华社记者孙琦峰撰写的“晋陕沿黄地区特色农业扶贫成效显著但仍需扶持”的专题分析，得到了时任副总理回良玉的批示。红枣研讨会的召开不仅提升了佳县红枣产业的知名度，还对红枣产业的发展、申报全球重要农业文化遗产起了积极的作用。在专家组的建议下，佳县政府随即（2011 年 10 月 12 日）成立了千年枣园申报全球重要农业文化遗产工作领导小组，时任佳县人民政府县长孙守洋担任组长，正式启动了申报流程。

三 陕西佳县古枣园的愿景

农业文化遗产的申请历时三期，在我之后，分别是遥感中心赵鲜东、战略研究院谢飞。最后在谢飞这一任上收到了申报成功的通知。听到这个消息后，我感到非常高兴和欣慰，打电话向佳县表示了祝贺。从 2011 年到 2014 年，这是大家共同努力的结果。特别要感谢科技部农村中心扶贫处的胡熳华副处长，她一直跟进整个扶贫的工作，帮忙请了很多知名专家，为人非常敬业，做了大量的工作。

但在高兴之余，也有一些遗憾。我们当时希望这样一件事情，哪怕是能够增加泥河沟村村民的收入也是好的，但从现在的情况来看，并没有真正带动当地人收入增长。我们应该让更多人明白农业文化遗产的价值，让世人了解它的文化。

这件事情也对我的工作有很大的启发。一是扶贫与锻炼都要深入一线，坚持九分调研、一分决策，只有在充分调研的情况下，才能掌握真实的情况，才能对当地的资源进行有效地推动。二是要重落实，按照习近平总书记的话来说，就是一分部署、九分落实。泥河沟村是全球农业文化遗产地，但它是贫困县的贫困村。这就说明我们在落实上没有达到要求，我们有责任和义务推动它的发展。

这么多年过去了，但泥河沟村给我的印象依然深刻。再过几十年，当泥河沟村发生一些改变后，如果能重新回到那里，也许还能回忆起第一次见它的感受。

（孙庆忠、李妍颖　采录整理）

【李大庆】

访谈时间：

2016 年 5 月 25 日

受访地址：

北京市复兴路 15 号科技日报社

人物小传：

李大庆，男，1959 年生，科技日报社记者。从 2005 年开始报道全球重要农业文化遗产保护工作，是目前国内采访报道全球重要农业文化遗产的媒体记者中坚持最久的人。

一 我的贡献：牵了个线

我去佳县是在 2011 年 10 月份。那一年 8 月的时候，刘耀给我打电话，他当时是科技部派往佳县挂职的副县长。在电话里，他介绍说自己是科技信息研究所的，在佳县挂职。虽然我们在一个大楼里办公，但我并不认识他。可能是我做记者往外跑得比较多，我们甚至连脸儿熟都谈不上。他说佳县要开一个会，想请闵庆文老师去考察考察，看看能不能在农业文化遗产方面做点推动性的工作。他从网络上查到我多次报道农业文化遗产，然后打听到我的联系方式。因为我们都是科技部下属单位的，所以他觉得找我比较方便一点。当时他倒没有想为申请农业文化遗产专门开一次会，就想借着红枣产业发展的研讨会把闵老师请过去，说这个会“一切以闵老师的时间为准”。

我在电话里问清楚了是怎么回事之后，第一个问题就是：“这个地方有没有文化？”因为我跟闵老师接触的时间比较长，特别是我去过浙江青田这些地方，人家有鱼灯节啊、祠堂啊，这个事业还是跟文化联系在一起的。如果这个地方光有枣树，能行么？所以我就跟他说能不能挖掘出一些历史文化或者找出一些资料来，在这方面做点准备，不要等专家一问什么都不知道。我觉得闵老师去佳县应该没问题，我可以做一些沟通。

与刘耀第一次见面前，我俩一直都是打电话，沟通了很多次。那时他还在佳县，一直为这个会做准备。然后我把这事儿告诉了闵老师。闵老师说可以去一趟，接下来就是确定时间。当时会议的名字叫作“佳县红枣产业研讨会”，跟农业文化遗产一点关系都没有。但是刘耀希望为佳县产业发展做点贡献，在农业文化遗产方面有所推进，所以他把闵庆文老师作为一个比较重要的嘉宾。会议的时间是以闵老师的时间为准的，说“闵老师什么时候有时间，什么时候开这个会”。

开会时间是在10月9日，我的报道10日就见报了。原本是想在9月份开，但闵老师的时间安排满了，就往后推，所以“十一”长假刚休完就开会了。我和刘耀还有光明日报社的记者齐芳是7日到的榆林。当时跟刘耀商量,除了请闵老师，还要请几个记者，所以请了齐芳还有农民日报社的郑惊鸿。在农业文化遗产报道方面，我不是第一个记者，但接触之后我这么多年一直跟下来了。也是通过这次会议，我把郑惊鸿介绍给了闵庆文老师。闵老师等人是8日到的佳县，然后大家就一块儿去佳县考察，除了泥河沟千年枣园，还包括几个红枣加工的企业。

9日研讨会是在榆林精华王子饭店开的。这是一个跟红枣产业相关的会，所以请了农业、林业、营养学、医学、民俗等很多方面的专家。农业文化遗产只是其中研讨的一部分，但却是比较重要的一部分。闵老师在会上介绍了怎么申报农业文化遗产，需要注意什么。北京林业大学的一位教授还专门讲了怎么估算树龄，以及他对泥河沟千年枣树树龄的推算。我记得当时有张照片照的是三个人合抱枣树，显示这棵树有多粗。他的发言有点考古、推理的意思，我觉得比较好玩，所以记得比较深。

那是我唯一一次去佳县，当时并没有对农业文化遗产的情况做报道，因为召开的不是关于农业文化遗产的会。我没觉得自己对佳县成为全球重要农业文化遗产有多大贡献。如果说有贡献，主要是闵老师他们做的贡献，我只不过是给佳县、刘耀和闵老师之间牵了个线。作为挂职副县长，刘耀当时有这个想法，如果他跟市里说要开个跟农业文化遗产有关的会，可能通不过，因为那时大家还都不了解农业文化遗产。但他把农业文化遗产作为一个侧重点安排在会里头了，把闵老师请来了，如果领导重视，就会沿着这个方向继续走。这中间，我就起了一个搭桥的作用。

我觉得佳县领导对这个会还是比较重视的，因为当时佳县的县委书记钱劳动在那儿听了一整天的会。他是榆林市委常委，居然在那儿待了一整天，最后还做了总结发言，可见他对这个事情多重视。我在报道里面还引了他的一句话：“佳县有红枣 72 万亩，去年的红枣产量达到 1.6 亿公斤，产值高达 6 亿元，已占全县生产总值的三分之一。”报道的最后，我还引了闵庆文的一句话：“在吃的方面，老百姓最先是吃饱，然后是吃好，之后就考虑吃得健康，再后就是要吃文化了。”这是他一贯的思想。会议请了很多专家，但他们说的那些事儿在别的会议上也能听到，只有闵老师提到的农业文化遗产这个大的国际平台，是别人都说不出来的。

闵老师当时说他也没把握能申请成为全球重要农业文化遗产。他说佳县黄河东岸山西的那个地方也曾邀请他去过，他甚至构想把佳县跟河对岸临县的枣园联合打包来申请。其实我当时也觉得这个地方单个申请有点难，如果打包可能性还大一些，但是这个地方最后申请成功了。后来佳县在人民大会堂领取了“中国重要农业文化遗产”的牌匾，我还见到了佳县的几位领导，但我也没说当时还是我给你们介绍的。就像每一个全球重要农业文化遗产的试点被批准一样，我觉得很高兴，但是心里面确实还是觉得有点不一样的感觉。毕竟这是通过我当年搭桥促成的，是我经历过的，帮了它一把，最后办成了这个事情，确实很高兴。

二 超前的农业文化遗产保护

我以前没有去过陕北，2011 年是我第一次去。去佳县的时候，是从榆林出发，相当一段路是在黄土沟里走。路上还算比较顺，在佳县县城做了采访（不是关于农业文化遗产的，而是在刘耀的推荐下采访佳县中医院的远程医疗），也到黄河岸边的香炉寺看了。黄河的奔流不息对我来说已经很震撼了，景色怡人，但贫穷就更震撼了。

我到泥河沟看了枣园。佳县枣业的产值竟然能占到全县产值的三分之一，县里想把它发展成为产业，可见这地方就没有其他工业，经济特别落后。对于枣林枣树，从城市人的角度看那是一景，可是在几十年前，枣林不是景，而是供人们生存下去的食物，像粮食一样。那儿没枣可能就要死人了。我当时跟刘耀说希望有点有文化的东西，但实际上心里想肯定会有文化，因为它涉及生存的基本条件——粮食打不下来的时候靠枣活着。我记得当时还照了一张照片，里面是一个挺漂亮的小男孩儿，得有三四岁了，还穿着开裆裤，坐在地上玩象棋。所以我对它贫困的印象还是很深很深的。

对于农业文化遗产，我没有深入的研究，只是参与报道的时间长一点。而对于佳县的农业文化遗产，我没有进行过专门的报道，因为那唯一一次去佳县重点还不是去报道农业文化遗产。我报道全球重要农业文化遗产超过十年了。我曾考虑过，农业文化遗产始终不温不火，起码不像世界文化遗产、非物质文化遗产那么火。去年 10 月份在青田的农业文化遗产十周年会议上我发完言之后，有个参会公司的人跟我说："李老师，我特别同意你的看法，我们一谈农业文化遗产保护，人家农民就说'为什么要保护啊？我们都想离开这儿呢'。"就好像别人说要保护胡同的时候，我也不太理解，因为我生活在那里面，对它很了解，所以不想保护。农民就是这种想法。我在一篇报道里说过，农业文化遗产保护在中国属于超前工作。比如，闵老师说保护梯田，到了日本一看，那梯田就剩下那很小的几块地，所以人家要保护。在中国，比如哈尼梯田，是当地居民的一种生产方式，多数人还靠这个生活着，现在提对它的保护，某种意义上说还是为时过早的。中国毕竟是一个农业大国，梯田太多了，除了哈尼梯田，还有福建的尤溪联合梯田、湖南新化的紫鹊界梯田，大多数居民还离不开呢。要是快没了，可能保护就会被列入日程上来了。但是，我说它超前并不是觉得这个不重要、不应该做。起码，早点呼吁，早点保护，能够让遗产更好地传承。这里面闵庆文老师他们做了许多开创性的工作。有一次采访李文华院士时，他说："什么是创新？在农业文化遗产保护方面，中国科学家所做的工作就是创新。你做出了超前的工作，全世界都跟着你走，这就是创新。"

三 从维持生计理解枣的价值

到佳县之后，我确实对泥河沟的古枣园印象比较深，从小见过枣树，但很少见过枣园。我记得古枣园里面还立了个碑，周围是民居。我还参观了窑洞和小院子。

对于都市的人来说，是去看一种风景或一种比较独特的生活方式，会觉得比较新鲜。它的旅游价值就在这个地方。但是老百姓的生活确实比较苦，如果只靠这个枣树来生存肯定是不行的。

我是愿意看到佳县发展的，也希望为它做点什么，希望它脱贫。但是怎么过上比较好的生活呢？是通过农业文化遗产保护的道路，还是通过其他方式，我不知道具体应该怎么办。就农业文化遗产而言，理想的是他们可以不再仅仅依靠枣业生存，还可以通过其他途径让枣园保留下来，比如作为参观的景点、作为其他人了解陕北民俗文化的场所。

我对于古枣园的理解，是从产桑葚的山东省夏津县那儿得到的启发。现在夏津的桑葚是没什么用了，但当年是靠它救命啊！我想，对于我们来讲，这都是好玩的，城里人再贫困也没说靠桑葚或者靠枣来活下去。所以，我觉得那里的文化对于现在的人特别是对于年轻人来说是非常重要的，一定要突出枣是粮食，是与生存联系在一起的。它在当年贫困的时期是粮食，是存在下去的支柱，就像南方的稻米一样。至少作为一个在城里生活多年的人来讲，我觉得是这样的。我觉得枣好吃，因为它甜。小时候哪有那么多甜食啊？吃个白薯都觉得幸福得不得了。但我的小孩儿就不爱吃枣，因为他真的是从小在蜜罐里长大的，不觉得枣是很好吃的东西。所以，如果理解了佳县的枣是生命存在必需的东西，就容易理解它的传承价值了。在青黄不接的时候，它起的作用就更大了。如果不了解这个，可能年轻人就不会体会到这项农业文化遗产的真正价值。

（孙庆忠、宋艳祎　采录整理）

后记 把历史交给村民

孙庆忠

每次翻阅村民的口述史，与泥河沟结缘的日子就会跃然纸上。无论是采录者的兴奋与焦虑，还是村民的欢喜与忧伤，都会出现在我的眼前。我们与古枣园近旁的村落，与泥河沟村民，已经建立起一种无法割舍的联系。曾经的同行与牵挂，让我们走入他们的生活，也让这些尘封的往事变得如此真切！

这部口述史是我们研究团队与村民共同完成的作品。一次次对坐长谈、一次次沟壑踏访，使单纯的生活旧事变得鲜活灵动。信任是讲述的基础，真情是倾听的前提。正是因为彼此的接纳，那些平淡却藏着希望的日子，才总能让讲者黯然神伤，让听者泪满双颊。就此而言，口述史虽是村民个人的生活史，但字里行间也同样流动着采录者的情感——一份因专业所学而生的社会责任，一份重新理解乡土中国的能力与信心。

原本搜集口述资料仅为村落文化志的撰写，但对百余位村民访谈后，让我们意识到，留下他们的声音，记录他们的故事，更具有无法替代的价值。虽然我们的工作不足以探究村庄的源头，但40位讲述者声情并茂的叙事，120个要目的提炼，使村庄的历史与文化得以清晰呈现。36亩古枣园、连接湾塌坡峁梁的山路、水利工程“闷咕噜”、乡村学堂“十一孔窑”等，都是汇聚乡村记忆的载体；宁河口渡、黄河船运、艄公与纤夫的身影，都是村民记忆里并未远逝的村落符号。当然，口述史的价值远非如此。在一段段独白中，他们看到了自己和家庭、村落之间的联系，在村老人理解了年轻人走出村落的艰辛，打工在外的年轻人理解了河滩上每一棵枣树、堤坝上每一块石头对于父母的意义。正是这种倾情的讲述，让年轻人思乡心切，让老年人想儿盼归。

泥河沟是武姓家族世居的村落，也是他们魂牵梦萦的心灵居所。我们的口述史采录工作，不仅让淳朴的乡民有了在“人市儿”拉话的主题，也让他们重拾了昔日重来的欢乐。在讲述往事的相互参看中，乡情更浓，亲情更烈。我们所期待的村落社会整合的内生性力量，正在村民的生活中悄然生起。英国历史学家保尔·汤普逊曾说：“口述史用人民自己的语言把历史交还给了人民。它在展现过去的同时，也帮助人民自己动手去建构自己的未来。”泥河沟的实践使我坚信，这部口述历史是村庄“文化复育”的先声，村民用双手营造的宜居乡村正向我们走来！

村史留痕——陕西佳县泥河沟村口述史

主编：孙庆忠
作者：中国农业大学农业文化遗产研究团队
宋艳祎、李妍颖、江沛、韩泽东、郭天禹、李禾尧、辛育航、王嘉雪、
孙兆琦、高凡、李世宽、陈俞全、冯星晨、曹玉泽、矣瑶、宗世法

特约出版策划：乐与永续 liveheritage
创意统筹：王国慧
设计：姚荣
文字编辑：韩莹莹
图片编辑：宋昊明
插画：榆木先生

图书在版编目（CIP）数据

村史留痕：陕西佳县泥河沟村口述史 / 孙庆忠主编.
-- 上海：同济大学出版社，2018.1
（乡村文化与记忆）
ISBN 978-7-5608-7139-4

Ⅰ.①村… Ⅱ.①孙… Ⅲ.①村史 - 史料 - 佳县
Ⅳ.① K294.15

中国版本图书馆 CIP 数据核字 (2017) 第 159832 号

村史留痕
陕西佳县泥河沟村口述史
孙庆忠 主编

出版人：华春荣
责任编辑：秦蕾 李争
创意统筹：土国慧
设计：姚荣
责任校对：徐春莲
版 次：2018 年 1 月第 1 版
印 次：2018 年 1 月第 1 次印刷
印 刷：北京翔利印刷有限公司
开 本：787mm × 1092mm 1/16
印 张：20.25
字 数：506 250
书 号：ISBN 978-7-5608-7139-4
定 价：69.00 元
出版发行：同济大学出版社
地 址：上海市四平路 1239 号
邮政编码：200092
网 址：http://www.tongjipress.com.cn

光明城联系方式：luminocity.cn

luminocity.cn

光 明 城

LUMINOCITY

“光明城”是同济大学出版社城市、建筑、设计专业出版品牌，由群岛工作室负责策划及出版，致力以更新的出版理念、更敏锐的视角、更积极的态度，回应今天中国城市、建筑与设计领域的问题。